合作办学研究与实践丛书·云教师温暖教育系列

陈红梅◎著

云端漫步：
儿童体验式学习课程

带上书，带上笔，

在校园里来一场说走就走的旅行！

浙江工商大學出版社
ZHEJIANG GONGSHANG UNIVERSITY PRESS

图书在版编目(CIP)数据

云端漫步：儿童体验式学习课程 / 陈红梅著. —杭州：浙江工商大学出版社，2018.3

ISBN 978-7-5178-2604-0

Ⅰ. ①云… Ⅱ. ①陈… Ⅲ. ①小学语文课–教学研究 Ⅳ. ① G623.202

中国版本图书馆 CIP 数据核字 (2018) 第 028533 号

云端漫步：
儿童体验式学习课程

陈红梅 著

策 划 人 施民贵
责任编辑 唐 红 梁春晓
封面设计 林朦朦
责任印制 包建辉
出版发行 浙江工商大学出版社
（杭州市教工路 198 号 邮政编码 310012）
（E-mail: zjgsupress@163.com）
电话：0571-88904980，88831806（传真）
排 版 庆春籍研室
印 刷 杭州恒力通印务有限公司
开 本 710mm×1000mm 1/16
印 张 21
字 数 312 千
版 印 次 2018 年 3 月第 1 版 2018 年 3 月第 1 次印刷
书 号 ISBN 978-7-5178-2604-0
定 价 49.00 元

云老师温暖教育系列丛书
编委会

总序

近年来，随着基础教育改革的深入和社会对优质教育资源的强烈需求，师范院校与地方教育行政部门、中小学开展合作办学已经成为一个很普遍的现象，甚至可以用“如火如荼”来形容。“合作办学”就是指高校、地方政府和中小学校利用各自的办学优势，合作开设、委托高校管理或高校部分参与管理一所或一个区域内中小学校的办学模式。合作办学有助于各地基础教育办学水平的提高和办学活力的激发，为师范院校开展基础教育研究带来了积极的影响，基础教育与师范院校也不再是脱节和各自封闭的了。师范院校在合作办学中，真正面对基础教育的实际问题，全面、深入、真实地了解基础教育的需求，从而为高等师范院校制订和调整培养目标和课程设置提供了鲜活的第一手的依据，为高校研究基础教育提供了源源不断的问题和课题，也为师范生的实习、实践环节提供了优质的基地与条件。地方政府则可以借助合作办学的机制转变职能，开展现代学校管理制度的探索和实践；而中小学则在办学水平提升，尤其是在管理、课程和教学、教师专业发展等方面都有了坚强的依托，可以说合作办学本身就是各方共赢的一件好事。

国际上的大学与中小学合作可以追溯到美国的杜威学校（Dewey School），美国的“八年研究”是大学和中学合作的较早案例。我国的合作办学也可以追溯到19世纪，其起点是师范学校和各所大学设立的附属中小学校，许多大学都设立了“实验中小学”或“附属中小学”。从世界范围来看，大学与中小学合作卓有成效的是北美洲、欧洲和亚洲。经过百余年的探究，大学与中小学合作已呈现出多元化的实践形态，诸如有试验特定思想和理论的实验学校，有面向教师教育一体化的专业发展学校和伙伴学校，有致力于整体变革学习、教学、课程、学生成长、教师发展和社区参与的专业学习共同体，还有致力于薄弱学校改进、教师专业发展和处境不利儿童进步的项目，等等。20世纪80年代以后，伴随着国际政治、经济和科技等领域的激烈竞争，人们对学校以及教师教育质量的要求逐渐提高，美国着眼于传统教师培养模式的改革和探索，如1986年由美国霍姆斯小组在《明天的教师》中提出的教师专业发展学校的理论构想，现今在英美等发达国家已形成了完整的实践模式，也发展出一整套成熟的运行技术，还对学校和大学双方的管理、课程等方面做出了先行一步的探索。国际研究既有利于后来者拓宽合作办学的视野，又能从中发现需要突破的合作，如怎样构建推进深度合作的长效机制。

我国的合作办学大体经历了从隔绝到游离，从观望到走近，从磨合到融合的变迁，合作的程度在不断加深，合作方式在不断丰富，合作领域也有了扩展，涉及课程开发、科研、教师教育、课堂教学等各个方面，并逐步形成了咨询合作、一对一合作和三方合作等合作模式，而三方合作是目前合作办学的主要形式。所谓三方合作也称中介合作，根据第三方组织的不同可以分为三种类型：一类是大学、组织机构和中小学之间的合作，如以地区为中介的简称为UDS模式（即大学—区域—中小学校），以地方政府为中介的简称为UGS（即大学—地方政府—中小学校），以教育行政部门为中介的简称为UAS（即大学—地方教育局—中小学校）。大学与中小学分别由不同的教育部门管理，有不同的教育职责，有不同的运行机制，由于第三方组织机构通常会有比中小学更多的行政资源、资金分配权力等，它的介入可以更有效地保障高校与中小学之间合作，也可以承担必要的协调人的工作，有利于合作办学的顺利开展。

不过从理论上来看，除了高校附设的中小学校和幼儿园之外，长期以来，师范院校并没有太多地介入地方办学，合作经验各方面都不足，也更缺少系统的研究和分析，这对今后深入开展合作办学工作必然会带来不利的影响。开展合作办学的系统总结与研究，对于更好地开展合作办学，提升合作实效，非常关键。尤其是我们正处于课程改革和社会变革的时期，在社会、经济、文化和教育变革宏观背景下审视合作办学，显得特别有必要。本系列丛书从经济学、政治学、文化学、人类学等多学科视角，综合采取历史研究、比较研究、叙事研究、田野研究等多种研究途径，系统分析了合作办学发展的背景、动因、内容、机制、冲突等问题，比较深入地探讨了合作办学不同主体的功能、微观行动机制及其对合作办学工作的影响，等等。系列丛书作者均是浙江师范大学直接参与合作办学管理和研究工作的专家，他们本身也带着各自的专业背景来分析比较中外不同的合作办学机制、学校管理变革、课程与教学改革、教师专业发展等方面的理论和案例，对于现今如何更准确地理解合作办学、提高合作办学成效都将产生十分有益的作用。

浙江师范大学合作办学工作尽管起步时间不长，但是发展很快，至今已经在全浙江省各地建立了19所附属学校，20余所中小学校成为合作办学的受益学校。这样的发展速度得益于我们一直注重合作办学品牌的建设，特别是合作办学系统的实践总结和理论探讨，同时在制度设计方面也做出了许多努力，提出了有浙江师范大学附属学校特色的组织架构和合作机制，要求合作学校成立附属学校的学校理事会和发展委员会，分别由地方教育行政部门领导和浙江师范大学派出的专家担任主要负责人，这对于解决附属学校的办学目标确定、规章制度建设、教师评聘、课程与教学发展、课题研究指导、财务保障、学校治理结构变革等方面问题，都有很好的支撑作用。同时，各个附属学校之间也建立了常态的合作交流机制，建立了相互借鉴、相互学习的途径，这可以说是促进附属学校共同发展的一条有效途径。

本丛书一方面是对国内外有关高校参与中小学校管理与教育改革方面的实践工作的系统总结和反思，另一方面也包含了浙江师范大学在合作办学方面所做的探索和实践。在此，我要感谢积极参与合作办学工作的各位同事的努力，也要特别感谢附属学校的各位领导、老师和附属学校所在地的教育局及相关部门的领导，没有大家的共同努力，不可能有这套书的面世，从这个意义上来说，本丛书也是我们三方合作的成果。

当然，合作办学本身是一项十分复杂的工作，作为国内第一套研究合作办学的丛书可能也很难对此做出全面完善的分析和研究，我们把这套丛书作为一次初步的尝试，希望能够引发更多的关注，激发更多的研究，为进一步开展合作办学的研究发挥垫脚石的作用。

周跃良

2016 年 12 月 11 日

序一

做温暖教育，让生命幸福

2014 年，衢州市白云学校成为浙江师范大学附属学校，吹响了二次创业的号角，全面推进学校转型升级，明确提出“做温暖教育，让生命幸福”的发展愿景。

衢州市白云学校是 2006 年新建的一所九年一贯制学校，地处城乡接合部，属衢州市柯城区管辖。回顾十余年的发展历程，无论是教学质量还是特色办学，白云学校都拾级而上，渐入佳境。但我们也清醒地看到存在的问题：学校地处新区，是原来的城乡接合部，大部分学生来自农村，约 1/6 为外县进城务工子女。生源整体较薄弱，分化明显，而且一度面临生源流失严重的局面。近年来，学校在重点高中上线比例上实现了新的突破，但依然有很多学生不能进入重点高中。不少学生对人生的感受较为片面，觉得生活中有很多烦恼事，认为现在的学习生活枯燥乏味，将来的理想又遥不可及，甚至觉得自己只是优秀生的陪衬，自己的学习目标是“能完成作业并在学校混得下去就行”。显然，在我们花大力气提高教育教学质量时，一些学生似乎不怎么“配合”，这成了学校进一步发展必须解决的问题。

面对发展中的困境，我们清楚地知道，学校要进一步发展，需要彻底转变学校发展理念，要从数量的提升向质量的提升转变，要从注重学生学习成绩向注重学生的整体发展转变，要从注重老师教学成绩向注重老师的成长转变。归根结底，我们需要从关注教育的分数转向关注教育中的人的发展。只有关注人的全面成长，才能促进师生的成长，而师生的成长才能反过来带动学校的发展。

根据新世纪社会经济的发展，以及国内外教育形势的变化，尤其是根据进一步深化课程改革的总部署，我们坚定地选择课程改革和课堂改革两条腿一起迈的方向。然而，无论课程改革还是课堂教学改革，都需要有新的教育理念来引领，任何改革都是一场思想的革命，通过思想理念的更新和洗礼来推动行动变革。根据学校的发展现状和未来蓝图，我们选择了“温暖教育”。

在我们看来，“温暖”意指暖和，温暖有两种：身体的温暖和心灵的温暖。“温暖”还有使人感到温情的意思，喻为“教育要让自己暖和，别人感到温暖”。温暖教育就是要倡导“关爱、尊重、自信、感恩”的人才成长观，始终将学生的发展放在第一位，尊重学生的成长规律，理解学生的需求，尊重学生的个体差异，注重学生的终身发展，锻造“暖和自己，温暖他人；点亮自己，照亮他人”的师生成长之旅，让每个孩子成为最好的自己，享受幸福的学校生活，并为学生的幸福人生奠基。

我们通过实施温暖教育在学生心中播撒温暖的种子，促进其生动活泼学习、健康快乐成长，让师生学会关注、关爱、尊重他人，培养自信、感恩的生活态度，增强师生的认同感、归属感与幸福感，从而整体构建幸福校园，将学校建成符合社会要求、师生和谐发展、特色鲜明的现代化名校。

基于“做温暖教育，让生命幸福”的学校发展愿景，在浙江师范大学，特别是教师教育学院的帮助下，从2014年开始，我们做了很多实践、尝试和总结。三年来，我们以温暖教育为基点，以培育“温暖文化”为核心、打造“温暖团队”为基础、建设“温暖课堂”为主渠道、开发“温暖课程”为突破口，从文化建设、团队锻造、课堂转型、课程开发四个维度去建设幸福学校。我们认为，学校教育应该始终为“温暖”而行，最终使“温暖”成为学校教育的情感归宿，让学生在爱与尊重的温暖地带健康成长。

先进的发展理念带动了学校的全面转型升级。

三年来，在“温暖教育”理念的指引下，“温暖文化”的向心力和影响力越来越强，师生的幸福感增强，尤其是以小组合作为主要形式的新文化，增强了师生团队的合作精神和合作能力。我们全面推进以小组合作学习为主的课堂教学改革，推动学生学习方式的变革，让每一个学生在小组内都有自己的价值，有效提升学生的学习体验，收获幸福感，学生学习的主动性和积极性明显增强。三年来，在中考和各年段的学校联考中，我校学生的学习成绩有明显进步，得到了社会各界的广泛认可。

同时，在“温暖教育”理念的引领下，我校拓展性课程体系——“云课程”体系逐渐成形。“云课程”体系指特色化校本课程和个性化校本课程。“云课程”体系的建立，既为学生个性化幸福成长提供了课程保障，也为学校未来的发展奠定了良好的基础。

在我们看来，最难能可贵的是，在这三年中，衢州市白云学校涌现出了一批优秀的老师。比如，近两年来，学校共有四位老师参加省级公开课比赛，其中两人获一等奖，两人获二等奖。在三年前想都不敢想的事情，如今却变得较为平常。我们认为，在“温暖教育”理念的指引下，学校教师团队正发生着“温暖”的变化。在我们看来，老师是一所学校的中流砥柱，只有老师发展了，学校才能获得发展。我们把在“温暖教育”理念指引下，具有“温暖文化”属性、享受“温暖课堂”、能开发“温暖课程”的新型老师称为“云教师”。

在瞬息万变的新时代里，改革只有起点，没有终点，只有进行时，没有过去时。我们白云学校的“温暖教育”行动也还在路上，我们为实现“做温暖教育，让生命幸福”的美好愿景而不懈努力，为实现教育现代化而贡献一所学校的绵薄之力。

过去的已经成为过去，但它却为未来指引方向。

三年来，我们在做温暖教育，让生命幸福”理念的指引下，有了点滴的经验，我们回望走过的“温暖教育”之路，将匆匆行走过程中看到的、想到的、做过的碎片加以整理，让“温暖教育”留下的脚印更为清晰，我们编辑出版“白云学校云教师温暖教育系列丛书”，将学校文化建设、课程建设和教师成长等方面加以总结，既让我们自己学习反思，也希望得到教育同行们的批评指正。

同时，以此丛书作为浙江师范大学附属学校阶段性的总结，继而感谢在附属学校建设过程中关注、支持学校发展的各位领导、专家，社会各界，尤其是教育界同仁以及为此付出努力的全校教师、学生和家长朋友们。

叶海涛

2017 年 12 月 10 日

序二

作为一个见证者的序

陈红梅老师的书稿到了付印时刻，又一次催我要序言。当初在整理书稿时曾轻快甚至可以说是轻率地答应写序言，真的提笔之际，我扪心自问，我有何德何能给她高屋建瓴地写上一通文字？我又有何资格鼓励指点抑或劝勉提携？思来想去，我只能以站在路边为凯旋的英雄鼓掌的见证者这一身份来自求安慰。

我见证了陈红梅这位优秀语文老师走向成功的过程。

2014 年 2 月，浙江师范大学与衢州市柯城区教育局正式签约，白云学校成为浙江师范大学附属衢州白云学校。4 月份，我以浙师大教师教育学院外派校长的身份来到白云学校指导课改，开始阶段，我们的工作重点在初中小组合作学习的课堂转型上，大半年时间后，随着学校课程顶层设计工作的推进，我们开始触及小学阶段的课堂转型与课程建设，于是，和担任小学部分管校长的陈红梅老师有了越来越多的接触。

红梅老师的语文课很受学生欢迎，这一点早在她来白云学校前就广为人知，但是她总有一点对按部就班教语文的不满足，更有一点对发挥自身特长自由自在有滋有味地教语文的幻想。我经常会有意无意地介绍一些省内外中小学课堂教学以及课程开发方面的信息，她基本都是第一个拿去课堂上尝试一番，然后把学生的学习成果拿出来和大家分享。我曾力推过学习单教学法，没过两天，她就把她设计的学习单发我，请我指导修改，两三次下来，她很快就掌握了学习单的设计技巧，这个学习单在她后来设计与开发课程的过程中起到了重要作用；我也推荐过微信号“教书匠在美国”，只有她很快和群主“小杨老师”成了朋友，她学生的学习成果成了“小杨老师”向美国同行以及国内粉丝推广创意教学法的最佳证言；我也介绍过北京市十一学校亦庄小学的全课程理念，她很快利用假期时间参加了全课程设计的培训，回来后再思考究竟如何在自己的课堂开辟一块全课程的学习领域。美国的教师、作家兼活动家帕克·帕尔默曾在《教学勇气》中说过：“真正好的教学不能降低到技术层面，真正好的教学来自教师的自身认同和自身完整。”红梅老师就是那种对自己的教育和教学使命有着高度的自我认同，并且不断追求自我完美的人，她保持着一颗充满好奇、永不满足并敢于尝试的童心！

2015 年 3 月，浙江省教育厅发布了《浙江省教育厅关于深化义务教育课程改革的指导意见》，文件提出要“积极探索拓展性课程的开发、实施、评价和共享机制，体现地域和学校特色，突出拓展性课程的兴趣性、活动性、层次性和选择性，满足学生的个性化学习需求”，这为她云端漫步课程的开设和实施提供了方向，她甚至主动把别的学科老师也带动起来，一起进行跨课程的单元设计。他们针对白云学校学生基础比较薄弱的不足，增强了课程的活动体验色彩，并将课程形态定位为体验式学习，于是一个又一个能很好地满足学生好奇心和求知欲又整合着听说读写思活动乃至多学科内容的教学设计问世实施了，又收获欢庆了！那一个个充满诗情画意的单元主题，闪耀的是教学勇气的灵光，凝结的是教育自觉的精华，释放的是学习自由的活力。

我和白云学校叶海涛校长一直以来就有一个共同的愿望：“附属学校应是一个负有特殊使命（探究教育教学新理念、新经验、新方式、新样态乃至新规律）的教育机构。”红梅老师的成果就是对这一特殊使命的最好回应。

前不久，我曾陪美国理海大学教育学院终身教授、IB 组织（IB 即 International Boccalaureate，指国际文凭组织）教师培训与学校评估专家 Jill Sperandio 去白云学校指导，她听了红梅老师的报告后，指出这种课程形态与 IB 组织推行的 PYP（小学项目）跨学科探究式单元课程很一致，她鼓励红梅老师更进一步把探究的理念渗透进去。我知道，不远的将来，“云端漫步 2.0”即将上演！

让我们期待吧！

王国均

2017 年 12 月 20 日

前言

一部电影

“云端漫步”这个名字缘于一部电影。

2014 年 2 月，我从柯城区鹿鸣小学调到衢州白云学校。走进校门，首先映入眼帘的是矗立在时空广场上的巨型钟楼。抬头仰望，白底黑针的钟面，蓝天白云的背景，仿佛在向我诉说着一种永恒，又好像寓示着风云万变。那一刻，我脑海里出现了一个词——“云端漫步”。这是我很久以前看过的一部美国电影的名字，讲述了一个发生在一座名叫“云乡”的葡萄庄园里关于爱情和亲情的感人故事。那一刻，我有些恍惚，有些感慨。在这个世界上，有一种东西，它看似虚无缥缈，如同弥漫在庄园上空的层层云雾，但它又是真真实实地存在着，它简单、质朴，打动人心。这是爱情，是亲情，是诗和远方，这也是我们的教育。

我对自己说：我就要在这个学校，这个名叫白云的学校，这个坐落在紫薇北路 199 号的白云学校，开启我新的教育旅程，开始云端漫步。

校园四季

云端漫步课程的框架缘于白云学校的校园四季。

漫步白云学校，我常常被校园的景色吸引，随手写下“白云四季”的赞歌：

白云四季

春天，桃红柳绿迎春灿，
夏天，蝉鸣云幻荷塘满。
秋天，桂树飘香银杏黄，
冬天，灌木常绿梅傲霜。

是的，白云很美，如同美国影片《云端漫步》中那个名叫“云乡”的葡萄庄园。在一个初夏的午后，校园静悄悄的，孩子和老师们在午睡，我透过办公室窗帘，痴痴地望着窗外。成片的洁白的栀子花开放着，花香随着清风飘来；挺拔隽秀的银杏树、绿伞似的桂树排列着，枝丫交错却又和谐；我甚至能看到粗壮的树根底下，几棵碧绿的小草，虽矮，但仍淡然地开花。顾城的诗，写的不就是这般意境吗？

草在结它的种子
风在摇它的叶子
我们站着，不说话
就十分美好

校园如此美丽，但是，若你无一双诗意的眼睛，只会觉得年年月月花相似。我们的孩子在校园里六年，这六年，孩子有没有用心观察过银杏叶的变化？有没有耐心等待过一朵花的开放？有没有抬头仰望云卷云舒？有没有闭眼聆听小雨沙沙……

罗丹说过：“生活中不是缺少美，而是缺少发现美的眼睛。”我想做那个让孩子睁开发现美的眼睛的老师。校园是最重要、最便捷、最有意义的场所。孩子们在校园里度过的时间最长，他们的童年，他们的同伴，他们的理想和梦想、拼搏和追求，都在校园里生发着。但是，如果，没有人点拨，孩子完全是不自知的。教师，应该像艺术家一样带着孩子在校园的一景一物里、一花一草里、一虫一鸟里，寻找美的灵性，思考美、发现美。

美就在身边的校园里，教育可信手拈来。于是，我开始选择可以在校园里开展的主题课程。春天可寻花、问柳、听雨；夏天可看云、访蝉、思荷；秋天可弄月、闻桂、赏杏；冬天可踏雪、寻梅、沐阳……其实，这 12 个主题并不是一开始就想好的，而是在实践的过程中，不断发现，讨论斟酌而出的。

最先开展的是寻花课程。我们走在校园的启真湖边寻到桃花、梅花、杜鹃花、迎春花、绣球花，一边寻一边吟诵“人面桃花相映红”“红梅含笑迎春来”；我们来到花鸟市场寻一见钟情的花儿并买下来种养，每天读书唱歌给花听，带着花儿到学校交花友；我们在学校的时空广场举行一场“我是一朵有思想的花”的花展活动，吸引全校的师生、家长一同来认识了解春天的花；我们为“花痴”重新定义，评比对花特别钟爱的“特级花痴”，并举行隆重的颁奖典礼……历时三周的寻花课程，孩子们完成九份学习单经历了九步寻花曲，用三周的寻花日记记录下独特的体验，背诵了不少于 20 首花的古诗词，认识了不少于 20 种春花，了解了不少于 20 种花语，自编自唱花歌，画花图，评“花痴”……

云端漫步课程的第一个主题“寻花”激起了学生极大的学习乐趣。他们完全忘记了做学习单、写日记、背古诗是一种作业。

寻花课程结束后，孩子们催着赶紧开展问柳课程；问柳课程还没结束，孩子们就关心下一个是什么课程。每一个主题课程的启动仪式上，孩子们的欢呼声震耳欲聋；在颁奖典礼上，孩子们的笑脸如花绽放。

云端漫步课程激发了一种对生命的关爱之情，让学生保持对校园四季的敏锐感知，在校园环境中体会自然的气息，去触摸一片叶子，闻闻泥土的芬芳。校园的每一处景都成了学生永久的记忆，这是带着学生生命印记的校园四季，这是融入学生丰富想象的校园景物。只要望一眼，就会勾起一段美好的故事，只要听一听，就能听到奇妙的童话。

我把孩子们平时做的学习单、自己编写的手工书、画的思维导图、写的日记，装在一个大纸箱里。有一天，我把这些东西搬出来，给施民贵特级教师、王国均教授看。两位专家对孩子的学习成果赞叹不已，对我们所开展的云端漫步课程给予了充分的肯定，鼓励我一定要继续实践下去，把实践的过程和思考用文字记录下来。我永远无法忘记两位老师微笑着对我说的话："陈老师，你一定要把这个课程写成一本书。"当时，我们叶校长也在场，他给我鼓劲："写吧！学校会给你最大的支持。"

我的内心有一种莫名的兴奋。当初开启云端漫步课程，只是带着一种个人的情感和兴趣，一种关起门来试试看的心态，在内心还没有胆量把这种学习活动命名为课程。此时，校长的肯定，两位专家的认可，增强了我的信心，坚定了我的信念。我开始写教学日记，记录、整理、反思；我开始阅读课程方面的书籍，用更科学的教育理念来支撑我的实践；我频频向特级教师施民贵和王国均教授请教课程策划和学习单编制方面的问题；我在学校里组建了云端漫步课程开发小组，开始团队合作，共同进步……

2016 年冬季过后，云端漫步课程最后一个主题"寻梅"结束了。这标志着我的云端漫步课程一个轮回已经完成。我的电脑里有 96 份学习单，将近 10 万字的教学日记，学生习作 400 多篇。2017 年整整一年，我利用下班后、双休日、寒暑假的时间，整理书稿。在这期间，施老师和王教授一次又一次给予我细致的指导。从书名的确定、目录的设计、整本书的布局等，他们的建议，让我这个从未写过书的"菜鸟"豁然开朗、受益匪浅。在大家的帮助下，这本书终于要问世了。

这本书适合给谁看呢?

这本书适合语文老师。云端漫步课程涉及多门学科，但它终究是以语文学科为主的"在实践中读和写""用读写促实践"的一门儿童体验式课程。本书呈现的思维导图式课程方案，简单易懂；每一个主题课程都有实践案例描述，真实鲜活；每一个主题课程都提供了 7—8 份框架式学习单，操作性强。每个主题课程相对独立，历时一至三周，老师们可以一边阅读本书，一边尝试实践。本书提供的 4 个季节 12 个主题，老师们可以选择性实践，也可分年段重组实施。比如，从四年级开始，每个季节开展一个主题，分三年完成。甚至也可以自选主题，开展"招蜂""引蝶""拈花""惹草"等主题性体验式课程。

这本书适合家长。家长们读一读其中的课程案例、课程故事，会了解学校教育远不只是应试，素质教育就在眼前；读一读孩子们写的诗和日记，会了解孩子丰富的内心世界，诗意的浪漫情怀；读一读每个主题的策划、开展与评价，会以一种积极的心态融入孩子的教育。

这本书适合孩子。本书记录了幸福小二班在云端漫步课程中的全过程。一年中，12 个主题产生了许许多多令人惊喜的瞬间，令人感动的故事，发人深省的哲思。因为“云端漫步”，原本平淡的生活变得不平凡；因为“云端漫步”，校园里的一草一木有了情感；因为“云端漫步”，童年生活变成了美好童话。孩子们读了这本书，只要愿意，捡起脚边的落叶，便可以捡起一串舞动的诗行。

其实，我想要孩子一生都有一种“云端漫步”的心态，“云端漫步”的意境。

当然，假如，你有一颗孩子的心，假如，你想回到孩子的状态，非常高兴你捧读此书。

让我与你在书中相遇。

陈红梅

2017 年 10 月 7 日

目 录

第五章　云端漫步课程单元实施

寻花——春色满园关不住

问柳——杨柳丝丝弄轻柔

听雨——丝丝杨柳丝丝雨

看云——云卷云舒梦悠悠

思荷——映日荷花别样红

访蝉——身藏高柳背斜晖

弄月——明月千里寄相思

第一章

云端漫步课程基本理念

一、云端漫步课程概念界定

(一)课程概念

“云端漫步”这个课程名字有两层含义。第一层含义是课程开展的主阵地是白云学校，故名“云端”；课程开展的活动是赏花看景、品读或探究自然，故名“漫步”。第二层，即从更深层次意义上讲，语文教育是一件艺术的、浪漫的、诗意的事，在课程实践中，我们将语文学习转化为遨游自然，就像“随风潜入夜，润物细无声”一样使学生接受文学的熏陶与培养，这样的形式本身就是自由的、随性的、诗意的，就如“云端漫步”。

当然，“云端漫步”不是真的漫无目的、毫无章法的，课程围绕校园四季中的动物、植物以及节气情况，设计了一年四季，每季3个，共12个主题。如，春季“寻花”“问柳”是探究植物，“听雨”是体验天气；夏季“思荷”“访蝉”是探究植物和动物，“看云”是体验节气变化。12个主题课程的命名根据“动词＋名词”的方式，讲究“动词”富含诗意，贴近主题的意境。有些主题的名字直接来源于成语，如“寻花问柳”和“踏雪寻梅”。“踏雪”和“寻梅”因其成语原有的文化内涵，给这两个主题增添了几分神秘和诗意。而“寻花”“问柳”这两个主题则不同于通常意义的理解，而是让孩子在“寻花”和“问柳”的体验学习中追本溯源，寻找最根本的意义，重新建立起“问柳”的本真概念。关于“弄月”这个主题，则是首先向学生进行了征集，通过头脑风暴，在学生们给出的“望月”“探月”“赏月”“追月”“忆月”“赞月”“吟月”“醉月”“弄月”等9个名字中，经过集体讨论，最后确定了“弄月”。一个“弄”字涵盖了“望”“赏”“赞”“忆”“吟”等多重意境，令人回味无穷。

(二)课程口号

语文学习离不开阅读、写作等传统的语文教学，云端漫步课程构建了一种新形态的语文学习模式，但这并不是不重视字词基础，不重视阅读训练，不用写作了，相反，正是要基于这种从课本内容拓展开去的形式或探究自然的活动，进一步激发学生课外阅读的兴趣和写作的欲望，从而带动他们主动阅读，主动写作。因此，课程的口号是“带着书，带着笔，我们一起去旅行”。

这个口号有四层含义。

第一，口号中的“书”“笔”“旅行”分别指代了云端漫步课程所涵盖的三个领域“阅读”“写作”“实践”（在第三章第一节云端漫步课程整体框架中有介绍）。用口号来突出“读”“写”“行”课程的三个核心词。

第二，这句口号隐含着一种学习的方式，学习需要体验，即实践，在体验的过程中必须通过阅读来扩大知识面，并且要用一支会思考的笔来记录、整理和总结。这样的实践才是有深度有提升的实践，这样的阅读才是有实用性有针对性的阅读，这样的写作才是有生命有意义的写作。

第三，口号的文辞是一种浪漫诗意的召唤，“带着书，带着笔，我们一起去旅行”。有书有笔，行走在哪里都是诗和远方。

第四，这句口号不仅仅是面对课程活动中的学生说的，也是对课程开发中的老师说的。“实践”“写作”“阅读”不也是老师的学习方式吗？假如，老师把自己的教育也当作一种旅行，那么，教育也如云端漫步，是一次次新奇、诗意的旅行。

二、云端漫步课程体系特点

当前，面对语文新课程的实施、新教材的使用，要想真正改善课堂教学效果，缺乏必要的创新理念是难以实现的。在语文课堂教学时，不能仅仅满足于将书本上的有限知识传授给学生，更要根据学生身心发展规律、年龄特点来认真研究，探讨课堂教学的方式、方法。“云端漫步”课程不是单一的、割裂的语文学习，而是一个综合性课程体系，创设多种情境，鼓励学生进行发散思维。在课堂教学中，教师通过各种导引与活动设计给学生充分的自学、提问、讨论、拓展阅读的时间，而学生在教师的启发帮助下，充分发挥小组学习、全班学习的群体作用，养成自主探究的习惯，从而有利于学生在感兴趣的自主活动中全面提高语文综合素养。

课程体系分为主题式设计、学习单导学、合作化学习、实践性体验、多学科融合、负责任表达、多元化评价等七部分。

（一）主题式设计

主题式学习模式是指学生围绕一个或多个经过结构化的主题进行学习的一种学习方式。在这种学习方式中，“主题”成为学习的核心，而围绕该主题的结构化内容成了学生学习的主要对象。主题式学习的前身可追溯到20世纪60年代的医学院教育，而其理念则可追溯至杜威的进步主义学派，强调“在做中学”，并以活动、专题及解决问题等方式作为学习的主轴。主题式学习模式建构在社会建构主义、情境学习、合作学习理论的基础上，反映了建构主义倾向的学习和认识理论。其特点主要在于学生学习的内容是一个个相对独立的主题，同一主题下的内容有着较高的关联度，学习内容往往经过前期大量的查找、收集、归纳、整理等，是经过结构化处理的， 以便学生展开探究学习。另外教师虽然是主题内容的主要教学者，但是整个学习过程是学生自主、合作、探究的一个过程，以学生自主学习、合作性探究为主体。从师生角色定位的角度看，主题式学习模式改变了教师主导的传统课堂的教学模式，转而变成教师组织、学生合作的和谐互动局面。

主题式学习具有“主题集中，组织良构，利于探究”的特点，突出了“体验”“探究”“合作”这三个关键词。由于学习内容是按主题进行组织的，同时主题又是经过结构化处理的，因此学生要学习的内容集中、有序；由于整个学习内容的组织是围绕主题展开的，利于资源的拓展和扩充，在学习内容的“质”和“量”上对学生的学习提供支持，进而有利于新课程的各项目标的达成。主题式学习的主要渠道就是实践活动，它通过引导学生观察和体验生活，精心创设探究情境，编写典型范例，设计思考问题等，为学生创造更为广阔的独立思考、自主学习和实践的空间。另外，学生在研究问题的过程中，可以结合所学的知识联系生活，进行知识拓展，促进迁移，将新学习的知识运用到问题解决的具体情境中，这也有助于提高学生的问题处理能力。

云端漫步课程就是以“主题式学习”为理论基础展开的，它以四季为主线，每个季节设计若干主题，如春季设计了“寻花”“问柳”“听雨”等相关主题。其中寻花课程以“花”为主题开展一系列与主题相关的活动：寻花、读花、养花、画花、唱花、宣花、评花……这一系列活动就是学生展开主题式学习的桥梁。云端漫步课程优势在于能够充分利用学习资源，培养学生收集、处理、创造性地利用信息的能力，并通过学生的亲身参与和情感体验，使学生获得新知，提高学生各方面的能力，从而将学生培养成具有综合素养的新一代少年。

（二）学习单导学

学习单又称“导学单”“活动单”“任务单”，是实施翻转课堂教学的重要资源。当前国内外前沿的教育策略和方式研究无不聚焦于如何促进学生的自主学习、能力提高、应用创新和个性成长等方面。其中，“学习单”被称为达成课程目标和课时目标的支架，是连接课内外时空的载体、桥梁，也是引领学生走向个性研究的学习地图。

为什么“学习单”具有如此重大的作用？浙江省教研室张丰老师在他的一次“还原学习”讲座中提到：课堂改革要从“以对话中心的课堂”到“以任务中心的课堂”。他举了一个例子，在一节美国老师上的历史课上，整堂课没有听到老师的娓娓相授，没有看到师生精彩的追问和对话，有的只是他们默默地观看视频、记录整理和偶尔的讨论。老师课堂讲话时间占整节课的 10% 都不到，那学生的学习是怎么进行的呢？是学习单，是一份学习单架起了有效学习的桥梁。

新课程改革的核心思想就是要从“如何教”转变为“如何学”，因此，如何引导和帮助学生进行学习往往成为教学的重难点。教学实践证明，学习单是教师引导学生进行自主学习的一个很好的支架与桥梁。其价值取向就是以学习活动激励学生进行自主学习与探究。与传统课堂相比，融入“学习单导学”模式的课堂，改变了师生的角色地位，在这里，教师是组织者、引导者、倾听者，学生将进行合作互动式的学习，生与生之间、师与生之间的交流更加频繁，学生更能够在交流互动中进行真正的问题探索，进行真正的知识获取与表达。可以说，“学习单导学”模式非常契合新课改的理念，通常一堂课由 3—4 个不同类型、不同形式的学习模块组成。学生通过自主、合作、探究的方式完成这几个学习模块的内容，教师通过讲授、提问、评价等方式引导学生学习。[①] 在这种模式下，学习单作为学生学习的线路图，又体现了教师对教材、教学、教育的理解，彰显的是教师的教学智慧。

云端漫步课程中的每个主题都有 7—8 份学习单，这些学习单既具有引导学生预习、拓展知识或进行语言训练、写作指导的作用，又有其鲜明的特性，如诗意化的导语。

在“寻花学习单”上有这样一些导语：“当这盆花属于我的时候，故事就开始了，花儿与我相遇的故事；花儿从花骨朵到绽放的奇特经历；花儿在学校里的故事；每天我与花儿的对话；我要为花儿创作一首诗；我要为花儿画上一幅画；我唱歌给花儿听……当我的生命与花儿相融，花儿变成奇妙的天使。从今天开始，我要为花儿写下她的故事，让她成为一朵有思想的花儿。”

学习单的设计者用充满诗意的导语把孩子带入一种童话般的境界，引导孩子去过一种浪漫诗意的生活。请注意，是引导孩子去经营一种生活，而不是学习任务。这段导语为孩子打开了一扇奇妙的窗。原来花儿也会有故事？我还可以唱歌给花儿听？花儿还会有思想？学习单的提示给了孩子另一双眼睛，诗意的眼睛。有了这双诗意的眼睛，才会有“一花一世界、一沙一天堂”“一叶知秋”这样的想象力和敏感性。果真，孩子在实践体验过程中写下的“花事作文”充满童趣、诗意和美好。

① 朱郁华:《学习单导学：课堂嬗变之路》,《教学月刊·中学版（语文教学）》2011 年第 1 期，第 17 页。

除此之外，云端漫步学习单将学习内容、学习方法、学习评价这些元素都融合在学习单内，使之成为学生自主学习、个性发展、人人参与、合作探究、总结评价的支架。

（三）合作学习

“合作学习”兴起于20世纪70年代的美国，目前已经成为世界上许多国家普遍采用的教学策略。我国于2001年5月29日颁布了《国务院关于基础教育改革与发展的决定》（以下简称《决定》），其中专门提及合作学习并给予高度重视。《决定》指出：“鼓励合作学习，促进学生之间的相互交流、共同发展，促进师生教学相长。”合作学习的意义是非常重大的。传统教学只注重竞争式学习，以学生的成绩作为评价学生能力的标准，这样的教学模式过于片面。新课程改革下的课堂更加强调合作互助，合作性学习也非常有利于培养学生的综合素养。将合作学习理念引入教学，不仅是为了提高学生的学业成绩，更是为了顺应教育社会化，培养社会所需要的人才。合作学习所倡导的是一种多变、立体的互动观，包括师与师之间、师与生之间、生与生之间、教师与家长之间等各方面的互动。传统的课堂只注重教师单方面知识的传授，其实忽略了学生与学生之间的同伴影响力，浪费了大量的人力资源。走入真实的课堂，你会发现，同伴之间的影响力是巨大的。成绩优异的学生能够带动成绩稍差的学生，同伴互助相比于教师单方面的传授，学生学习的主动性和积极性也会更高。合作学习也加大了学生在课堂上的参与度，避免纯粹听教师讲授知识氛围下注意力的分散。学生在教师权力弱化的氛围中，能够感觉更为轻松与自在，能够更加自由地进行交流与探究。[①]因此，合作性学习值得我们进一步研究与应用，而云端漫步课程就是以此为理念基础进行开发与实践的。

浙师大附属衢州白云学校小学部从2014年9月正式投入课改，推行以“学习单”推动“小组合作学习”的课堂转型，还学生“学为本

① 王坦：《论合作学习的教学论意义》，《中国成人教育》2001年第12期，第3页。

位”的课堂。笔者所在的年级，从四年级开始，首批进入课改实践，到现在六年级，已有两年半时间。这两年半时间，老师们一路摸索、一路学习、一路反思，深刻地认识到合作学习的重要性和有效性。于是，我们将合作学习运用在国家课程的教学中，也运用到校本拓展课程的学习中。

云端漫步课程开展的每一个环节都采用“自主学习 + 小组合作”的模式。“自主学习”一般是指学生先自主完成学习单；“小组合作”一般是指在自主学习的前提下开展合作学习活动，如寻花课程中“小组分享养花故事”“小组调查花种类”“小组分享花语”“小组策划花展方案”等。小组合作是云端漫步课程学习方式的主旋律。在合作学习的过程中，学生不但完成了学习任务，还学会了各种合作能力、人际交往能力，培养了负责任、能担当的精神。这样的合作式学习与《义务教育语文课程标准》（2011 版）中提出的“教师应积极倡导自主、合作、探究的学习方式。学生是学习的主体。语文课程必须根据学生身心发展和语文学习的特点，爱护学生的好奇心、求知欲，鼓励自主阅读、自由表达，充分激发他们的问题意识和进取精神，关注个体差异和不同的学习需求，积极倡导自主、合作、探究的学习方式。教学内容的确定，教学方法的选择，评价方式的设计，都应有助于这种学习方式的形成。”一脉相承。

（四）实践性体验

云端漫步课程将“实践体验”放在学习的首要位置。任何一个主题的启动都是从“实践体验”开始的。寻花课程先从校园寻花开始，听雨课程从校园听雨开始，问柳课程从校园问柳开始。“读万卷书，行万里路”说的是阅读和实践都重要，而“纸上得来终觉浅，绝知此事要躬行”说明了“实践”比“阅读”更重要，或者说，一些知识、一项技能、一个道理的获得，“实践”的作用应摆在“阅读”的前面。陶行知之所以给自己取名“行知”，也是想要说明先“行”而后有“知”。

《义务教育语文课程标准》（2011 版）指出，语文学习应注重听说读写的相互联系，注重语文与生活的结合，注重知识与能力、过程与方法、情感态度与价值观的整体发展。综合性学习既符合语文教育的传统，又具有现代社会的学习特征，有利于学生在感兴趣的自主活动中全面提高语文素养，有利于培养学生主动探究、团结合作、勇于创新的精神，应该积极提倡。

云端漫步课程的主导学科是语文，培养的主要能力是语文的读写能力。而培养语文的读写能力的主要途径应是语文实践。如，寻花课程设计了大量有趣的实践活动，到花鸟市场选一盆“一见钟情”的花；为自己的花做一张充满个性的名片；双休日去衢州各公园赏花，做好攻略；等等。在这样的实践过程中，有听说读写的运用，有听说读写的提升，在实践中通过有针对性有实用价值的读写活动，在潜移默化的影响下，在日积月累中，学生在大量的实践中体会并把握运用语文的规律。

传统课堂的语文教学忽视了语文教学非常关键的因素：表达和体验。云端漫步课程就是要在语文教学的过程中给学生表达的契机，营造一种舒适的氛围，激励学生在体验的基础上学会表达。传统的语文教学，尤其是写作教学，往往局限于应试教育模式下的模板写作，常常忽视了写作的源泉其实来自生活，同时也忽视了学生的主体性以及学生的全面发展，导致学生的作文与现实生活严重脱轨。作文应该是学生内心真实体验的外化。生活化写作顾名思义也就是让学生在真实生活中体验、感悟、实践、思考与表达。没有实践体验的机会和经历，也就很难让语文课堂真正活起来。

（五）全学科融合

从20世纪90年代中期开始，德国就倡导在中小学以及高中实行跨学科的整合性开放教学。跨学科教学是指以一个学科为中心，在这个学科中选择一个中心题目，围绕这个中心题目，运用不同学科的知识，展开对所指向的共同题目进行加工和设计教学。[①]

云端漫步课程就是以跨学科教学为理念进行设计的，是一个融多门

---

① 杜惠洁、舒尔茨：《德国跨学科教学理念与教学设计分析》，《全球教育展望》2005年第8期，第28页。

学科于一体的综合性课程，以语文为中心学科，综合运用了科学、数学、美术、音乐等多学科知识，围绕“寻花”这一主题进行加工和设计教学。从语文学科的角度看，会涉及诵读古诗文、批注阅读美文、写作、口语交际等；从科学学科的角度看，要主动去收集、掌握与主题学习相关的事物的特性、构造、种植等科普知识；从数学学科的角度看，要有发现数学问题，统计主题事物品种，计算价值等能力；从美术学科的角度看，既可能涉及手工制作，也需要创作绘画；从音乐学科角度看，也可能涉及名曲欣赏、自编歌曲；等等。总之，云端漫步课程就是一个多学科整合，培养寻、赏、观、听、探、创等多种技能的综合实践活动。

云端漫步课程与北京亦庄小学的“全课程”有相通之处。“全课程”教育实验的核心不是所有课程的叠加，而是指向“全人”、指向人的全面生活的变革。校长李振村先生在他的教育演讲中说：“让药片回归苹果，把学科‘深井’连成汪洋。传统教学学科林立，给孩子挖的是一口又一口的学科深井，但是学科之间缺少关联。全课程教育实验的关键就是把传统教学单一枯燥的学科学习，转化为丰富多彩充满智力挑战的游戏化的生活。全课程试图从根本上改变教育生态，营造师生共度的幸福的教育生活。”

云端漫步课程也是如此，通过主题式设计，打通学科间的界限，把学习变成生活，把生活变成学习，而且一切都是快乐的、主动的。

（六）负责任表达

云端漫步课程非常注重学生的表达。比如，在实践后要把体验用文字表达出来，即写实践日记；在小组合作中要把观点用语言表达出来，即讨论交流；在每个主题课程的最后阶段，要把学习成果与经验用海报、微信、讲座、报告、表演等方式表达出来，即宣讲分享。但是，所有的“表达”必须是负责任的。“负责任”是指表达的内容和观点是通过自己体验和学习得来的，是真实可靠的；表达的目的是让周围更多的人一起来体验和收获，让周围人变得更好。

云端漫步每个主题课程都会有“宣传”这一环节。这个设计来源于美国的《健康与幸福》教材。《健康与幸福》这套教材，其教育目的是培养学生形成必备的健康素养，让学生具有必备的健康技能。在培养学生每一项健康技能的过程中，教材都会设计一个环节，叫“做负责任的公民”。如何做“负责任的公民”呢？教材上提供了一些可操作的方法。作者把自己养成此项健康技能的经验写成一篇小文章，与大家分享，或者制作一张海报张贴在墙壁上呼吁更多的人来养成此项健康技能。“做负责任的公民”这一环节给出这样的启示，一个负责任的公民不但要让自己变得美好，更要通过经验分享、正能量宣传让他人也变得美好。

中国学生发展核心素养之一就是“责任担当”。学生发展核心素养，主要指学生应具备的，能够适应终身发展和社会发展需要的必备品格和关键能力。“责任担当”这一名词的提出，也就是希望学生在处理与社会、国家等关系时能够富有责任意识。由大及小，我们在学科教学的过程中更应该培养学生的责任意识，引导学生养成负责任表达的良好习惯。“责任担当”包含的内容很多，不仅包括国家认同、国际理解这种较高层面的责任意识，还包括日常生活中的社会责任意识。例如学生的团队合作意识、互帮互助意识、对他人和自我负责意识等都属于“责任担当”。也正是基于这一发展目标，云端漫步课程坚持“负责任表达”的原则，我也将鼓励学生养成合作探究、互帮互助的良好习惯，引导学生在一个团队中学会承担责任，对他人和自我负责。

（七）多元化评价

《义务教育语文课程标准》（2011 版）指出，应突出语文课程评价的整体性和综合性，要从知识与能力、过程与方法、情感态度与价值观几方面进行评价，以全面考察学生的语文素养。形成性评价和总结性评价都是必要的，但应加强形成性评价。传统教学模式下的评价方式过于单一，往往只用成绩来评价学生，过于片面，也不利于学生的全面发展。对于一些成绩稍差的学生而言，传统的成绩评价方式会降低他们的自信心，不利于学生的发展。因此，语文学科的评价更不能只注重成绩、分数的评价，毕竟语文学科要注重的是交流、表达、书写等各方面的效果。

另外，加强学生的自我评价，也能够将评价转化为学生自我反思、自我教育、自我发展、自我进步的一个过程，有利于学生综合素养的培养。因此，教学中注重多元化的评价是非常有必要的。[①]这样才能够发现每位学生身上的闪光点，发现学生的潜能，了解学生的需要，帮助学生熟悉自我，提高自信心，建立促进学生全面发展的评价体系。

基于对评价的这种认识，我们在设计云端漫步课程时非常注重多元化评价。

首先，将形成性评价与总结性评价相结合。云端漫步课程不但注重学生的过程性学习，还非常重视总结性评价，在每一个主题学习结束后，都会评比出相关的称号，如寻花课程结束后评比“花痴”，问柳课程结束后评比“柳仙”。评比根据学生在整个主题学习过程中自主学习的情况、掌握知识的情况以及技能展示的情况等进行综合性评价与选拔，体现出整体性和综合性。

其次，将学生自评、学生互评、家长评价和老师评价相结合。每一项活动设计或任务完成，我们在学习单里会专门设置“评价”一栏，请学生、小组同学、家长或老师填写自评、互评、家长评等相应栏目，这样就能够获得多方面、多角度的评价或建议，一方面可以让家长了解孩子的学习活动状况，另一方面也起到了总结的作用，多方面呈现了学习成果与收获。

最后，将个人评价与小组评价相结合。每次主题学习完成后，既评出个人奖，又评出小组奖。评价贯穿课程始终，通过评价，展示学生在自主探究与小组合作学习中表现好的方面，既为其他学生树立标杆，又可以对已经取得的学习成果与评价标准进行对照，不断反思，不断调整，不断进步。

① 高海霞：《新课程理念下的小学语文多元评价》，《教育科学：引文版》2016年第7期，第215页。

三、云端漫步课程价值取向

云端漫步课程的价值和意义是什么？我不断地问自己、问孩子，也问我的团队。在一次次实践、总结和思考中，我们得出了以下三点。

(一) 创造一种生活

现在的社会，若没有教师的课程引导，孩子的生活大多数是这样的：课上学知识，课外玩手机，兴趣是游戏，朋友是网络。孩子的课堂和课外是割裂的，孩子的学习和实践是割裂的，孩子与自然是割裂的，孩子与社会是割裂的。这样的生活令人担忧，孩子的未来令人害怕。

云端漫步课程的首要意义，是给孩子创造一种课程生活。让课程生活化，让生活高雅化。云端漫步课程想把孩子生活中被割裂的、即将被割裂的东西缝合、融合。把孩子的课堂和课外融合起来，把孩子的学习和实践融合起来，把孩子与自然融合起来，把孩子与社会融合起来，把孩子和他人之间的情感交流融合起来。

试以云端漫步课程其中一个主题“寻花”为例，课程具有以下四个特点：

第一，在课程形式方面，有仪式、有策划、有反思。每次主题课程学习有启动仪式，有策划方案，有自评互评。

第二，在审美培养方面，有观察、有探究。在校园寻花、衢城寻花这个过程中，孩子们投入大自然的怀抱，去公园、田野，甚至路边，观察、探寻花朵植物的生长奥秘，激发出孩子无穷的探索力。

第三，在情感熏陶方面，有养护，有陪伴，让学生寻一盆与自己有缘的花，每天照看，在长期相伴中，花被赋予了人的情感，日久生情。

第四，在核心素养方面，有阅读，有写作，有实践。云端漫步课程首先是实践性课程，但是，在实践的过程中，始终有读写相伴。

人是有情感、有思想的群居类物种。无论科技发展到什么程度，情感和心灵的需要总是不变的。想象一下成人的生活，我们想要的理想的、健康的、积极向上的、浪漫的、有诗有远方的生活不正好就是这四个特征吗?

(二)塑造一种性格——善良、真诚、乐观、包容、浪漫

通过云端漫步课程，在孩子的身上塑造一种性格，这种性格带着热情、真诚、乐观、包容、浪漫。这种性格的孩子热爱一草一木、一朵花一只虫、一粒沙一滴水，热爱自然中的一切，真诚地对待每人每事每物，遇到挑战和问题时有积极乐观的精神，善于与他人合作，在合作中包容他人，会用文字、用诗歌来表达自己的情感，具有浪漫主义情怀。

(三)培养一种态度——认真、坚持、负责

通过云端漫步课程，培养孩子一种做事的态度。做事认真的态度：投入、专注，将自己的感官（眼、鼻、耳等）带入情境。坚持到底的态度：做事要有头有尾，有策划、有实施、有总结，善于探究、追根究底。做事负责的态度：负责任有三个层次，第一层次是做好一个独立的自我，是对自己负责；第二层次是做一个善于合作的组员，是对团队负责；第三层次是做好一个传播正能量的公民，是对社会负责。

为了让云端漫步课程实现以上的价值，在设计课程时，一定要赋予课程这三个特性：趣、情、责。

“趣”是指兴趣。教师设计的课程必须激发学生的兴趣。有了兴趣，学生才会主动走近、探究、思考、创造。

“情”是指学生对学习的对象产生了兴趣之后，教师要通过设计让孩子日久生情，有情才有独特的体验，有情才能进一步激发兴趣，保持学习的持久性。

“责”是指责任。我们最终要培养的是一个负责任的人。首先要对自己负责任，负责让自己变得更美好；其次对他人负责任，通过努力帮助他人一起变美好；最后，对社会负责任，通过自己的努力，通过与他人的合作，让社会变得更美好。这份责任感从哪里来？从一种学习的方式中来——团队合作。在与他人的合作中，学会积极倾听、有理表达、无私分享；学会尊重、谦让、团结、合作。这种责任感也从课程内容中来，在实践中，学会与自然事物的相处和解决生活问题的方式，感悟真善美；这种责任感也从课程的学习方法中来，做任何一件事都要有头有尾（有策划有总结），有反思改进（对照标准的评价），有分享和宣传意识（合作中的分享、成果的宣传）。

只有我们的课程带有“趣”“情”“责”的特性，我们所培养的学生才会具备“趣、情、责”的气质。“趣、情、责”是人一生都应追求的特性，做一个对生活永远保持热情和兴趣的人，做一个有人情味的人，做一个负责任的人。

第二章

云端漫步课程主要特性

从事语文教学已经有 21 个年头，每每站在三尺讲台，望着台下求知若渴的孩子，我总是会问一问自己，我要教给孩子什么？我要培养怎么样的孩子？

2016 年 9 月，中国核心素养课题组发布了“中国学生发展核心素养”框架体系。毋庸置疑，核心素养已然成为我国教育发展的指向标，为学校教育所要培养的新时代新型人才勾勒出了基本形象。核心素养视域下学校的课程与教学必须赋予基础知识、基本技能的“习得”与“运用”以同等重要的地位，通过以记录、概括、说明、讨论、演示等活动为载体的各门学科内容的综合性运用，通过在真实问题情境中借助问题探究解决的经验性实践，培养适应个人终身发展与社会发展的人格品质与关键能力。“中国学生发展核心素养”框架体系实质上是在要求学校的课程能够从“读、写、算”技能的训练走向学会思考的协同性、沟通性、表现性活动。

“中国学生发展核心素养”课题组负责人、北京师范大学教授林崇德曾指出，通过课程改革落实核心素养，就是要在课程实施的过程中，不断审视，不断反思，对照核心素养框架体系，让课程的实施能聚焦人文底蕴、科学精神、学会学习、健康生活、责任担当、实践创新等六大素养。我们主要从重构学习内容、改变学习方式、开放学习空间这几个方面来落实核心素养对学校课程提出的要求与挑战。

一、重构学习内容

云端漫步课程在建构主义学习理论的指导下，让学生置身于真实校园情境，引导学生从最熟悉的校园生活资源中发现课题、形成课题、实践课题，引导学生通过全学科融合式的学习推动良好知识结构的建立。通过学习内容的重构，师生一起创造了一个生活化、主题性、全科式的课程。

（一）生活化——生活资源

生活即教育，教育即生活。当知识成为生产要素中最重要的组成部分，当知识经济成为21世纪主导型经济形态，学校的课程与教学就必须以创造性学习力的培养为最高目标，因为直线式知识的习得与再现已经无法满足当前社会发展的需要了。学校教育要帮助学生在走出校园后可以生活得更好，要培养学生形成终身受益的创造性学习力，就需要学生在真实生活情境中学习并运用相关的知识和技能。结合学生真实生活情境要求，我们首选离学生最近的校园学习资源，这些资源都是学生能凭自己的感觉器官体验到的一草一木、一花一虫、风雨云光。每天目之所及处都是学习的资源，这样不但可以让课程的实施便捷、省时、高效，还能让孩子在自然而然的生活中完成学习，这是一种“润物无声”的教育。杜威曾经说过“教育是生活的过程，而不是未来生活的准备。”杜威强调“从做中学”并不意味着单纯的丰富体验而已，还指通过实验的科学的方法求得问题解决，旨在习得实验性智慧。

（二）主题性——任务驱动

只有引导和激发学生内心的学习需要，才能让孩子学会主动学习。云端漫步课程以理解的喜悦、承认的喜悦等学生的主体性需要（内发性动机）为中心设置了12个主题，采用任务驱动的方式，激发孩子带着目标，即“策划方案——开展实施——达成目标——评价总结”，朝着“进一步学习”“同大家合作去展开思考”的方向一步步地探究和挑战，学习变成了一种游戏，充满趣味，富有生机。12个主题的任务设计兼顾基础性与发展性要求，留有学生思考、分析、探索、交流和拓展的空间，驱动学生积极、主动、自觉地学习。任务驱动以学生为中心展开实践，将课程目标与学生兴趣紧密结合在了一起，学生不仅在任务完成的过程中习得具体的知识与技能，而且在自主、合作、探究性学习中体验学习的成就感和满足感，掌握学习的方法，最终养成主动学习和进行研究的良好习惯。

（三）全科式——综合全貌

跨学科内容主题的学习是学校课程发展的方向，但这种跨学科内容主题的学习既可以是各学科内容整体融合规划、重新设计推出的课程，也可以是加强与已有学科主题关联度、带给学生跨学科学业体验的课程。后者是云端漫步课程的主要表现形式。云端漫步课程每个主题的学习是以一种全科融合的方式立体化推进的。学生的学习不再是界线分明的，既是语文学科的练笔，又是数学学科的计算，更是在解决问题时综合运用多项能力。比如在秋季课程中有一个主题是“赏杏（银杏）”，该主题以“为学校的银杏树挂上身份牌”为终极任务。那么，在这个任务的驱动下，学生要通过查阅资料、实地观察、设计美工、撰写文字、制作美篇、生成二维码，最后挂牌宣传。在这个过程中，学生的能力是不分科的，学生也根本不会去想我这儿是在做语文的事，那儿是在做数学的事。学生完全是在经历一个真实的生活任务。云端漫步课程用全学科还学习内容以全貌。

二、改变学习方式

“学会学习”是六大核心素养之一。在此，云端漫步课程改变传统的班级授课制，采用以“学习单”为驱动，以“小组合作”为方式，从而达成“学习方式的转型”，让孩子在充满人文关怀、体现个性差异、满足不同需求的课程中学会学习。

(一) 体验探究

每一个主题活动，孩子首先进入生活、自然中，充分体验、感受。如寻花课程主题活动，孩子们带着本子和笔，更带着心，走进校园，寻找春天里第一朵开放的花。孩子们打开感官，看、闻、听、嗅、摸，置身大自然中，画一画，说一说，写一写，问一问。孩子们通过这样的学习，对这朵花的认识和感觉才能建立在自我认知上，才是真实而深刻的。又如闻桂主题活动，随着课程的推进，孩子们自然产生了探究的愿望，能不能自己制作桂花食品？带着这样的兴趣，孩子们制作了桂花茶、桂花粥、桂花面包、桂花麻糍。生活技能便在这样一种积极的、主动的探究之下形成了。

（二）团队合作

每一个主题活动，都采用小组合作的方式，团队参与。如：问柳课程，以小组的方式每天给柳树唱歌、念诗；以小组的方式展示“原创柳歌——白云好歌曲”大赛；以小组为单位创作“问柳微书”。俗话说：三个臭皮匠，顶个诸葛亮。小组合作可以让队员取长补短，感受到“团结就是力量”。小组合作更重要的是为学生创造了一个真实交往的平台，让学生不但学会合作、表达、组织、管理、交流等能力，更学会尊重、平等、民主、谦让、包容、理解等道德品质。

（三）展示传播

每一个主题活动，到后期都会有一个“宣传”的环节。在人文底蕴、科学精神、学会学习、健康生活、责任担当、实践创新这六大素养中，我特别强调并有意倡导学生将学习知识与传播知识、担当责任相结合。我常对学生，也对自己说：“每一个公民做好自己，是对自己负责任；通过宣传，让更多公民做得更好，这是对小组、班级、学校、国家负责任。”因此，当学生完成寻花主题活动，便采用画海报、办花展的方式向全校师生，宣传养花的经验、花语知识，呼吁更多的人爱花爱自然；当学生完成赏杏（银杏）主题活动，便采用“挂树牌”的方式让更多人了解这棵树，采用“做美篇”的方法，通过网络传播学习成果，宣传正能量。

（四）评价管理

每一个主题活动，最后一个板块是评价。评价内容是主题活动中经历的各项学习，如积累了多少首诗、批注了多少美文、写了几篇日记、认识了几种花等。评价方式有自评和互评，评价的项目有个人奖和团队奖。除了最后的总结性评价，过程性评价伴随整个主题活动。比如教室内的作品展示墙就是用来张贴学生的作品的，有思维导图，有策划方案，有研究报告，有文学诗歌，有活动照片。除此之外，网络展示、点赞、互动为评价开拓了更广的天地。评价可以让孩子不断对照目标调整自己的学习，评价也可以让孩子对照评价标准及时反思小结，制订新的目标。

三、开放学习空间

云端漫步课程将学习空间从几十平方米的教室转移到校园、家庭、社会，联结了课内和课外、家庭和学校、学校和社会，让学生的天地变得更广。云端漫步课程更将学习空间转移到网络，通过网络查阅大量学习资料，通过网络即时发布学习动态，通过网络建立无空间限制、无时间限制的互动交流。教育空间的开放，也是教育目的、教育内容和教育过程的开放。这使教学的目的不在于找到答案、掌握结论，而在于锻炼思维、形成能力；使学习材料来源更加多样化，不拘泥于教材而将获取信息的触角伸向多元世界；也使学习的本质发生变化，学生的学习途径、研究方法不一，个人的创造性研究结果各异。在开放式教学情境、开放性问题探究、开放性学习方法的合集里，每一个学生都能以充分的自由参与其中，展现自己的个性，发表自己的观点；每一个学生都能根据自己的兴趣和爱好挖掘自己的创造潜能，增强自己的创新意识和实践能力；每一个学生都能从知识的被动接受者转换为知识的主动建构者，从而实现自我长足的发展与进步。

在云端漫步课程中，师生共读、共写、共学、共事、共游、共玩、共创、共享。最后，我想试着在北京师范大学核心素养课题组发布的“中国学生发展核心素养图”的基础上，结合云端课程的特点，用下图来表达“云端漫步”这一思想从素养到课程的落地，从课程到素养的达成。

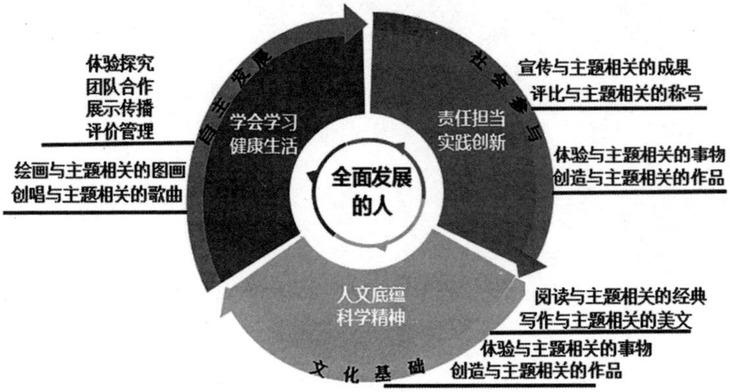

（学生发展核心素养体系图）

第三章

云端漫步课程逻辑框架

一、云端漫步课程整体框架

“课程”这一词语，我们既熟悉又陌生。熟悉的是学校日常的课程安排、教材发放、课堂教学等微观操作领域；陌生的则是课程结构、顶层设计、育人目标等概念。在以教学建设为中心逐步转向以课程建设为中心的探索路上，怎么样才能让课程建设成为学校育人体系建设的一个杠杆，达成育人目标？语文因其学科的特殊性，更要体现对学生原有认知经验的提升。一味地走知识能力系统化的老路，使学生成为学科知识系统的奴隶，也将使学生的灵性以及对语文的兴趣消失殆尽。因此，我们必须从儿童的经验、需求、学习语言的规律出发，同时想清楚“语言对人的发展作用何在？为什么要学习语言？”这样的问题，再来整体设计语文课程的内在逻辑体系，才会真正有效。

我们将教学内容与校园四季相结合，将课堂从教室内延伸到教室外，设计了四季主题课程体系，如下图所示。

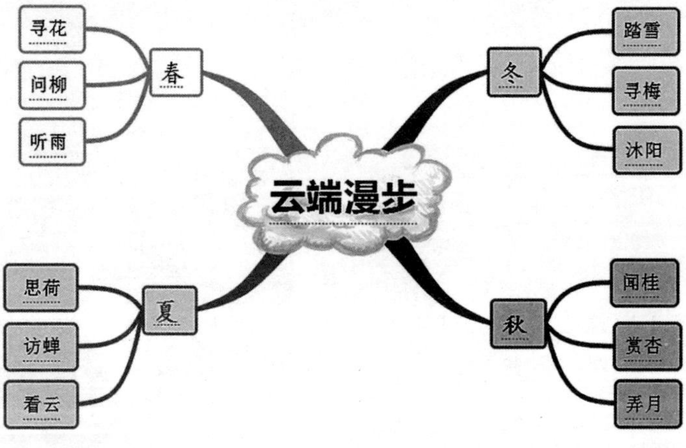

自然界是奇妙的，她教给我们许多东西，大自然的美也是我们开发不完的宝藏，她就是一本丰富而生动的语文书。每个孩子都不可能完完全全见过四季的每一面美好，但是在这个四季课程体系中，我们可以徜徉在语文的四季中，从大自然中了解领略语文的美。这个框架的设置，我们充分考虑了以下两个特点：

第一，生活化。“语文的外延和生活的外延相等”这样的“大语文观”已经被越来越多的教师所接受，云端漫步课程内容直接指向四季，以校园景物、花草植物为切入点，引导学生走出教室，去观察校园一角；引导学生走出校门，去找一找春天在哪里，看看秋天的田野；引导学生走进社区，搞搞调查研究，参观访问。这样的活动亲近自然，贴近生活，放飞了学生的心灵，愉悦了孩子的身心，令课堂妙趣横生，又使学生得到了各种技能的锻炼。

第二，丰富性。在确立这 12 个四季主题前，我们进行了大量的讨论、研究与取舍。母语的“特性”决定了学生语文知识的掌握、语文能力的提高、语文素养的形成必须经历一个长期的、渐进的、缓慢的过程。因此，确定什么内容，教什么，有赖于主题目标的制订。主题太多，结果可能都无法真正实现；主题内容过深，或者目标过高，绝大多数学生可能都无法达到。教学内容如果过多过高过偏，势必就会使课堂节奏过快，就会使教学浮于表面，流于形式，因此，我们最终确立了将自然、将身边的景物作为课程体系的基点，一课一得，得得相连，且主题不重复，探究形式不重复。

二、云端漫步课程八个板块

课程是一次机会，是一种经历，是一份经验；课程不仅在课堂，也在于课外。

特定的学习方式总是与特定的知识类型和学习目标相关联的。从安德森在《教育目标分类学》(修订版)中所划分的知识类型来看，知识分为四类：事实性知识、概念性知识、程序性知识、元认知知识。不同类型、不同特征的知识必然要求学生在学习过程中运用不同的学习方式。由此来说，与事实性知识、程序性知识、元认知知识相对应的基本学习方式是接受与记忆、理解与探究、操作与体验、反思与感悟等。从课程知识分类学意义上看，接受与记忆、理解与探究、操作与体验、反思与感悟等学习方式，便是学生学科学习过程中最基本的学习方式。

传统的教学模式与考试体制通常把所有的知识都当作事实性知识来

进行处理，死记硬背、机械训练等单一的教学方式便成为必然，“去过程”“去情景”实质上就是去掉了学生必经的成长经历。因此，从实践操作的意义上讲，我们特别关注云端漫步课程中不同类型、不同特征的知识学习。

在每个主题的内容学习中，我们设置了至少八个板块的活动，并且按一定的顺序进行。

第一板块：体验与主题相关的事物；

第二板块：阅读与主题相关的材料；

第三板块：写作与主题相关的美文；

第四板块：绘画与主题相关的图画；

第五板块：创唱与主题相关的歌曲；

第六板块：创造与主题相关的作品；

第七板块：宣传与主题相关的成果；

第八板块：评比与主题相关的称号。

如以“寻花”主题为例，课题组设计了一系列活动来实践这几大板块。寻花主题的具体活动内容设计如下图所示（相关内容在第五章有详细介绍）。

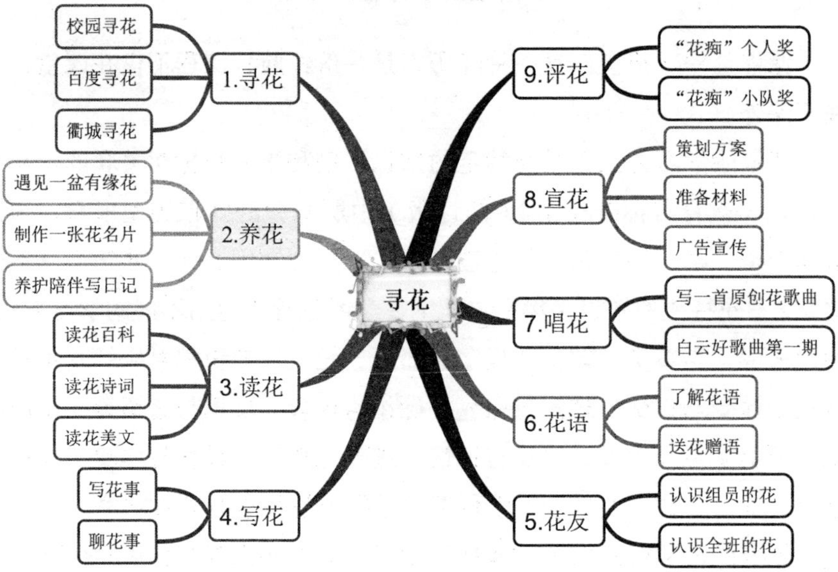

为什么要进行这八大板块的设计？我们试图回答以下问题：

第一，学生的内源动机是如何激发与保持的？内源动机主要指的是某种活动产生的诱因源于人本身的内在因素。好奇心是人们基于自身意志、自主认识建构外部世界的出发点。然而，好奇心作为学生学习活动发生的基础和原始动力，却难以使学生的学习动机一直持续。马斯洛需要层次理论告诉我们：更高层次、尚未得到满足的需要能够促使学生的学习在内源动机的维持下持续深入。在整个学习过程中，为了使内源动机得以持续，首先，教师要帮助学生对要学习的内容有正确的认识；其次，要引导学生对学习结果进行积极的、现实的归因；再次，需要设计或提供充分的、适当的学习活动或策略帮助学生不断获得成功体验。如以第一个寻花课程为例，养花、唱花、写花、宣花、画花等多种需要自我探究实践的新颖形式不断将学习推向深入，学生的兴趣被激发。

第二，完整、准确、丰富、深刻的学习是如何发生的？在心理学上，关于学习是如何发生的，行为主义学派和认知主义学派有着不同的观点与认识。行为主义学派强调外部环境的作用，以便于学生对外部环境刺激做出适当的反应；认知主义学派则强调让知识变得有意义，关注学习者对于自己及学习环境的知觉。因此，要实现完整、准确、丰富、深刻的学习，需要满足两方面的条件：一方面，需要有良好的外部环境设计，另一方面学习者对自己及外部环境，包括学习对象的认识，要随着学习活动走向深入。仍以第一个主题“寻花”为例，我们第一节课即把课堂放在了校园，然后是花鸟市场，再是学生自己的家。由教学场所延伸至外部，学生跳出了教室里听教师讲——背、记这样的局限，为了能够认识花，养好花，画好花，甚至唱好花，他们去花鸟市场找花，细心观察，又带回家浇水养护，这些丰富深刻的体验就是真正意义上的学习。

第三，哪些学习内容更有价值？掌握一门学科，显然并不是仅仅停留在知识条的识记。学科之所以为学科而不是简单概念与知识要点的堆砌，其中非常重要的原因在于学科有自己独特的结构，学科知识之间存在着不可割裂的内在联系，掌握了学科的关系与结构，学生就能从整体上把握学科及学科知识。尤其是语文学科所蕴含的价值追求与精神对于作为一个活生生个体的学生——人的后续的学习发展的重要性是不言而喻的。

第四，什么样的评价才是有效的？关于评价，在本书的第六章中有详细讲述。这里是想说明为什么要在八大板块中设计“评价”板块。我们的认识基点是想发挥评价的导向激励功能，并不只是分数评价。首先，在每一门课程开始之前，作为教师要将学业评价的方案告知每一位学生，由于课程学习的时间长短不同，有些内容或主题可能要半学期，有些可能只要一个月，有些甚至还要短些，所以，应该将学业评价的方案进行分解，分解成若干时段，并在这些时段结束后告知每一位学生，多次适当及时的反馈远比一次性反馈效果好。

学生作品的展示，也是学业评价的一种方式。云端课程在每个主题设计中都会有一个评价板块，如评花、评柳。教师在学习单中设计教师对学生学习情况的评价，如认为优秀的就画上一个圆圈或画上一朵小红花。同时又通过学生作品展示来进行学生互评。人类学习是一种群体行为，学生向学生学习，是一种非常有效的学习方法。这种评价做法，跨越了获得高分的目标，把学习的实际成果放到最前面，这代替了“老师说了算”的批改。而且，由于作业贴出来了，就等于是“发表了”，学生都会很认真。

三、云端漫步课程三个领域

云端漫步课程设计的八个板块活动，可以统一为三大领域：实践、阅读、写作。以寻花课程为例，前面呈现的“寻花”主题方案思维导图，是从平面上呈现寻花九步曲。这个导图用板块式来呈现主题方案，适合学生的逻辑思维，便于学生板块式推进课程。

作为课程设计者，我们从更深层次进行立体化的剖析之后，该课程所遵循的一个理念便是以“实践”为主线，以“阅读”“写作”为双翼，三条轴交融推进“主题活动”。于是，我们又设计了“三个领域理念指导下的寻花主题学习图”：

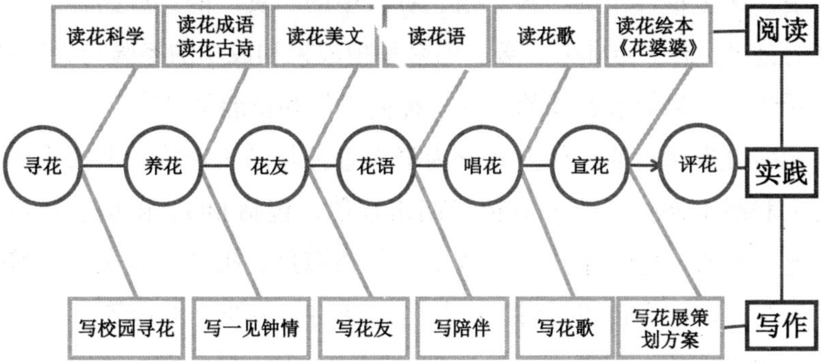

(一)三个领域涵盖的内容

1. 实践

云端漫步课程会开展哪些实践活动？在12个主题中，我们主要开展了以下四个方面的实践活动：

(1) 亲近

每一个主题课程都是从“亲近”开始。如果再分得细一点，是先“近”再“亲”。“近”是指走近这个物，如走近“花”“柳”“雨”；“亲”是指通过系列实践活动，与之建立友好、亲密的关系，如养花、护花、给花讲故事、为花找朋友等。

(2) 创作

“亲近”主题之后，开始创作，这是自然之举，好奇心所驱。创作分为文艺创作和手工制作。文艺创作有画、唱、演等方式，如赏杏课程中的文艺创作有画银杏树、树叶贴画、创作一首与银杏有关的歌、开展原创歌曲表演。手工制作也是一种创作，只要学生动手制作了一件对于他自己来说是新的东西，都可称为创作。手工制作的形式有制作食品、用品、药品、工艺品等。如闻桂课程中的手工制作有制作桂花香包、桂花茶、桂花面包等。

(3) 宣传

“宣传”这一环节是云端漫步课程强调的必要且重要的环节。这是云端漫步课程特性中的“趣、情、责”中的“责”的达成路径。一个负责任的公民，有一点非常重要，那就是把成果和成功的经验与大家分享，并呼吁他人一起加入实践的行列、传播正气和正能量。

云端漫步课程的宣传方式分为书面宣传与口头宣传。书面宣传又分为线上和线下两种。线上宣传指网络宣传，包括 QQ、微信、微博、美篇、电子相册、电子手账等。线下宣传指海报、报纸、展板、展墙、微书漂流等。口头宣传包括讲座、报告、演讲、表演、电台等。

(4) 评比

“评比”是课程的最后一个环节。每一个课程既要关注过程性评价，又要注重结果性评价。每个主题设置一种评比称号，如寻花课程的评比称号是“花痴”，问柳课程的评比称号是“柳仙”，听雨课程的评比称号是“雨神”。命名一种称号，设计评比规则，既是对个人和小队的总结反思，也为整个主题的学习增添了一分仪式感，让课程真正成为学生的生活，让课程在学生的生命中留下深刻的烙印。

2. 阅读

实践是云端漫步课程的主线，其实也可以说，实践是云端漫步课程的躯干。阅读是躯干上的左翼。那么，阅读，读什么？主要读两方面内容：科学、文化。

(1) 科学

科学方面指的是阅读与该主题相关的科学知识。如在进行“问柳”主题学习时，我们阅读学习柳的生长特征、柳的种类、柳的种植、柳的功用等。

(2) 文化

文化方面指的是阅读与该主题相关的文化知识。从“字、词、诗、文、书”五个方面落实。字是指该主题的字理演变；词是指含该主题的成语；诗是指与该主题相关的儿歌、童诗、古诗词、歌曲；文是指与该主题相关的现代经典文章；书是指与该主题相关的绘本读物和书籍。

阅读途径主要有三个方面：网络、学校自编《云端漫步四季读本》及教师推荐的相关绘本和文学名著等。

3. 写作

如果说“阅读”是云端漫步课程的左翼，那么“写作”就是右翼。

写作，写什么？在云端漫步课程 12 个主题的写作中，涉及 8 个方面的写作训练。

(1) 童诗

写得最多的是童诗。儿童是天生的诗人，诗歌是最能承载人的灵魂的一种表现形式。写诗的时候，学生不必拘泥形式，不必担心文笔的好坏，学生只需要把心底最本真的灵性用文字呈现出来。

(2) 想象作文

孩子们创作了大量想象作文。《义务教育语文课程标准》（2011 年版）鼓励学生写想象作文，这是有科学依据的。儿童的生活经验少，但是想象力极其丰富。云端漫步课程是带领孩子亲近自然的课程，是让孩子睁开诗眼的课程，是赋予万物以情感的课程，在这个过程中，孩子的情感世界有如一片茂密的森林，有如一片广袤的天空，有如一个深邃的大海。想象在这个世界里蔓延。引导孩子打开感官，打开眼、鼻、口、耳、心，书写想象作文，这是一种自由畅快的感觉。

(3) 实践日记

云端漫步课程是一门实践性课程，孩子在实践中积累了许多体验和经验，此时，引导学生真实地记录实践日记，是培养孩子写纪实作文的好路径。

(4) 应用文（学习单、小方案、主题方案、课程方案）

课程在引导学生策划方案、小组合作、做讲座时，训练了学生写作各种应用文的能力。如课题方案、海报、讲座稿，甚至在后期，学生还尝试编制学习单。

(5) 微书、美篇、手账、PPT

课程培养学生制作手工书本（我们称之为“微书”）的能力，培养学生制作美篇、手账和 PPT 的能力，这是一项综合写作能力的体现，涵盖了写作、编辑、美学等综合素养。

（二）三个领域之间的关系

1. 实践先行

每个主题的开启，一定是实践先行。走近该事物，亲近它，激起兴趣和探究的欲望。寻花课程不是先从阅读开始，也不是先从写作开始，而是从“寻花”这一行动开始，走出教室，置身校园，走进春天，走近一朵花。只有先发起行动，才会有进一步探究的欲望，才会通过主动阅读寻求更多知识；只有实践体验，才会生发思想，才会思如泉涌，才会有不得不写的欲望。陶行知先生用他的名字告诉我们：先行才能后知。

2. 交融推进

实践是躯干，阅读、写作是双翼。课程以实践这条主线展开、深入，阅读和写作交融、递进。有了阅读的实践才是宽广的，有了写作的实践才是深刻的。实践、阅读、写作一体两翼，让孩子走得更远、飞得更高。依旧以“寻花”为例，通过实践，孩子积累了“花”的真实体验；通过阅读，孩子丰富了“花”的全面知识；通过写作，孩子提升了对“花”的认知层次。三者缺一不可，三者始终交融。

第四章

云端漫步课程教学策略

我在幸福小二班实践云端漫步课程的过程中，至少给不同地区的老师分享过五次云端漫步课程的报告。有一次我在浙江师范大学给研究生分享云端漫步的课程故事，整整讲了一天，也只分享了其中两个主题。我也在自己学校给老师们上课程开发的系列指导课。我把云端漫步课程实施过程中的心得和体会分享给大家，并且，让老师们也开始尝试，从一个小选题开始，从一周微课程开始。做完一个课程，老师们聚在一起，分享课程故事，分享学生成果，分享收获和困惑。

假如，你也想尝试一下，那就和我们一起，走进第四章“云端漫步课程教学策略”，一起来了解如何实施云端漫步课程吧。

一、选择主题

首先，我们要选择一个课程主题，所选择的主题要符合以下四个特点：

第一，儿童的。这个主题必须符合儿童的年龄特点，受儿童喜欢。

第二，自然的。这个主题必须贴近大自然、来自大自然。

第三，生活的。这个主题必须和儿童的生活紧密相关，最好和生活融为一体。

第四，诗意的。这个主题必须富含诗意，能触动孩子的心弦，能让孩子生发无限幻想。

语文知识丰富多彩，文学作品更是不计其数，在浩如烟海的语文宝库中选择主题，是否如大海捞针一样无从下手，困难重重呢？当然不是。从主题的四个特点看，要符合贴近儿童生活，符合儿童心理，接近自然的特性，也就意味着可以从大自然，从动植物，从天气环境等离孩子最近，最易被发现，最易进行的领域思考。

选择主题就如一场头脑风暴，可以通过学习单的方式来缩小范围，理清思路。如下表这份学习单，在每一个类别中列出至少两个主题。

植物	动物	天气	建筑	景点	现成词语	其他
例：寻花	例：访蝉	例：看云			例：招蜂、引蝶	
从以上选题中确定 4 个：						
选出一个你想立刻开展的： 原因：						

二、制定方案

选题确定之后，就可以开始制定课程方案了。

第一，一定是体验：走近、激趣、设疑、启思。

第二，用项目推动课程情节发展。

第三，知行结合、读写结合、有读有行有写。

第四，要有创造性。

第五，要有信息技术的融入。

第六，要有公民责任意识的培养。

第七，一定是这样的三段论：计划——实施——评价。

请你完成一份学习单，试着为你选择的主题策划一份课程方案。

课程主题	
课程目标	
课程方案	
对照准则进行修改	（建议用黑笔书写，蓝笔自改。有条件的话可以选择一位学习同伴，用红笔互改。）

三、编学习单

课程方案制定好之后，第三步编制学习单。学习单为孩子完成整个课程活动搭建支架和桥梁，为孩子在活动过程中提供方法和策略，为孩子的自主学习与合作学习建立准则，指引孩子在课程活动中学会反思和总结。

编学习单要注意以下几点：

第一，一份学习单包括：标题、导语、内容、学习方法、学习方式、评价准则和评价。

第二，图文结合，形式多样。

第三，导语精致、诗意、亲切、人文。

第四，体现设计上的层次性、板块式、递进性。

第五，体现方法上的引导作用、支架作用。

第六，融入未来元素，聚焦核心素养。

首先，试着编一份或一组学习单。然后对照标准，进行修改。可以参照第 11 个主题“踏雪”和第 12 个主题“寻梅”，里面有整组学习单，对学习单的编制也有较为详细的说明。

四、组织实施

一组学习单编制好之后，我们就要开始一步一步实施了。

“组织实施”小贴士

第一，学生的学。要体现四个关键词“自主”“合作”“展示”“评价”。先有自主学习，才能合作学习。自主学习有效，合作学习才会高效。学习经验需要展示出来。学习需要不断回看目标，自评和互评。

第二，教师的教。要体现四个关键词“引导”“指导”“提升”“学习”。教师首先是引导者，预定一个主题课程，预编一组学习单，预设一段引导语，吸引孩子走进课程。在课程的实施过程中，教师适当点拨和指导。在学生展示成果时，教师适当总结提升。当然，教师不仅仅在“教”，教师也在“学”，只有把每一次的“教”当作“学”，才能做出好课程

请你解读“组织实施”小贴士，结合主题单元中介绍的实施案例，为你的这个主题课程做个“实施小攻略”吧！

（　　　）课程实施小攻略	
设计一个课程启动仪式	课程口号： 启动仪式流程：
学习单的使用	学习单的使用要求：
	学生做学习单的要求：
	教师批学习单的要求：
实践中的要求	
阅读中的要求	
写作中的要求	
采用什么方式进行成果宣传	
评价	单项评价： 综合评价（评比称号）： 过程性评价： 结果性评价：

五、积累合作

在课程实施的过程中，或课程结束之后，作为教师一定要会积累，会合作。

（一）会积累

“积累”小贴士

第一，积累学生的学习成果：学生活动照片、学习单、习作、微书、微信、视频等。

第二，积累教师的教学经验：用文字记录课程经过，用图文发布过程（美篇、微信公众号、电子手账等方式）。试试用下表吧！

以前我有哪些积累的习惯？	
读了本书，我想在自己的实践中增加哪些记录整理的方式？	

（二）会合作

教师在开发课程的过程中，一定要学会与他人合作。只有自己是个善于合作的老师，才能引导孩子乐于合作；只有善于合作，才能把课程做得更好。

“团队合作”小贴士

第一，必须从心底里肯定合作的力量。

第二，假如一开始不认同合作，也没关系，强迫自己与他人合作一次，比较单打独斗与合作的区别在哪里，或许你能收获合作的益处。

第三，合作技能需要训练。训练自己会倾听、会表达、会整合、会提问、会组织、会评价等能力。

第四，合作的关键词：尊重、包容、创新、大胆表达、传播正能量、敢于吸收也敢于否定。

试试用下表来构建一个课程团队吧！

组织一个课程团队	
给团队取个名字	
给团队设计口号	
团队人员	
团队简介（特点）	
团队分工	
团队照片	
团队教研活动记录	
我在团队中的表现	

第五章

云端漫步课程单元实施

寻花——春色满园关不住

【寻花导图】

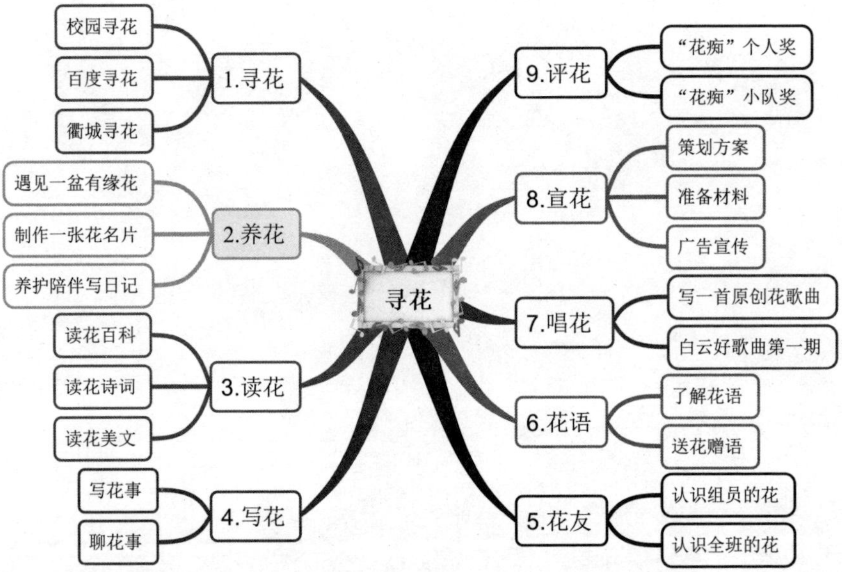

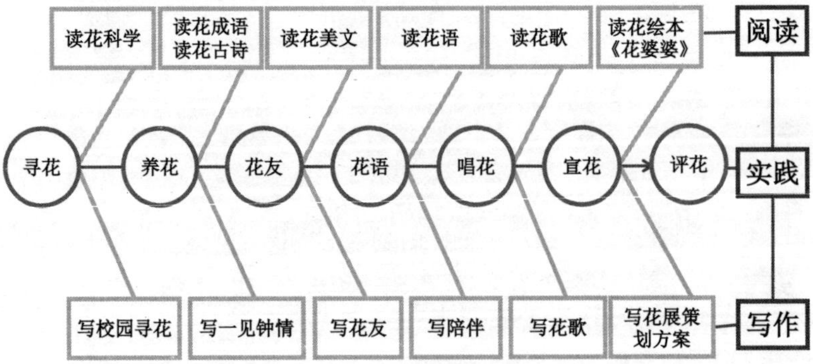

2016年2月的最后一天是29日。这一天是个特殊的日子，因为，要等四年之后才会再有2月29日；这一天更是意义非凡的日子，因为，白云的孩子开启了“寻花”之旅。

【寻花导读】

寻花课程历时三周左右，经历了9个项目，孩子们称之为“寻花九步曲”。这九步是按顺序开展的，但有些项目的学习又是顺延交融的。比如：第二步“养花”，孩子必须每天付出时间和精力，甚至课程结束后，养花还会继续；第三步“读花”，背诵花的诗歌，积累花的美文；第四步“写花”，写与花儿之间发生的故事，每日一篇，这些都是贯穿于整个课程始终的。

<table>
<tr><th>季节</th><th>目录</th><th>学习单</th><th>训练策略</th></tr>
<tr><td rowspan="11">春季</td><td>一、让诗意的眼睛醒来</td><td>学习单（一）寻花</td><td>写作技巧：睁开诗眼</td></tr>
<tr><td>二、寻找最有缘的那朵花</td><td>学习单（二）养花1</td><td>实践技巧：一见钟情</td></tr>
<tr><td>三、陪伴是最长情的爱</td><td>学习单（二）养花2</td><td>实践技巧：唱歌读书给花听</td></tr>
<tr><td>四、读你才能更懂你</td><td>学习单（三）读花</td><td>阅读技巧：提取信息的能力</td></tr>
<tr><td rowspan="2">五、我和花儿的那些故事
◆那些有趣的花昵称
◆舔花大盗
◆会做题的花儿
◆爱学习的花儿</td><td>学习单（二）养花3（取花名）</td><td>实践技巧：仔细观察，发现新意，用心养护，经营童话</td></tr>
<tr><td>学习单（四）写花</td><td>写作技巧：
1. 让故事发生——有料；
2. 还写作真实——有据；
3. 倾真情实感——有情；
4. 悟生活之理——有理。</td></tr>
<tr><td>六、我的花儿交朋友</td><td>学习单（五）花友</td><td></td></tr>
<tr><td>七、迎春花语
——相爱到永远</td><td>学习单（六）花语</td><td></td></tr>
<tr><td>八、白云好歌曲第一期
——唱花歌</td><td>学习单（七）唱花</td><td></td></tr>
<tr><td>九、我与花儿有个约会
◆策划方案 ◆分发海报</td><td>学习单（八）宣花</td><td>宣传技巧：策划书、海报、花展</td></tr>
<tr><td>十、我是“花痴”</td><td>学习单（九）评花</td><td></td></tr>
</table>

【寻花故事】

一、让诗意的眼睛醒来

白云学校的科学老师做过一个统计，校园里光花卉就有20多个品种，有迎春花、桃花、樱花、紫薇、蔷薇、杜鹃、月季、桂花、绣球花、荷花、睡莲、梅花、菊花、葱兰、六月雪等。

我从白云的花丛中悄悄走过，分明听见花朵们在窃窃私语。里面有春的絮语、夏的呼唤、秋的静谧、冬的蕴藏。花心里醉卧着白云人的甜香思绪。让我们和花儿一起做一个辽远的梦。

这是白云学校的一位科学老师写下的一段话。

拥有一双诗意的眼睛，你便可以看到花儿绽放，可以与自然对话，可以让现实变成童话。春天是个万物萌发的季节。我决定唤醒孩子们的诗意。

上课一开始，我给孩子们展示了一张图片——一朵含苞欲放的桃花。

“孩子们，谁来说说，你看到了什么？”

“图片上有一朵桃花。”朱晨说。

“是一个花苞。”李凤玲说。

“一个粉红色的花苞，很漂亮。”王玲琪说。

“同学们说得对，这是一朵含苞待放的桃花。可是，在诗人的眼里，答案却有千万种。”

孩子们瞪大了眼睛，期待着我继续往下说。

“在诗人的眼里，一片落叶并不仅仅是一片落叶，它是——”

“秋姑娘的信件。”叶帅喊出来。

我给叶帅竖了一个大拇指：“对，这就是一叶知秋。”

“在诗人的眼里，一朵桃花并不仅仅是一朵桃花，它是——”

教室里举起的小手瞬间多了起来。

"春姑娘的信件。"徐骏凯说。

"春姑娘的发夹。"李凤玲说。

"春姑娘睡了一个冬天，她揉揉眼睛，正要醒来，桃花就是春姑娘的眼睛。"江丽琴笑着回答。

我非常满意孩子们的答案，回给大家一个赞许的微笑，在PPT上出示布莱克的诗句：

一颗沙里看出一个世界，
一朵野花里一座天堂，
把无限放在你的手掌上，
永恒在一刹那里收藏。

"孩子们，这是诗人布莱克在《天真的预示》中的诗句。他告诉我们一沙一世界，一花一天堂。当我们拥有了一双诗意的眼睛，身边的一草一木都会变得丰富多彩，美好灵动。"

"这朵桃花就开在我们白云校园，春姑娘正在醒来。从今天开始，我们要开启一个诗意的课程——寻花。"我用最柔和的声音宣布了寻花课程的开始，我能感受到孩子们眼中有一种跃跃欲试的光芒。孩子们，唤醒你们心中沉睡的春天吧。

为了训练孩子们拥有一双诗意的眼睛，我发给他们一份学习单。

·寻花学习单·

云端漫步·寻花课程

学习单（一）寻花

又一个春天来了，花儿揉着眼睛，从沉睡的冬天醒来，为大地添一抹新红，为自然飘一缕清香。真美啊，花儿是春天的小精灵，让我们开启寻花之旅，寻一朵花，夹在人生的相册里。

睁开诗眼："一沙一世界，一花一天堂"，当我们拥有了一双诗意的眼睛，身边的一草一木都会变得丰富多彩，美好灵动。

看到下面这些事物，你想到了什么?

例：落叶

想法一：秋姑娘写给大地的信。

想法二：一片终于获得自由的叶子，跳起最后的舞蹈。

1. 桃花：

2. 春雨：

3. 一座老桥：

4. 一粒沙子：

5. 妈妈的眼睛：

做完这份学习单，意味着孩子们睁开了一双诗眼，这双眼睛已经沉睡了一个冬天，它多么想看一看充满生机的世界。于是，我让孩子们带着下面的学习单去校园寻花。

· 寻花学习单 ·

校园寻花

带上一双诗意的眼睛，走近校园里的每一朵花，画一画，想一想，写一写。

记花名	画花朵	写体验

二、寻找最有缘的那朵花

校园寻花之后，孩子们的话题都是花。

“我家门前有棵梨花，每年春天一树的白，就像下了雪。”

“我大姑姑家露台上种了很多很多花，海棠、水仙、郁金香……”

“水仙很好养，我去年就养过。冬天的时候放在水里，到春天就开始疯长，开出的花把枝条都压弯了。”

“我也想养一盆花。”

“我也想……”

……

聊着聊着，就聊到了养花。

OK！明天正好是双休日，那就到花鸟市场去买花吧。

我在寻花课程第二张学习单上布置了这样一份作业：

·寻花学习单·

云端漫步·寻花课程

学习单（二）养花 I

“只是因为在人群中多看了你一眼，再也没能忘掉你容颜。”缘分天注定，浪漫从此生。孩子们，去寻找一朵和自己最有缘分的花，然后，和她朝夕相伴，日久生情。

一、遇见

漫步花鸟市场，寻一朵和自己最有眼缘的花。买回家，养起来。

二、初识

为这盆花做一张花卡（花名、花的特性介绍、花的外形描写等。）

三、养护

请上网搜集花的养护知识，好好对待你的新朋友吧。

那一天，衢州城看起来和以往没有什么两样，但是衢州的花鸟市场却发生了一个个动人的故事。

周一，我在批改孩子们写的“寻花故事”时，我被深深打动了。

我与花的故事

五（2）班　张微

星期六，我和同学到花鸟市场买花。

我们一起进入了第一家花店。一进去，琳琅满目，品种丰富，我都想买下来。可是，组长给我分配的是水仙花。以前，我从来都没有见过水仙，并不知道它长什么样。组长跟我说是生长在水里的，但是，风信子也是生活在水里呀。

当我看到风信子的时候，我还以为是水仙花呢！连忙对同伴说：“你们看，我找到水仙花了！”其中一个同伴笑着说：“那不是水仙花，那是风信子！”另一个同伴拉着我到一盘像是大蒜的旁边，说：“这才是。”我看了看，这么像大蒜，怎么可能？我又闻了闻，好香啊！有股清香味。我仿佛听到了这株水仙花在说：“快把我带走吧！”我听了，毫不犹豫地捧起来。我喜欢上它了，特别是它淡淡的香味。

我带着这盆花高高兴兴地回家了。回家以后，我干什么事情都闻闻花香，因为太迷人了。

陈老师点评：从来没见过水仙花的小张同学，差点把风信子买回家，真有趣。虽然水仙的外形像大蒜，很普通，但是你最终还是被迷人的芳香征服了。祝贺你，找到了好朋友。

花儿累了

五（2）班　方超

今天，主人给我喝了很多水，我喝得足饱足饱，主人真是好。

主人很想叫我开出花来，那我就争气一点啰。今天，因为我吃得饱，所以力气特别大，我鼓足劲地开出了5朵花，真是不容易，差点把我累死了。

主人今天特别高兴，因为我开出了5朵花，还是我的功劳呢！主人一高兴，还给我唱歌。

所以，以后我要天天让主人高兴，努力开更多的花。

陈老师点评：哈哈，方超你太逗了！我读着读着怎么感觉像在生孩子一样呢？

和主人相遇的那一刻

五（2）班　郑梓洋

还记得三天前，我与主人，心和心对上暗号……

那一天，阳光明媚的好日子，同伴们纷纷跑出家门日光浴，而我独自一个人躲在阴暗的角落里，不敢出去。

一位扎着高马尾辫的女孩儿看着我，对她的妈妈说："妈妈，你看那盆风信子是歪的！丑啊！"妈妈顺着女儿，说："那盆那么丑，我们买这盆吧！"说着拿起了我的一个同伴，说："这盆不歪，比那盆好多了！"说完，拍在桌上10元钱，就扬长而去了。

我又向后退了几步。

这时，一个女孩走过来，眼睛扫视了一圈，突然看着我。

那一刻，我望着女孩的眼睛，忽然不那么胆怯了。我从阴暗中，一步步走出。阳光洒在我的身上，我舒服极了，真希望每时每刻都可以这样。

她伸出手将我捧住，我幸福到了极点，就像踩着一朵幸福的云，飞上了天空。

"老板，10元，谢谢！"

真的吗？我做梦都不敢相信的话，她居然说了！幸福来得太突然，我得缓缓。

"从今天起，你就是我的'人'了！哈哈哈哈！"我被她举过头顶，背对阳光。"嗯，红花绿叶，真美啊！"她说。

原来，听别人赞赏自己的感觉这么好！

原来，我的主人这么好。新主人，开启我们的奇妙之旅吧！

陈老师点评：一棵歪脖子风信子，它在花店里待了多久？它曾被多少顾客嫌弃过？终于有一天，它遇见了她，遇见一位赏识它的女孩子——郑梓洋。梓洋没有嫌弃它丑，反而赞美它，给它自信和阳光。或许这就叫一见钟情吧。

批完孩子们的作文，我上了一堂课——"寻花故事分享会"。孩子们先在小组里分享自己与花儿一见钟情的故事，然后每个小组推选一位代表，站在讲台上向全班分享。郑梓洋也上台分享了。她捧着她的歪脖子风信子，分享她的寻花故事，不，是歪脖子风信子分享它和梓洋的故事。我说："愿梓洋和她的风信子在今后的日子里同呼吸，长相守。我们期待更美的故事发生。"全班同学热烈地鼓起掌来。

那天晚上，我躺在床上回想白天发生的一切，我的眼角湿润了。人们常常被人间的爱情、亲情感动落泪，却不知道在孩子的童心里藏着一份对大自然的热爱之情。今天，我从孩子们的寻花经历中深切地感受到，这种情感一旦被打开，它不亚于亲情和爱情，它显得更纯洁、更无私、更博大。

我轻轻地对自己说："陈老师，这哪里是你为孩子打开一双诗眼呀？这是孩子为你打开了一双诗眼呢！"

明天，明天继续那份最长情的爱。

（扫一扫下方的二维码，可以看到孩子们分享寻花故事的场景。）

三、陪伴是最长情的爱

“孩子们，你觉得梓洋的风信子怎么样？”晨读课上，我问。

“梓洋的风信子很幸运，遇到了一位好主人。”蒋风启说。

“我想对郑梓洋说，你真厉害，能猜透风信子在想什么。”丽琴对着高个子梓洋竖起了大拇指。

我说：“风信子本不会思考，但是，梓洋的爱滋润了它，使它有了灵性。你们想不想让自己的花儿有思想呢？”

“想！”

“怎么样才能让花儿变成有思想的花儿？”

一石激起千层浪，孩子们开始献计献策。

梅锦说：“我决定每天给我的郁儿（郁金香）朗读《淘气包马小跳》。”

丽琴说：“我每天回家给我的铁兰讲幸福小二班的故事，讲幸福小二班的陈老师和青苹果小队的故事。”

哈哈，孩子很可爱，想法很奇特。

我在大屏幕上展示出一段话：

> 当这盆花属于我的时候，故事就开始了。花儿与我的相遇故事；花儿从花骨朵到绽放的奇特经历；我与花儿聊天；我给花儿唱歌、讲故事……当我的生命与花儿相融，花儿就变成了奇妙的天使。从今天开始，我要让我的花儿成为一朵有思想的花儿，我要为花儿写下属于她的故事。

我说：“孩子们，花儿需要陪伴，需要爱的语言，这既是她身体上的需要，也是她心灵的需要。陪伴是最长情的爱。从今天开始，请用你的爱浇灌你的花儿，让它成为一朵有思想的花儿，好吗？”

“好！”

孩子们，这将是一场奇妙的生命之旅。童话并不遥远，它就藏在你的生活里，请用你的眼去挖掘，用你的心去经营，用你的笔去记录。

来看看，孩子们是如何陪伴花儿的吧。

花儿的故事——听吧

五（2）班：王梅锦

“翠湖公园的附近，小巷密布，每一条小巷都有自己的特点……”我用温柔的甜美的声音为花儿们——郁儿（我的郁金香）、风儿（我的风信子），读《淘气包马小跳之孔雀屎咖啡》这本书。

花儿用她自己的语言方式一会儿摇头，一会儿点头，好像在说：“嗯，是的，正是如此。”“对呀，猫屎咖啡贵，因为那种猫爱吃，而孔雀屎咖啡……”我停下来望着郁儿和风儿，感觉她俩就像一对配合默契的评论家。

评论完毕之后，她俩将手臂（叶子）潇洒地一挥，好像对我说：“该你了，请继续精彩的朗读。”

我连忙把眼光收回到书上，继续读，读得更温柔甜美。

花儿们听完一个故事，不但知识多了一些，身高也长了一点呢！可见长知识可以长身高，谁越高，谁的知识就越高。你瞧瞧，今天高了不少吧！

所以我计划每周为花儿讲一本故事书，一本哦！还要定期为它拍照，为它记录与她在一起的故事。与我共待我的定期成果与定期乐趣吧！

你的花儿听故事吗？不听吧，我的花儿是一朵有思想的花儿哦！认为它是的请点赞。

陈老师点评：给你十个赞！古人云：“近朱者赤，近墨者黑。”和聪明好学的梅锦在一起，郁儿和风儿一定也会变得聪明好学。梅锦，和你说句悄悄话，我也想成为你的花儿。

四、读你，花儿

花花世界，博大精深。寻花，不但要寻物质的花，还要寻文化的花。因此，在寻花课程中，“阅读”这一环节必不可少。

云端漫步寻花课程开启以来，我总在思考一个问题：课程的目标是什么？我想让孩子得到什么？当“读花”这个词在我脑海中闪现的时候，我突然明白了，生活中不能缺少阅读，云端漫步课程不能缺少阅读。在前面，孩子们实践了，写作了，但是，缺少了阅读的实践和写作，是不是缺少一些厚度，缺少一些文化呢？

对，我们必须把阅读纳入课程。

实践、写作、阅读这是云端漫步课程的主旋律。实践是主体，写作和阅读是双翼。三者互相交融，互相促进。寻花课程，首先是实践的课程。在实践中寻找有缘分的那朵花，产生进一步探究的兴趣；寻到那朵花之后，养护它，陪伴它，在养护和陪伴的过程中，萌生情感，有了情感则想倾诉，于是，写作成了心灵的内在需求；兴趣越来越浓，感情越来越深，就想更亲近、更了解，那么，阅读的补充既是及时雨，又是催化剂。

于是，寻花课程之“读花”开始。读花的哪些方面呢？下面是全班同学经讨论得出的“读花”框架导图。

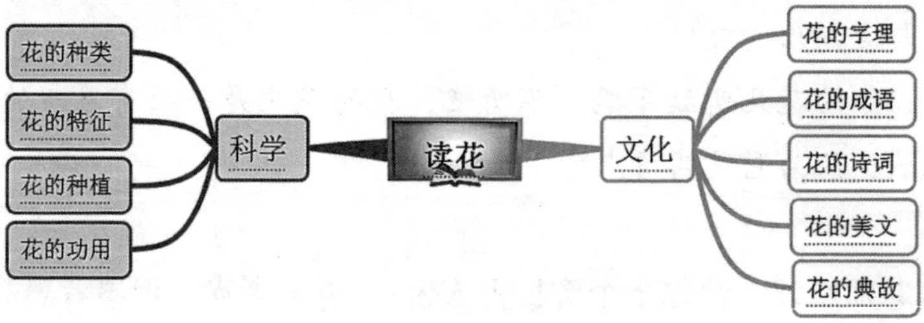

当天，我布置了搜集“读花资料”的语文家庭作业。学习单如下：

云端漫步 · 寻花课程

学习单（三）读花

假如你爱花，那你一定想了解花的更多知识。花花世界，博大精深。让我们一起走进花的阅读世界吧！

一、搭建“读花框架”（阅读哪些方面的知识，才能更全面地、更深入地了解花呢？）

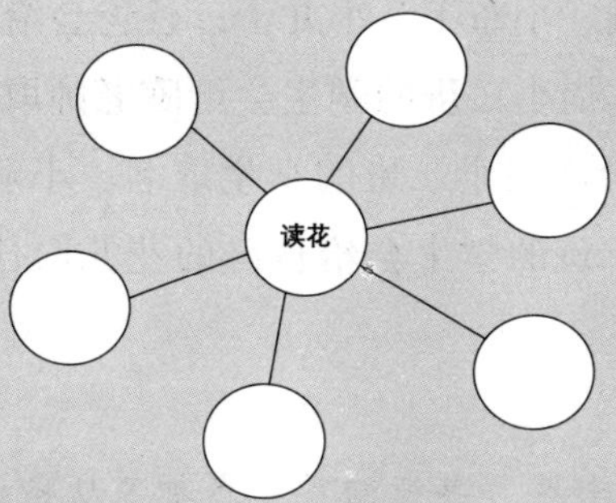

二、搜集“读花资料”（百度是位好老师，有问必答。）

（一）读花科学（春天哪些花开了？它们各自的特点是什么。）

花名	生长特点	外形特点

（二）诵花文学

（1）“花”字的演变：甲骨文（　）→篆文（　）→隶书（　）→楷书（　）

（2）积累我喜欢的花成语：

（3）花诗：

（4）我推荐大家阅读与花有关的绘本《　　　》，与花有关的书籍《　　　　》。

三、知花文化

古代有许多关于水仙花、桃花、海棠花等的典故，你能通过查阅资料，向他人介绍有关花的文化和典故吗？

五、我和花儿的那些故事

每天，孩子们必做三件事：第一，读花，读《寻花读本》；第二，养花，与花交心，养花、护花、陪花；第三，写花，用笔写下花儿的故事。

◆那些有趣的花昵称

那天我们上了一节语文课，课题是“取花名”。

我的开场白：“我们总喜欢给最爱的人取各种各样的昵称。妈妈会给女儿取名：小樱桃、小布丁、小丸子；爸爸会给妈妈取名：小兔子、小可爱、小亲亲；幸福小二班的学生会给陈老师取名：陈宝、陈美人、小苹果；陈老师会给幸福小二班的学生取名：小丽丽、小洋洋、小星星。那么，幸福小二班的学生会给自己的花儿取什么小名呢？请看大屏幕——”

> 我有一盆郁金香，每天回家，我都能从她的脸上看到一丝孤独，孤独中带着忧郁，我不由自主地就叫了她一声：“郁儿。”
>
> ——翁歆

> 我是一朵有思想的花儿，我的名字叫舒馨萍，为什么呢？因为我和我的新主人舒馨萍“合二为一”了，我就是她，她就是我，所以我俩的名字相同。
>
> ——舒馨萍

“同学们，你的花儿有小名吗？有昵称吗？假如还没有，赶紧取一个；假如已经有了，赶紧取第二个。”

我发给学生一份学习单：

· 寻花学习单 ·

云端漫步 · 寻花课程

学习单（二）养花2（取花名）

假如你足够爱你的花儿，那就给她取个昵称吧！或亲切，或有创意，或有趣，或响亮……看你的了！

花的真名：
花的昵称：
昵称解释：
学习提示： 1. 自主取名：动用你的创造细胞、搞笑细胞和文学细胞，取一个与众不同的昵称，并说明理由，填写上表。 2. 小组交流：每位组员都要在组内分享昵称和昵称的解释；每位组员都要对他人取的昵称做评价。 3. 设计名片：昵称取好之后，请设计一张花名片（画在卡纸上）。 4. 挂牌展示：为你的花儿挂上名片牌，展示在走廊上。 5. 投票评选：评选创意昵称、亲密昵称、趣味昵称、优雅昵称、响亮昵称等。
最后，我的（　　　　）昵称被评为：　　　　　　　　　　日期：

和大家分享几个有趣的昵称：

最富哲理奖
花的真名：风信子
花的昵称：生死轮回
昵称解释：我的这盆风信子开了两枝花，一枝已枯，一枝正茂，这让我想到任何一种生命，都是在生死的轮回中不断延续的。

最富文学奖
花的真名：百合
花的昵称：一枝独秀
昵称解释：在绿叶丛中，这朵花突然冒了出来，修长的身姿，高洁的白色，娇柔的花瓣，我立刻想到了“一枝独秀”这个名字。

最富创意奖
花的真名：油菜
花的昵称：高富帅
昵称解释：它，很高，是班级里最高的一枝花；它，很富，金灿灿的黄色，腰缠万贯；它，很帅，玉树临风，风度翩翩。对，高富帅，就是它！

其中，“高富帅”这盆花让大家都笑晕了。这位同学住在乡下，爸爸妈妈没有时间陪他去花鸟市场买花，结果，他就挖了一棵自家菜地里的油菜花，种在盆子里。今天上课，这盆油菜花因为“高富帅”这个昵称而变得不同寻常，它成为众人的焦点。当然，“高富帅”的主人也沾了光，他捧着这盆快要触到天花板的油菜花来到讲台上，领到了“最富创意昵称”的奖状。哈哈，掌声祝贺！

经历了取名、交流、挂牌、投票几个环节，花儿都有了自己的小名，孩子们对花的情感也就更深了。

当然，花儿的故事还在继续发生——

◆会做题的花儿

有一日，我读到孟杰的花事日记，捧腹大笑。他在日记中这样写道：

自从我买来紫罗兰的第二天起，它就已经开始枯萎，但是，有一个最奇怪的地方，就是它已经开始枯萎了，它下面似面条的根却越来越胖了，是怎么回事啊？害得我每次一看见都想拿起来塞入嘴巴，那奇怪的花香味，让我知道这是花，才不是胖乎乎的面条呢！不过，我总觉得，我正要吃它的时候，它就开始求我："求你不要吃我，我是花，才不是胖乎乎的面条呢！求你不要吃我。"于是我说："那你告诉我几道题好吗？"它连忙说："只要你不吃我，我什么都答应，快点，放了我。"我就放了它，拿了几道数学题问它。它答了，到了第二天，我竟然发现题目就错了两道。

我读完，在文后写下评语：真的吗？紫罗兰的根像面条？它还会教你做数学题？太奇妙了！孟大侠，你的文风颇具魔幻主义色彩哦！

我对文中所描述的内容甚感好奇，忍不住把他叫到走廊仔细询问："孟杰，你家的紫罗兰好奇怪哦，根怎么会像胖胖的面条呢？"

孟大侠是个瘦小男孩，他低下头不好意思地说："陈老师，我家那盆花不是紫罗兰，是我认错了。它叫风信子。"噢，我恍然大悟。我家就有一盆风信子。

"那几道数学题真的是风信子教你的吗？"

大侠这时不害羞了，他抬起头，两只圆眼睛天真地望着我，说："我确实问风信子题目了，当时我姐在场，她把耳朵凑到风信子的旁边听了一会儿，然后就教我做题目了。我姐说，是风信子教她的。"

我望着他认真的模样，把到了喉咙口的大笑压了回去，赞许地点点头，对他说："真不错！你家风信子太聪明，太爱学习了！物以类聚，你也很聪明，很好学，写的文章我好喜欢！"

孟大侠蹦蹦跳跳地去玩了。看着他开心的背影，我感慨万分。孟大侠全名郑孟杰，我刚接任这个班时，他还是个四年级的10岁男孩，全班个子最小，每天拖欠家庭作业、课堂作业，上课从不敢抬头看着老师听课。每逢考试必不及格。我了解情况后得知，孟杰的父亲一年前出车祸离世，留下孟杰母亲和孟杰姐弟。母亲为了生计外出打工，姐姐正读高中，住校。平时，孟杰与年迈的奶奶在家，只有双休日，姐姐放假回家才有时间帮助弟弟学习。

对于孟杰，我心有怜惜，平时，他欠了作业，我也是平心静气地约他到办公室补好，从不大声批评他。

那天，我在全班同学面前读了郑孟杰的作文，告诉大家，郑孟杰的这篇作文，写作风格与哥伦比亚作家加西亚·马尔克斯的代表作《百年孤独》很像，希望郑孟杰继续精心养花，用心写作，将来，我们也许可能读到孟大侠的书哦！

在育人的过程中，孩子身上的闪光点有时一闪而过，有时光芒很弱，你稍不留神，这些光芒便会熄灭、消失。老师，便是那个点灯人，点亮星星之火，燎原。

那天晚上，我回家仔细观察风信子，它的根须浸在水里，被放大之后，真的像胖面条，我兴奋地把全家人都叫来看“胖面条”。家人很诧异地望着我手舞足蹈。我大笑着说：“风信子胖面条，有人想吃吗？”

……

养花在继续，写花不停止。孩子们在一次次写作与分享中不但悟到了“花之情”，也收获了“写之法”。

通过讨论和交流，孩子们对这段时间的“写花”总结出了以下几个技巧：

让故事发生——有料；

还写作真实——有据；

倾真情实感——有情；

悟生活之理——有理。

（扫一扫下面的二维码，可以看到更多学生写的花事作文。）

这也是孩子们完成第四份学习单后的成果。

· 寻花学习单 ·

云端漫步 · 寻花课程

学习单（四）写花

自从遇见你，我就注定和你在一起。带你去上学，轻轻抚摸你，闭上眼睛闻闻你。自从遇见你，我就决定和你相亲相爱不分离。你的生命我负责，你渴了，我喂你喝水；你冷了，我给你阳光。我与花儿的那些故事呀，说也说不完。

一、聊花事

1. 分享：我自己写得最满意的一篇花事作文在组里进行分享。
2. 点赞：对每位组员的花事作文至少提出一句赞美的话，并说明理由。
3. 建议：对每位组员的花事作文至少提出一个改进建议，并说明理由。

二、悟花事

1. 如何与花更好地相处？（我从组员身上得到的启示。）

2. 如何写出更好的“花文”？（组员和老师给我的启示。）

六、我的花儿交朋友

“我是一朵有思想的花儿”这是舒馨萍一篇花事日记的题目；这是幸福小二班最近的流行语。

物以类聚，有思想的花要和有思想的花交朋友。我让孩子们把自己养的花带到学校里，开展花友交际会。那可真叫一个热闹。在交际过程中，孩子们带着自己的花，以花的口吻介绍自己，结交朋友。那场面，简直就是花的天下。

为了让花儿交到更多的朋友，我设计了一份学习单，让孩子们将每一位花友的习性、特点记录下来。直到自己的花儿认识了班级里所有的花为止。

· 寻花学习单 ·

云端漫步 · 寻花课程

学习单（五）花友

带着花儿上学去！让我的花儿交上更多的朋友！哈哈，好开心哦！

一、小组交友

1. 自我介绍：把我的花儿介绍给组员听。

2. 花友信息：认真聆听组员的介绍，并做好记录和整理。

队员姓名	花的名称	花的特性简介

二、全班交友

姓名	花名	特点	姓名	花名	特点

通过上面的统计，我知道了：

1. 全班共有（　）盆花。2. 全班共有（　）种花。3.（　　）花最多，共（　）盆。

4 我还知道：

5 我的发现：

不要小看这份学习单。要完成它需要具备以下条件：第一，足够的时间；第二，足够的耐心；第三．人际交往能力；第四，统计学知识。

全班48位同学，每位同学不但要采访47位同学，问同样的问题：“你好，请问你的花叫什么名字？它有什么特点？谢谢！”然后分别记录下来。每位同学还要接受47位同学的采访，回答同样一段话：“你好，我的花叫某某名字，它有某某某某特点。你听明白了吗？”在这个过程中，你要带着微笑，点头、鞠躬、说“谢谢”“麻烦你了”“你说得真清楚”；要排队，不能插队；你有可能被拒绝；你也有可能碰到平时关系不太好的同学继而发生冲突……所以，这是一次考验耐力、口语表达能力、交际能力、随机应变能力的实战。

这个过程有意义吗？我认为非常有意义。教育中让孩子越早接触生活问题越好，教育要为孩子千方百计地创设生活问题。生活问题不可能像做应用题一样，从A地到B地5000米，小明每分钟跑250米，请问小明从A地跑到B地需要几分钟？假如，我们的教育创设一次这样的实战机会给孩子，孩子就会知道，5000米跑步的过程中会出现很多特殊因素，体力的消耗、路况的突变、天气的影响等，其结果一定不会是用公式计算出来的那个标准答案。那么，这一次的"花友交际会"便是从书本知识到实践运用之间的桥梁。然而，我们现在的教育太缺少这样的桥梁。

而我，想努力去做的，就是多架设这样的桥梁。

七、迎春花语——相爱到永远

3月8日那天，我与往常一样，精神抖擞地跨进教室，站上讲台，笑容满面，声音洪亮地喊道："上课！"

班长喊："起立！"

"同学们好！"

"陈老师好！祝陈老师三八女王节快乐！"

在全班同学突如其来的祝福声中，我还未回过神来，就见青苹果小队的七位成员拥上台来，梓洋按住我的头，凤启手拿花环给我戴上。

这幸福来得太突然，我的童性立刻显露，在讲台上又是抱又是跳，嘴里不停地念着："谢谢！谢谢！太谢谢同学们了！这花环是我这辈子见过的最美的花环。"

青苹果小队队长郑梓洋示意大家安静下来，她立在讲台上，开始了一番演讲："送给陈老师的花环是用迎春花藤制作的。瞧，绿色的藤蔓上点缀着朵朵金黄娇艳的迎春花。迎春花与梅花、水仙和山茶花统称为'雪中四友'，它不怕寒冷，是春天最早开放的花。迎春花的花语是相爱到永远。我们送迎春花环给陈老师，寓意就是我们要与陈老师相爱到永远。"

这孩子有备而来，看来是要把我感动得稀里哗啦的。

2016 年的“三八”节，是最令我难忘的一个节日；那个迎春花环，是最珍贵的礼物。我把它拍在合照里，永远珍藏着。

下课之后，我从青苹果小队所说的迎春花语“相爱到永远”中得到启示，编了寻花课程的第五份学习单“花语”，让孩子们去搜集整理一份花语知识表，并且画一朵花，写上花语，送给自己最想送的人。

我想，当幸福小二班的孩子们长大之后，他们应该学会表达爱，他们应该会在母亲节送母亲康乃馨，在情人节送爱人红玫瑰。

（扫一扫右边的二维码，可以看到孩子们交流花语的实践。）

· 寻花学习单 ·

云端漫步 · 寻花课程

学习单（六）花语

花语是指人们用花来表达人的语言，表达人的某种感情与愿望。赏花要懂花语，花语构成花卉文化，花语中的含义和情感表达甚于言语。

一、了解花语

花名	花语	送给谁

二、学习送花

三八妇女节，我要送给妈妈（　）花，因为____________；

六一儿童节，我要送给弟弟（　）花，因为____________；

9 · 10 教师节，我要送给老师（　）花，因为____________；

5 · 20，我建议爸爸送妈妈（　）花，因为____________。

八、白云好歌曲第一期——唱花歌

从小我就喜欢唱歌，喜欢写歌词，偷偷哼唱，自得其乐。平时，上语文课时，但凡讲到和歌曲有关的，我也会即兴来一首。我非常爱看电视节目《中国好歌曲》，对那些自己作词作曲、自己演唱的歌手常常佩服得五体投地。

曾经听过一档音乐节目，节目的广告词是这样的：生活分为两类，一类是有音乐的生活，一类是无音乐的生活。我非常赞同。我的生活便是时时处处有音乐相伴。做早餐、散步、登山，我播放着我的 QQ 音乐；批改作业、备课、看书时，我也哼着我的音乐。

由于对音乐的热爱，我在寻花课程中设计了一份学习单“唱花”。每个人写一首原创花歌词，然后用自己喜欢的调子唱出来。我把这个活动称为“白云好歌曲”。云端漫步课程预设 12 个主题，我打算白云好歌曲也开展 12 期。

当我把第七份学习单“唱花”发到孩子们手里时，孩子们的反应是兴奋的。看来，这些孩子的兴趣像我。我心里暗喜。

孩子们写上来的花歌五花八门，用专业人士的眼光看，可能真的称不上是歌词，但是这又何妨？只要他们愿意写、愿意唱就好了，只要他们写出了自己的真性情便好。

花歌

作词：王梅锦　　演唱：王梅锦

郁金香呀 / 郁金香 / 风啊吹雨啊打 / 你 / 永坚强
不但你坚强 / 你还教会我坚强
郁金香呀 / 郁金香 /
你坚强 / 我坚强 / 我是被你教坚强

梅锦的这首花歌，完全是她随口唱给自己的花儿郁金香听的。这首歌的诞生还有一个小故事，这个故事我是从梅锦的花事日记里看到的：

今天，让我伤心透顶了，让我的心疼得连觉也睡不着。

夜晚，外面黑漆漆的，楼上只有我和郁儿、风儿在床上坐着。我正要把写好的诗读给郁儿听，噩梦就发生了。我“啊”一声就哭了，因为就在这时，我看到了——郁儿的花骨朵不见了！

我仿佛觉得撕心裂肺，让我的心疼到无法忍受。真的！这样的事儿，我敢说是第一次。

我哭了，这一天让我糟糕透了，我这一天都很难受，没有半点乐子。

郁儿好像听见了我的声音，忍着痛苦对我说：“小主人，别哭了，要坚强。您看，我是没有了花骨朵，可我没有落泪，没有马上决定放弃自己的生命，蔫了。我一朵花儿都能忍受，我相信你一定能承受得住！坚强起来吧！小主人！”我听见了郁儿对我说的话，立刻止住了自己像珍珠似的泪珠，停止了哭泣。在旁的风儿也用坚定的语气说：“对，要学会坚强，不软弱，要像白杨树一样！”我点点头，因为我刚刚学完了《白杨树》这篇文章。

我坚定，要坚强！遇到困难，不轻易落泪。

谢谢你！坚强的郁儿，是你教会了我学会坚强。我很荣幸是你的主人。

与其说，是花儿让梅锦坚强，不如说是梅锦让自己坚强。这是一朵有故事的花，一首有故事的歌，你知、我知、花知。

白云好歌曲第一期活动在幸福小二班隆重开展，小队推选出的七名歌手，轮流上台演唱自己的原创花歌。虽然，有些同学非常羞涩，有些同学调子很奇特，有些同学拿着歌词唱着唱着就唱不下去，然后直接开始读歌……台下的笑声和掌声交融在一起。幸福小二班的空气中又多了一番滋味。

（扫一扫右边的二维码，有孩子们唱花歌的视频哦！）

云端漫步 · 寻花课程

学习单（七）唱花

“写首花歌送给你，唱支花歌给你听。”云端漫步寻花课程将开展白云好歌曲第一期活动。

各位小歌手所演唱的歌曲必须是自己创作的原创歌曲，当然，是为花而创作的歌喽！

一、欣赏花歌（读一读这首花歌，体会情感；也可上百度听一听、学一学。）

在那桃花盛开的地方
词：邬大为 / 魏宝贵
演唱：蒋大为

在那桃花盛开的地方
有我可爱的故乡
桃树倒映在明净的水面
桃林环抱着秀丽的村庄
啊 故乡 生我养我的地方
无论我在哪里放哨站岗
总是把你深情地向往

在那桃花盛开的地方
有我迷人的故乡
桃园荡漾着孩子们的笑声
桃花映红了姑娘的脸庞
啊，故乡，终生难忘的地方
为了你的景色更加美好
我愿驻守在风雪的边疆
啊，故乡，终生难忘的地方
为了你的景色更加美好
我愿驻守在风雪的边疆

二、创作花歌（自己也试着写一首花歌，大胆地唱出来。）

温馨提示：记住，一定要快乐哦！要保存好你的寻花足迹哦！

九、我与花儿有个约会

◆策划方案

孩子们说："老师，我们办个花展吧！花展的主题就取名为'我是一朵有思想的花儿'。"

好嘞！那就开始策划花展方案吧。

·寻花学习单·

云端漫步·寻花课程

学习单（八）宣花

"我是一朵有思想的花儿！我想告诉全世界！"嘿嘿！那就举行一场春天里的花展呗！如何让你的花成为最靓的一朵？如何让你的小组成为最亮的一组？快来策划方案吧！

花展——小队策划方案
活动主题：
活动时间：
活动地点：
活动内容：
准备材料：
分工安排：

在组长的组织下，一节课时间，七份各具特色的花展策划方案全部被完成。每个方案从活动项目、准备材料、分工安排三方面做了周到而有条理的阐述。如青苹果小队的策划方案。

青苹果小队的策划方案

活动项目：

一宣。用2张彩色卡纸（至少8开），做宣传海报。

二摆。将花摆成奇特的形状吸引游客。

三请。小队两两一组，出去请游客，每次4人，并和游客做游戏。

四玩。小队想到的游戏有小花蹲、猜花名、猜花谜、数数。

五奖。获胜的游客奖励糖果或花书签。

准备材料：

一、奖品

1. 糖果50颗　　2. 花书签20张　　3. 其他食品

二、宣传

宣传海报两张

分工安排：

一、奖品

1. 糖果（郑奕珍、梅星磊各带不同品种25颗）

2. 花书签（每人至少做3张）

二、宣传

宣传单（郑梓洋、江丽琴各做一张）

三、游戏

1. 猜花谜（严立峰、张微各出花谜10个）

2. 猜花名（每人到报刊上找花图片，至少2张）

四、花

1. 每人把自己养的花带来（家中有别的花也可带来）。

2. 蒋凤启带装饰花点缀，周三晚或周四早，至少5种，每种花1—2朵。

在充分的准备下，花展开展得非常成功。来参观的有学生，有老师，有小学部人员、有初中部人员。最开心的当数小游客们，他们真正享受到了上帝的待遇，有游戏还有奖。不过，最有成就感的，是幸福小二班的这些花儿，对，我说的是这48朵花儿，我的孩子们。他们才是一朵朵有思想的花儿呢！

（用手机扫一扫右边的二维码，可以看到关于花展的更多信息。）

十、读《花婆婆》，做永远的“花痴”

◆评比“花痴”

“孩子们，我们的寻花课程即将落下帷幕。在这三个星期里，我们经历了‘寻花——养花——读花——写花——花友——花语——唱花——宣花’，对花儿的习性了如指掌，对花的心性感同身受，可以说，我们从花的全世界路过。”

“今天，是我们寻花课程的最后一节课，我们要进行总结评价。我们要来评一评谁是“花痴”。所谓‘花痴’就是指那些对花喜爱到痴迷状态，对花的知识超级了解之人。”

当我说完，孩子们的表情由惊讶到兴奋，教室里一下子沸腾起来。

我下发了寻花课程的第九份学习单“评花”：

云端漫步 · 寻花课程

学习单（九）评比“花痴”

名词解释：“花痴”即对花喜爱到痴迷状态，对花的知识超级了解的人。我们的寻花课程即将结束，让我们把自己的“寻花足迹”做一番整理，看看自己是否达到“花痴”级别。

“花痴”申请表（个人）

“花痴”标准	分值	评分依据	自评分	考核组
1. 知花 参与花百科知识小测试。	10 分			
2. 读花 《寻花读本》批注积分。	20 分			
3. 诵花 背花成语 10 个，背花诗词 10 首。	10 分			
4. 写花 花文的写作积分。	20 分			
5. 画花 画花积分。	10 分			
6. 养花 养花实践积分。	10 分			
7. 唱花 （1）创作花歌词； （2）白云好歌曲大赛。	10 分			
8. 宣花 （1）花展策划方案； （2）花展实施过程。				
9. 学习单 认真完成学习单。				
总分				

“花痴”申请表（小队）

小组成员	得分	总分	班级排名
1			
2			

特级“花痴”：总分达到 100—115 分。

超级“花痴”：总分达到 116—130 分。

特级“花痴”小队：小队综合平均分排名第二。

超级“花痴”小队：小队综合平均分排名第一。

“评比花痴”的学习单，是为寻花课程的总结性评价而设计的。一门完整的课程少不了评价。我在设计寻花课程的评价制度时，专门仔细读了《义务教育语文课程标准》(2011年版)。其对评价的建议有四点。根据课程标准，寻花课程的评价有以下几个特点。

《义务教育语文课程标准》(2011年版)的评价建议	寻花课程的评价特点
1. 充分发挥语文课程评价的多种功能。	1. 激励功能：过程性评价中的作文评语、作品展示发表；总结性评价中的“花痴”评比。 2. 反馈功能：过程性评价中的学习单批改评分、阅读批注的批改评分、小组讨论的自评和互评等。 3. 检查功能：花的百科知识小测试、古诗背诵擂台赛等。
2. 恰当运用多种评价方式。	1. 形成性评价：学习单、阅读批注、作文集等； 2. 总结性评价：“花痴”评比。
3. 注重评价主体的多元与互动。	1. 自我评价 2. 学生互评 3. 亲子评价 4. 老师评价 5. 社会评价
4. 突出语文课程评价的整体性和综合性。	1. 整体性：根据课程开展的多元内容，整体考查学生的学习程度。如上表中，“花痴”的评价标准从9个方面进行，这9个方面，就是寻花课程开展的9个方面。也就是说，平时我们做什么，就评价什么。注重评价的整体性，其实就是注重课程开展的整体性。 2. 综合性：课程性质的综合性，决定了评价的综合性。寻花课程必须全面考查学生的语文素养。

基于这样的思考，我们设计了这份评比“花痴”的学习单，从个人评价和团队评价两个方面进行考核。

孩子们开始对照标准，认真地填写、算分。

……

最后，幸福小二班云端漫步寻花课程，评比出特级“花痴”10人、超级“花痴”10人；特级“花痴”小队1个，超级“花痴”小队1个。

◆做美好的“花婆婆”

云端漫步课程遵循“实践为主体，读写是双翼”的理念，在阅读内容安排上，我们课题组讨论后认为每个主题至少推荐一本与主题相关的绘本给孩子阅读。关于花的绘本，我第一时间想到的就是《花婆婆》。

我想用《花婆婆》来给寻花课程画一个圆满的句号。

“花痴”评比出来之后，我对孩子们说：

“在世界上，还有一位‘花痴’，大家都叫她花婆婆。”

我播放事先制作好的PPT，一张一张地翻着图片，把绘本《花婆婆》朗读给学生听……

我的声音很温柔，孩子们的表情很认真，教室里很安静，安静得能让人感觉到空气中有一种情绪在流动。

绘本是一种适合0—100岁的人群阅读的书籍，是可以让人们净化心灵、回归本性的书籍。我们的孩子，不能不读绘本。从那时起，我常常利用午休时间，给孩子们读绘本。我会让孩子关上门、拉上窗帘、隔离外界，然后，把我收藏在电脑里的两百多种绘本，挑一本，又挑一本，读给他们听……孩子们很喜欢。记得有一次，我读着读着，感觉到自己的手被余骁拉着。待我发觉时，我没有抽出手来，而是继续让他拉着，我继续读着。课后，余骁对我说：“陈老师，你刚才给我们讲绘本的时候，我感觉就像在家里一样。”我的心化了，是的，绘本可以让孩子回家，回到心的本源。

《花婆婆》—— 云端漫步“寻花”推荐绘本

长按识别二维码查看完整故事

读完绘本，我们像往常一样：三问和畅谈。以往我们读绘本有个约定，读完我会问三个问题，然后学生畅所欲言谈感受。

问题1：我们寻花课程里开展的活动，和花婆婆有相似的地方吗？

问题2：你喜欢《花婆婆》这本书吗？为什么？

问题3：让这个世界变得更美丽，花婆婆选择种花，你呢？

给我印象最深刻的是雯欣对第三个问题的回答：

我喜欢《花婆婆》这本书。这本书里包含着三颗种子。第一颗种子是花婆婆的花种子，花婆婆把花的种子撒在世界各地，让世界变得更美丽；第二颗种子是“让世界变得更美丽”这个思想，花婆婆的爷爷把这颗思想的种子播在花婆婆心中，花婆婆又把这颗思想的种子播在下一代孩子的心中，下一代孩子又会播在下下一代孩子心中；第三颗种子是《花婆婆》这本书，这本书是一颗爱的种子，它把爱播撒在每一个阅读者的心中。

孩子们，我们的寻花课程虽然已经结束，但是，一颗爱的种子已经在心中播下，这颗种子将会在我们一生中发芽、开花、结果……

【时间安排】

时间	内容	地点	学科	指导者
2 月 27 日	寻花：校园寻花	校内	实践	陈红梅
2 月 28 日	1. 养花：买一盆花；制作花卡。	校外	实践	家长
	2. 读花：搜集知识；阅读《寻花读本》	校外	实践	自主学习
2 月 29 日	1. 花友：把花带到学校，利用课余时间把花介绍给小组成员，并做好统计分析。	校内	科学 数学	余双双 周建飞
	2. 寻花作文分享、点评、指导。	校内	语文	陈红梅
3 月 1 日	1. 画花	校内	美术	冯一豪
	2. 取花名	校内	语文	陈红梅
3 月 3 日	学习英文花名	校内	英语	雷琼

续 表

时间	内容	地点	学科	指导者
3 月 4 日	花诗书写比赛	校内	数学	周建飞
3 月 5、6 日	策划衢城赏花方案并实践	校外	综合	家长
3 月 7 日	唱花	校内	音乐 综合	陈超喆 陈红梅
3 月 8 日	花语	校内	综合	陈红梅
	策划花展方案	校内	综合	陈红梅
3 月 9 日	举办花展，课程结束	校内	综合	陈红梅 余双双
3 月 10 日	“花痴”申报、“花痴”评比	校内	综合	陈红梅

【寻花掠影】

这是幸福小二班青苹果小队布置的小型花展。花儿很美丽，花牌很温馨。亮点是花牌上的字：有思想的花们！

幸福小二班正在分小队介绍各自的花呢!

三八妇女节，陈老师幸福地戴上了梓洋同学做的花环。

问柳——杨柳丝丝弄轻柔

【问柳导图】

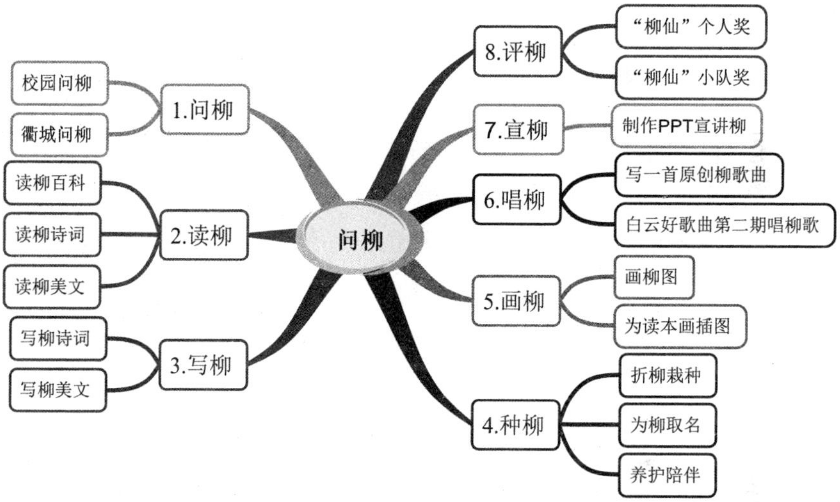

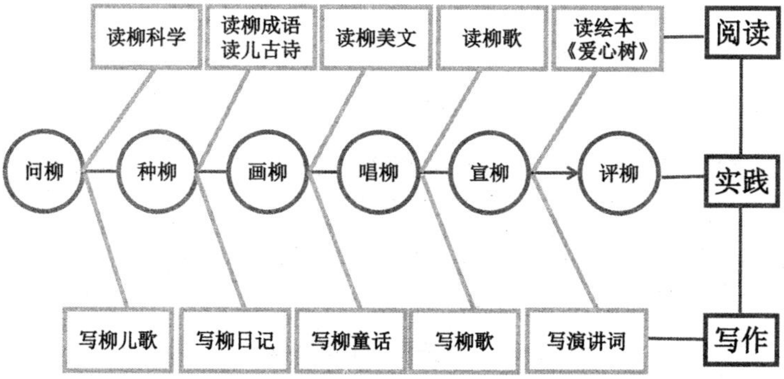

不知为什么，对于“寻花问柳”这个成语，我一直没有当作贬义词。每到春天，看到花红柳绿，我就常常联想到这个词，觉得诗意甚浓。一个“寻”，一个“问”，将人与自然紧紧相系，心心相连。于是，寻花课程之后，我们幸福小二班很自然地开启了“问柳”之旅。

【问柳导读】

问柳课程从3月11日到3月23日，经历了“问柳——读柳——写柳——种柳——画柳——唱柳——宣柳——评柳”8个项目的学习。基本上与寻花课程相似，按顺序开展，有些项目顺延交融。在讲述这一部分课程故事时，仍采用“故事+学习单”的方式，但是，与前面主题相似的部分过程和学习单，不再重复。这一单元主要呈现问柳、读柳、写柳、种柳、宣柳。

季节	目录	学习单	训练策略
春季	一、白云问柳情深深	（一）问柳	实践技巧： 一问一答
	二、我为柳树念儿歌	（二）读柳	朗诵技巧： 牵一发动全身
	三、写首儿歌送给柳	（三）写柳	写儿歌技巧： 句子短节奏感强
	四、问问“柳”这个字	（四）读柳 （柳的字理探究）	阅读技巧： 画字
	五、俏皮可爱我的柳	（五）种柳	实践技巧： 用心养护，经营童话
	六、制作PPT，宣传柳故事	（七）宣柳	宣传技巧： 制作PPT
	七．再见，《爱心树》 ——课程结束仪式	读柳 （绘本阅读《爱心树》）	阅读技巧： 我读你听

【问柳故事】

一、白云问柳情深深

我在黑板上写了大大的两个字——“问柳”，问：“谁能猜到这两字的意思？”

文杰说：“问柳树问题。”

雯欣说：“我们刚经历过‘寻花’的活动，现在陈老师是不是想带我们开展‘问柳’的活动呢？因为，我知道有一个词叫‘寻花问柳’。”

我笑着说：“对，说得都对。我们要开展云端漫步四季课程——问柳，陪柳树玩耍，问柳树问题。要不，我们现在就去？”

“耶！”孩子们欢呼起来！

孩子们带上纸，带上笔，蹑手蹑脚地走出教室，穿过走廊，来到春华池边。这里春意盎然，桃花红艳艳，迎春花金灿灿，春华池水漾着清波，红色鲤鱼欢快畅游，一股清新的春风拂面而来，令人禁不住想欢呼。但是，幸福小二班的孩子们却屏气凝神，轻手轻脚。因为，我对他们说：“一定要轻轻地、轻轻地，不要惊动了春天和柳宝宝。”其实，我是怕他们大声喧哗影响了其他上课的孩子。

来之前，我让孩子们完成学习单上的第一项任务：准备几个问题问柳树。我看了一下他们在纸上写的问题，很有趣。比如：

1. 柳树，你几岁啦？
2. 柳树，你叫什么名字啊？
3. 柳树，你是男的还是女的？
4. 柳树，冬天的时候你是不是很冷啊？
5. 柳树，你昨晚做了什么梦？
6. 柳树，你有几个小宝宝啊？
7. 柳树，你会唱歌吗？

……

现在，孩子们就在“问柳”呢！七个小组，在组长的带领下，找到一棵柳树，轮流问问题。问完问题，闭起眼睛听一下，然后在学习单上做好记录，写下柳树的回答。

·问柳学习单·

云端漫步·问柳课程

学习单（一）问柳

“侵陵雪色还萱草，漏泄春光有柳条。”杜甫在诗句中告诉我们杨柳是春天气息的预报员。让我们漫步春天的校园，问柳去吧！

一、我问柳树几个问题

在见柳树之前，我要先设计几个问题：

二、我和柳树的对话

白云校园的春华池边有好几棵柳树，我选一棵与我最有缘分的柳，我给它取名。

问柳开始了。

我问：____

柳答：____

我问：____

柳答：____

我问：____

柳答：____

二、我为柳树念儿歌

我对孩子们说："我们的'问柳'课程开展两个星期，这两个星期，你得天天去春华池边向柳树问好哦。怎么问好呢？可以给它念儿歌呀！《问柳读本》里面有十首柳树童谣。在校时间，你每天给柳树背一首，两个星期，刚好十首。怎么样？"

全班同学兴奋地欢呼"耶"。他们完全忘了，这是我在给他们布置背诵作业。

孩子们一般都在午餐后，以小组的方式去给柳树背诗。一开始，他们是轮流背，每人背完一首就回教室了。我提醒他们，你们这样背诗，对柳树不公平。他们说为什么呢？我说，你们只顾自己的感受，背完就走，根本不尊重柳树。柳树也是有思想的，它喜欢听怎么样的朗诵呢？我让各小组开展讨论："怎样的朗诵形式是柳树喜欢的？"

最后，每个小组都提交了讨论结果。比如黄菠萝小队罗列了这样五条：

1. 声音要抑扬顿挫。
2. 要有动作和表情。
3. 可以独诵，可以双诵（两个人合诵），可以小组合诵。
4. 还可以把童谣编成歌唱起来。
5. 要注意礼貌，要有开场白和结束语，要鞠躬。

为了让孩子在背诵时能用上肢体语言，声音带上情感，我决定给他们上一堂课。我在课堂上和他们一起背：

小柳树

小柳树，头发长，天天河边梳头忙。
谁来梳，风来梳，小河当镜亮光光。
梳好了，风走了，柳树弯腰行个礼，谢谢风儿来帮忙。

诵读的时候，我让孩子们和我一样，把手摆起来，把头摇起来，把身子晃起来。读着读着，我为他们拍桌子打节奏；我带着他们跺脚找节奏；我读前句他们接后句……

第二天午饭后，我再去春华园观看时，各小队已经开展成小型朗诵会了。瞧，连方超都跳起了舞，虽然动作有些笨拙，但是，脸上的笑是多么自然纯真。这个朗诵会的不同之处还在于，演员众多，观众只有一位。唯一的观众便是尊贵的柳树。

三、写首儿歌送给柳

小型朗诵会一开展就是两周时间。在他们背诵儿歌的同时，我也让孩子们自己创作儿歌。

还记得我在寻花课程的第一课设计过一份学习单叫“睁开诗眼”，训练学生用诗意的眼睛看待大自然。可以说，这是我教给孩子们写作的第一招，权且命名为“睁开诗眼”吧。

在问柳课程中，孩子们通过背儿歌，自己发现并总结出写作的七字秘诀：句子短节奏感强。

有了写作秘诀，再加上孩子们每天都给柳树念儿歌，从口到、眼到到心到，所以，写出的儿歌充满童趣和个性。我在他们的写作本上画满了赞美的波浪线。一起欣赏几首吧！

柳儿

五（2）班　杜伊怡

睡吧，睡吧，
我亲爱的柳儿
睡吧，睡吧，
我亲爱的柳儿
等那春风
把你们来唤醒

等那春风
把你们来唤醒

陈老师点评：句子短，语亲切；用反复，添童趣。

柳儿

五（2）班　江丽琴

下了一场雨，
柳上都是珠。
照着个太阳，
闪闪发光哟。
风儿一吹呀，
珠儿滚进池，
又下一场雨，
柳儿哈哈笑。

陈老师点评：字数同，真整齐；两场雨，有新意。

柳树飞

五（2）班　程凯琪

风儿吹，柳儿飞，
吹到天上不想归。
你开心，我开心，
你追我跑不怕累。
飞啊飞，追啊追，
追到天上不想回。
蝴蝶来，小鸟来，
柳儿身上背一背。

陈老师点评：句尾”ui”，很押韵；飞或追，真开心。

小柳树

五（2）班 郑晓强

小柳树，驯兽师
驯过小鸟，和小猫，
拿着鞭子摇一摇
看谁敢不听你话。

陈老师点评：小柳树，真威武；郑晓强，真独特。

每读完一首，我都绞尽脑汁地在儿歌后面写上评语，也希望能用上“句子短节奏感强”的写法，来配上孩子们棒棒的儿歌。

后来，白云好歌曲第二期“唱柳歌”，地点就在春华园的柳树下。孩子们即兴唱着自己编的柳歌谣，且歌且舞，十分欢乐。

四、问问“柳”这个字

孩子们经校园问柳、背柳儿歌、写柳儿歌，对柳树的喜爱程度也越来越深。孩子们已经走近了“柳”这个物，接下去该走近“柳”这个字了。

首先，我让孩子把“柳”这个字变一变，能不能让它看起来像棵柳树呢？

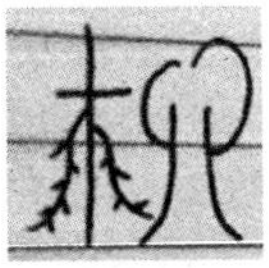

孩子一画，果真柳树的样子就出来了。左边的“木”，一撇一捺被拉长之后，就像长长的柳枝，有人为了更形象，还在柳枝上画上柳叶；右边的“卯”被孩子们画成了一棵树的模样。孩子们得出结论，古人造“柳”字是这样的：“柳”属于木，所以带“木字旁”，右边的“卯”就一棵柳树的样子，象形。这是走近“柳”字的第一步：画一画。

第二步：查一查。我把孩子们带到学校电脑房，让孩子们在百度搜索框里输入“象形字典”，打开“象形字典”主页；在主页的对话框里输入“柳”，查到“柳”字的字形演变。

第三步：选一选。通过阅读，对照自己之前的猜想，对还是错？有用的信息有哪些？选取自己认为重要的信息，画一画、圈一圈。

通过阅读，孩子们发现“卯”并不是“柳树”，而是水池。仔细一看，也挺像水池的，中间的一撇一竖就像从水池里流出的水。柳是一种长在池边、喜湿的植物，原来古人造“柳”字是这个道理呀。

第四步：理一理。回顾寻花课程中尝试过的“花的字理”的思维导图，再整理出一份“柳的字理”的思维导图。

在“自主学习——小组讨论——全班合作——教师补充”的学习流程之下，最后形成了这样一份“柳的字理”思维导图。

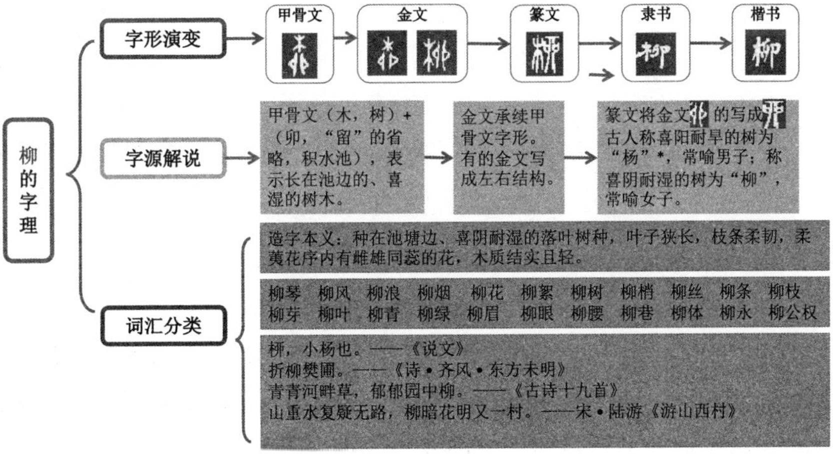

五、俏皮可爱我的柳

3 月 12 日到了，植树节种什么树？孩子们异口同声地回答：“当然是种柳树啦！”因为 12 日是周六，所以我们把植树活动延后到 15 日。孩子们带着下面这份学习单，种柳去啦！

·问柳学习单·

云端漫步·问柳课程

学习单（四）种柳

“有意栽花花不开，无心插柳柳成荫。”柳既是很容易扦插的树种，又是极易长大的速生树木。植树节就要到了，让我们折柳栽种，为地球添一分绿色。

一、查阅资料

二、折柳栽种（简单记录自己折柳栽种的过程。）

三、陪伴养护

日期	记录	评价

3月15日，孩子们开始拥有自己的柳。他们有的在自家门前插下一枝柳，有的在花瓶里养三两枝柳。都说“有意栽花花不开，无心插柳柳成荫”，孩子们插下一棵柳，守护着“成荫”的梦想。

孩子们在寻花课程中寻出一系列的养花故事，同样，在“问柳”课程中，孩子们也问出一系列的种柳故事。

郑梓洋，青苹果小队的队长，一个喜欢创新的可爱小姑娘。因为家里没有土地可以插柳，便折了几枝柳养在饮料瓶里。像当初养花一样精心养护柳枝儿，每天陪柳枝儿聊天，为柳枝儿拍照。没想到，一养就养活了一个春天。

长须“老人”多小多

五（2）班　郑梓洋

话说南方有一个小镇，那里的人们不管男女老少都有长长的胡须。而被长着长胡须的人栽种的植物也会长着长胡须。大姐多小多就来自那个小镇。

“多小多和柳小绿住在一个房间里，那个房间是我们家最大的了，可是非常挤。为这件事，多小多和柳小绿也吵了好几次。”五爷抬头望着我，眼睛下面的黑眼圈瞩目。加上他秃顶的造型，像极了一个为儿女操碎了心的中年大叔。我“噗嗤”一声笑了，对五爷说：“哎，带我去看看吧！”

我和五爷来到了多小多、柳小绿的房间。房间是一个圆柱体，圆柱体的二分之一都是白色的线条。不，不是——仔细一看，是多小多的须！

“看吧，小多的‘胡须’都这么长了，把房间的一半都占去了！”小绿抱怨。确实，按照这个趋势，整个房间都会被“胡须”给占领。

我拿了一个盛满褐色泥土的盆栽，把多小多小心翼翼地种下去，让她有足够的空间生长。

远方情书

五（2）班　郑梓洋

最近，三毛爱上了编故事。

一天，三毛和小四一来到了石梁溪，那儿有一块建筑工地。工地旁，种植了一排夹竹桃。夹竹桃大约有四米高，花是粉白相间的，每朵花都有五片花瓣，约有四分之三手心的大小。

“嘀嗒，嘀嗒”下起了小雨。

“好舒服啊！好凉快呀！”小四一兴奋地喊着。

“小四一，你觉得这夹竹桃是什么职务呢？”三毛问。

小四一歪着头，想了想，说：“我认为夹竹桃是清洁工。因为他们总是在吸收着空气、水分、土壤中的垃圾。”

“我认为，夹竹桃的花和人一样，都有灵魂。下雨，是天神在召唤它们的灵魂。这时，花粉便会融入空气中，送到‘目的地’。”三毛望着夹竹桃说。

“‘目的地’是哪里呢？”

三毛继续解释：“其实，每株植物都是‘双生子’，都有自己的恋人。但是植物生下来就已经扎根土壤，无法移动，导致许多情侣无法相见。怎么办呢？夹竹桃就是天神派来的救兵。表面上，夹竹桃是吸收了空气、土壤和水源中的毒素，实际上，是吸收了植物们的‘相思情’。吸收到一定程度后，便会随着细雨，将‘情书’送往目的地。”

雨停了，小四一和三毛继续走着。

“我希望，你们能幸福哟。”夹竹桃在每封情书的信封上，写道。

这是郑梓洋的“柳条条一家”系列童话故事中的两篇。里面的小四一、三毛、多小多、柳小绿、五爷不是她虚构的人物，而是她插在水瓶子里的柳枝条，这些枝条每天都在上演着新奇有趣的童话故事。

六、制作PPT，宣传柳故事

郑梓洋制作了“柳条条一家”的PPT，并且在PPT上分享的柳故事收获了许多好评。有的人称赞她家的五爷很酷，有的人夸奖她家的柳小绿很坚强，有的人羡慕她家的柳条儿相亲相爱。

我说：“感谢郑梓洋，她用了一种新的方式——PPT，分享了她的问柳故事。PPT可以更形象、更艺术地呈现图片和文字，它可以弥补我们语言上的不足，让我们身临其境。在寻花课程中，我们采用的‘宣花’方式是举办花展，问柳课程中，我们就用PPT的方式来‘宣柳’，怎么样？”

孩子们大声地说：“好啊！”

于是，我设计了一份学习单。孩子们开始了“宣柳”PPT的制作。

· 问柳学习单 ·

云端漫步 · 问柳课程

学习单（七）宣柳Ⅰ

我们在“问柳”旅程中经历了“读柳、观柳、种柳、画柳、写柳、唱柳”等一系列活动。接下来让我们梳理一下学习成果，用一种新的方式宣讲我们的“问柳”成果。这种新的方式就是PPT。

一、制作

1. 第一步：先画一个思维导图，我想宣讲“柳”的哪些内容？
2. 第二步：再打个草稿，我想如何设计PPT？

问柳PPT的大标题：

问柳PPT的内容板块设计：

问柳PPT的整体色调：

问柳PPT的风格：

二、分享

1. 写稿：为自己的PPT写一张演讲稿，可以简单些。
2. 交流：把作品带到学校进行宣讲。

三、评价

学习小贴士：

1. 可以做独行侠，自己独自制作一个PPT。
2. 也可以与好朋友合作，或者小组合作，共同制作一个PPT。不过，上台展示必须人人参与。
3. 上台宣讲时，注意着装得体，动作自然大方，配上适当的体态语，会更有魅力。

七、再见，《爱心树》

我们经过问柳、创写儿歌、种柳养柳、画柳唱柳、宣传汇报等一系列活动后，问柳课程就要结束了。我想开展一个特殊的告别仪式。

这天中午，我关上门，拉上窗帘，孩子们坐得端端正正的，望着大屏幕上播放的绘本《爱心树》。

我用惯有的温柔声音朗读这个故事。读完这本《爱心树》，全班同学都陷入了沉默之中。之所以选中《爱心树》作为问柳课程的最后一课，是因为这是我最喜欢的一本绘本。这位伟大的作家谢尔·希尔弗斯坦，是一位诗人、插画家、剧作家、作曲家、乡村歌手。这部绘本的插图是黑白的，线条简单、画面朴实；浅显的文字，却透着淡淡的忧伤和浓浓的爱意。

此时，我不想孩子们出声，只想让他们静静地思考，然后把自己的思考写在纸上。

时间在空气中静静地流淌，思想在笔墨中汹涌澎湃。

爱心树是妈妈，妈妈总在无私奉献；
小男孩是子女，子女总在自私索取。

——杜伊怡

爱心树，最后只剩下一截老老的、矮矮的树墩，可是，就是这样一截老树墩也给了男孩最后的陪伴。我想，在最后的那一刻，老男孩多么后悔……故事的最后，我流泪了。我想，幸好，我听到这个故事时还不晚。

——张俊逸

我想到了很多。想到了春华池边的那棵粗粗的柳树，她每年都为这个世界带来绿荫，为鸟儿提供臂膀，为校园带来欢乐。假如，我们需要她的树枝、她的树叶，甚至她那健壮的身体，她也一样会无私地奉献给我们。但是，我们怎么能这么自私，我们要的，是她的生命啊。

——王玲琪

美好的文学作品，总能给孩子更深刻的思考和体悟。在我们的生活中，怎能缺少书的滋养？

最后，我说："今天，我们的问柳课程就结束了。我们去看望柳树的时间也会渐渐减少。让我们带着《爱心树》这个故事，去和柳树说声再见。"

【时间安排】

时间	内容	地点	学科	指导者
3月11日	问柳：校园问柳	校内	实践	陈红梅
3月12、13日	1. 衢城问柳	校外	实践	家长
	2. 读柳：搜集柳知；阅读《问柳读本》	校外	综合	自主学习
3月14日	1. 评比《问柳读本》封面设计奖	校内	美术 综合	冯一豪 陈红梅
	2. 校园问柳：念儿歌给柳树听	校内	实践	陈红梅
3月15日	1. 写柳诗歌：习作指导	校内	语文	陈红梅
	2. 种柳	校外	实践	家长
3月16日	画柳	校内	美术	冯一豪
3月17日	写柳美文：习作指导	校内	语文	陈红梅
3月18日	唱柳	校内	音乐	陈超喆
3月19、20日	1. 读柳、养柳、写柳；2. 准备宣柳 PPT	校外	综合	自主学习
3月21日	"折柳赠别"班队活动课	校内	综合	陈红梅 余双双
3月22日	宣柳：制作 PPT，宣讲我与柳的故事	校内	信息 综合	舒晶晶 陈红梅
3月23日	评柳：评比"柳仙"个人奖、"柳仙"小队奖	校内	综合	陈红梅 余双双

听雨——丝丝杨柳丝丝雨

【听雨导图】

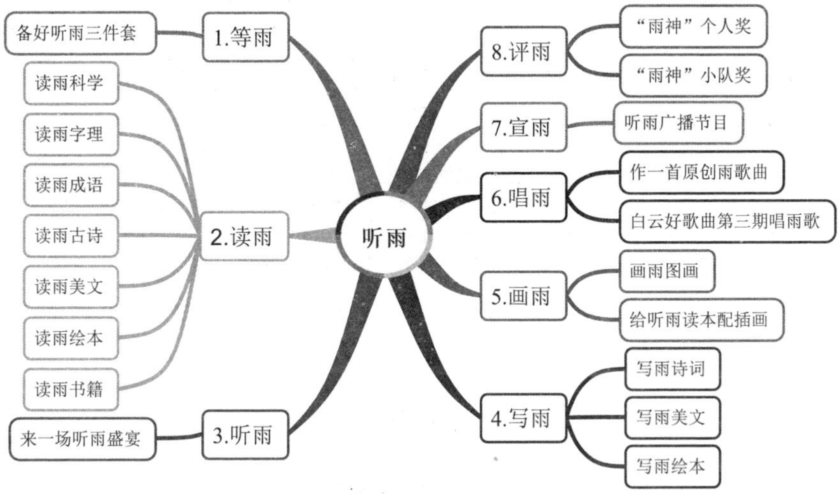

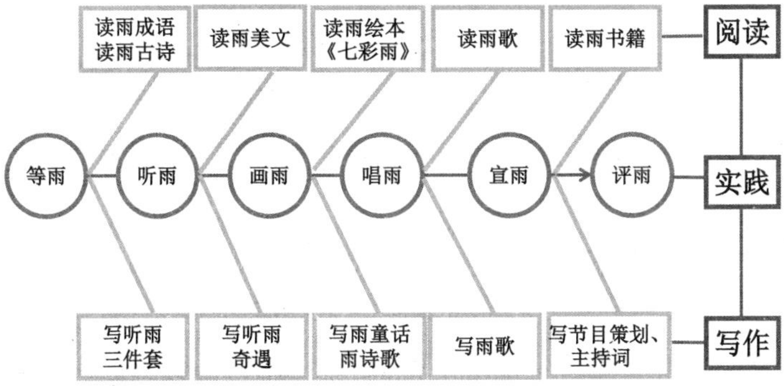

听雨课程从4月1日至4月18日，共分等雨——读雨——听雨——写雨——画雨——唱雨——宣雨——评雨8个板块。孩子们一边等雨一边读雨，储备雨的知识；在听雨中听出了各种姿态，也听到了各种童话；

所有的想象变成了文字，有的文字被展示在墙上，有的文字变成声音通过电台传播得更远；画雨、唱雨、听雨节目广播、评雨神……云端漫步课程春季的最后一个主题“听雨”，永远留在了孩子们美好的童年里。

【听雨导读】

季节	目录	学习单	训练策略
春季	一、等雨来	（一）等雨	实践技巧：网上购物 阅读技巧：“诗、景、情”三位一体
	二、在雨中	（二）听雨	实践技巧：睁开诗眼，倾听对话 写作技巧：有对话就有童话
	三．惊动电台啦		
	四．有你不寂寞		
	五．天上下起（　）	（三）写雨	写作技巧：睁开诗眼，奇特想象
	六．小水滴广播，与你有约	（四）宣雨	宣传技巧：策划与主持

【听雨故事】

一、等雨来

我对孩子们说：“春天是万物启蒙的日子，我们在春日里寻花，在春光中问柳，浪漫而有诗意。接下来，我们要做一件更加浪漫的事。”

“什么事？”孩子们瞪大好奇的眼睛，迫不及待地问我。

“听雨。”

“听雨？”孩子们的语气和眼神里满是疑惑，就像当初我发出“问柳”这个词的困惑表情一样。

“同学们，你们听过雨吗？”

“听过呀！嘀嘀嗒……”“沙沙沙……”“哗哗哗……”

孩子们在模仿各种雨的声音，仿佛在告诉我，雨，他们听得多了。大的、小的、毛毛细雨、倾盆大雨，他们是听着雨长大的。

我笑了。我用掌声示意大家静下来。待教室完全安静下来之后，我又问：“我们听过雨的声音，那么能听懂他们在说什么吗？他们从哪儿来？又到哪儿去了呢？”

教室里没有一个人出声。他们好像在思考，也好像更疑惑了。

“孩子们，在下一场春雨到来之际，我们要在白云校园举行一场不一样的活动——听雨，听听雨在说什么；听听雨从哪儿来，要到哪儿去；听听雨的故事、雨的传说……你们期待吗？”

“耶！听雨！太好了！”同学们欢呼起来。

“在春雨来临之前，我们要做好充足的准备。”我说着打开PPT，出示：

请准备好听雨三件套：雨伞、雨衣、雨鞋。

孩子们的兴趣一下子被激起来了，拿着我发给他们的学习单，开始了准备工作。

· 听雨学习单 ·

云端漫步 · 听雨课程

学习单（一）等雨（备好听雨三件套）

“好雨知时节，当春乃发生。随风潜入夜，润物细无声。”让我们吟诵着杜甫的诗句，开启听雨之旅。让我们在等雨的过程中，做一个浪漫的听雨人。

一、我做设计师（在雨中听雨，多么浪漫！你穿一件怎么样的雨衣？穿一双怎么样的雨鞋？撑一把怎么样的雨伞？来，请为自己设计听雨三件套吧！）

画一画：　　　　描述：

设计理念：

二、我做小买家（上淘宝选购自己心仪的听雨三件套。）

买家小贴士：

1. 确认卖家店铺拥有消费者保障服务。如图。
2. 建议买东西前问清楚有没有货，质量如何，是否保退保换。
3. 不要只看价格选东西。对比卖家的信誉度、销售量并和卖家实际咨询后再做判断选择。
4. 建议在班级QQ群中分享购物经验，晒一晒自己购买的产品。

祝大家购物愉快！

接下去的一周里，班级 QQ 群里隔三岔五有同学在晒淘宝上买来的听雨三件套。

二、在雨中

孩子们盼雨的诚意感动地感动天，天气预报说第二天下雨。

前一天放学时我告诉孩子们，明天请带上听雨三件套。我的话未说完，已被淹没在欢呼声中。这是属于幸福小二班的幸福欢呼。

雨来了！我来了！我来听雨了！ 2016 年 4 月 6 日中午，幸福小二班 48 位同学，无论男孩、女孩，都穿着花花绿绿的雨衣、套着花花绿绿的雨鞋、撑着花花绿绿的雨伞，冲向时空广场，冲向那一场等待已久的春雨。他们的陈老师，也撑一把新买的小红伞，开心地冲进雨里。

一开始，他们如脱缰的野马，踩水戏水，用雨伞接水，互相泼水。被解放了的童年在那一刻绽放，闪烁着熠熠光芒，欢笑声融进沙沙的雨中，落到树叶上、落到草地上、落到艳丽的杜鹃花瓣上。他们已然忘记了自己等这场雨的目的——听雨。他们沉浸在玩雨中。

我撑着我的小红伞，望着这群小精灵，他们纯真的笑脸在春雨中灿烂着，雨滴热烈地在他们周围跳跃。哦，我猛然醒悟，此刻，是雨在聆听他们，在聆听一颗颗自由的童心。

那就不要打搅他们，让春雨再多听一会儿吧。

许是玩累了，也许是想起自己是来听雨的。有同学陆陆续续跑到我面前告状了："老师，大家都在玩雨，没有听雨。"

我把大伙儿都招呼到一起。

我说："同学们，好玩吗？"

"好玩！"

"我们是来干嘛的？"

"听雨！"

"那你们听到了什么？"

孩子们面面相觑，以为我要批评他们，都低下头不语。

我笑着说：“你们刚才不是在听雨，而是雨在听你们呢！雨都告诉我了，他听到你们心里的声音了。”

孩子们立刻笑起来，问：“哈哈，真有趣，雨在听我们，他们听到了什么？”

我说：“我刚才也站在雨中，有小雨滴敲打着我的伞，对我说：陈姐姐，陈姐姐，那群孩子太可爱了。我听到一位穿绿雨衣的男孩子心里在说‘好久都没有打过水仗了’。我听到一位穿红雨衣的女孩子心里说‘我这样子是不是太幼稚了，我是读六年级哎，不是六岁哎，不过，管他呢，哈哈’”。

孩子听了我一番话，开心地笑着。被我说到的绿伞哥是孟杰，红伞妹是丽琴，他俩特开心。傅美问我：“陈老师，你是真的听到雨这样说，还是你自己想象的？”我说：“当然是真的听到啦！还记得我和你们说过的‘睁开诗眼’这个小窍门吗？孩子们，你们一定要静静地听，闭上现实的双眼，睁开诗意的双眼，这样你才能听到雨说的话。听到雨儿说话，你要和它对话，对话不是在心里想，而要发出声说给雨听，雨听见了，会回答你，然后你继续说。这样，就可以和雨聊天、交朋友啦！快去吧！选一好地方听雨去吧！”

孩子们这一次没有冲，而是慢慢地走在雨里。有的站在时空广场中央，撑着伞静静地聆听雨打伞面的声音；有的三五成群站在桂树底下，撤了伞，听雨敲打树叶的声音；有的蹲在草地上，听雨滴落在草尖上……我一一拍下这些动人的场景。

这时，有一个与众不同的听雨姿态映入我眼帘。我“咔”一声，那一刻永远定格在我的手机中。

下课铃响了，孩子们恋恋不舍地回到教室。

第二天，孩子们交来的“听雨故事”是这样的：

遇见公主和宇雨

五（2）班　郑梓洋

春雨淅沥沥地下，我想去听雨。

我准备了听雨三件套——雨衣、雨鞋、雨伞。雨衣是五彩缤纷的，有红、橙、黄、绿、紫；雨伞的色调是浅浅的粉色，上面洒满了粉白色小花；雨鞋是红色的。听雨三件套在一个星期以前就买来了，我脑海里常常想象我穿着粉雨衣，套着红雨鞋，撑着花雨伞，在雨中奔跑的情景。

清明过后雨霏霏，陈老师终于宣布"听雨"活动开始了。

沙沙沙！沙沙沙！走，我们听雨去！

我们穿上雨衣、雨鞋，带上雨伞，来到校园的时空广场，去听雨，去交朋友。正当我来回踱步，满脑子在想和谁交朋友时，一声尖叫刺激了我的耳膜。

"啊——!"

"你干吗打我？我可是很怕痛的。"一朵纯白的杜鹃花，扭动着身子，娇滴滴地喊。我惊讶地看着她。

"别这样没礼貌地盯着我，你没见过杜鹃公主吗?"

公主?

我不自觉地看了看那"公主"的头顶，真是有一个半透明的"小王冠"雨滴。

"哦，对不起，公主。"我向她道歉。

"你帮我看看，我有没有被那水滴打破皮?"公主问我。

"哎！我不叫'那水滴'，我有名字的。我叫宇雨。宇雨的宇，宇雨的雨。意思就是宇宙中的雨!"那个半透明"小王冠"雨滴反驳道，"再说，我可是雨姑娘派来滋养你们这些花花草草的。"宇雨看起来有些生气的样子。

我连忙打圆场："是的，公主，有了宇雨这位帅哥的滋润，你会变得更美的。"

公主睁大好奇的眼睛问："真的吗？那太好了，我最爱漂亮了。宇雨哥哥，对不起，错怪你了。"

宇雨不再生气，而是慢慢地、慢慢地渗进杜鹃公主花瓣里，杜鹃公主的脸蛋变得闪闪发光，更红了，更艳了。

“明天再来看我们吧，你该回教室上课了！”公主和宇雨一起说道！

他们已经合二为一了。好吧，明天见，我的新朋友，公主、宇雨。

陈老师点评：杜鹃公主、宇雨帅哥、梓洋，注定一场奇缘。期待后面的浪漫故事。

雨落·花边·缘

五（2）班 周祉曦

春天的雨，一定是少不了的，就像杜甫诗句里说的那样“好雨知时节，当春乃发生。”春天来了，去听听雨的声音吧。

春雨“嘀嘀嘀、嗒嗒嗒、啪啪啪”，不大不小地下着，不远不近地诱惑着我们。下午第一节课，我们终于盼到了“听雨”时刻。

我们穿上艳丽的雨衣，踏着小雨鞋，撑着小花伞，在学校时空广场漫步。

嘘——听听，雨在对我说话：“你好，初次见面，请多多关照。我叫来来，这是我爸爸，叫来大来，这是我妈妈，叫来小来，这是我姐姐，叫小来来。这是我大姨叫……这是我……好了，我介绍完了，你呢？”

天哪，雨的家族实在太庞大，听得我晕乎乎的。

“哦，我叫周祉曦。我是五（2）班的同学，我爱跳舞。这些在听雨的都是我的同学。我们班级叫幸福小二班。为什么叫幸福小二班呢？因为，我们很幸福，春天在校园里可以寻花，可以问柳，可以听雨；可以背很多很多诗，写很多很多美文。总之就是幸福得像蜜糖。”

来来听完我的介绍后，邀请我去花丛中看他最喜欢的女孩——小凉。来来小声地对我说：“这是我最喜欢的女孩，我，我，我想向她求婚。”

“好呀！那你去呀！男子汉应该勇敢一些！”我给来来鼓劲。

来来挺了挺胸膛，壮着胆走到一朵小花面前，小花的花瓣上有一颗小小的雨滴，十分秀气文静。她就是小凉。

“小凉，我，我喜欢你。”来来用一种非常渴望的语气说道。

小凉好像吃了一惊，但马上回过神来，她的眼睛闪了一下，害羞地说：“我，我愿意。”两颗小雨滴越靠越近，融合在了一起。

他们会永远幸福的。我在心里笑着，雨滴的世界真美好。

陈老师点评：雨滴的世界真美好！那是因为你有一颗美好的心灵。我被感动了。

三、惊动电台啦

听雨的第二天晚上，我接到一个电话，是衢州广播电台少儿节目的主播张燕姐姐打来的。她说：“陈老师，你们幸福小二班又搞新活动啦！本周末我想邀请你们班的孩子到电台来做节目，播出听雨活动。不过，我有个要求，那个躺着听雨的男孩子一定要来。”

嘿嘿，是怎么回事呢？听我慢慢说来。我呢，有两个习惯。一个习惯是喜欢拍照；另一个习惯是喜欢将照片分类上传到我的QQ空间相册里。张燕是我的QQ好友，她也有一个习惯，常常浏览好友们的空间，及时发现有价值的新闻。这不，一张照片惊动了电台。

张燕指定的那个男孩叫徐骏凯，就是我当天拍的最后一张照片上的主角。当时，我的目光被一个姿态所吸引：他穿着一件粉红色可爱雨衣，仰躺在大理石台阶上，双手撑住后脑勺。他闭上眼睛的刹那，天地间只剩他和雨，全世界就是他的世界。

徐骏凯听雨听出了不一样的姿态，这姿态都惊动市广播电台啦！主持人指定要徐骏凯上节目。这个消息瞬间扩散了。同学们笑了，我发愁了。同学们笑什么？我愁什么？其实，同学们的笑和我的愁，都指向同一件事，徐骏凯到电台里说什么呢？他会说吗？他能向全市听众描述自己躺着听雨听到的内容吗？徐骏凯是个不让人省心的孩子，常常欠作业，特别是作文，最多不超过五行字。

前一天不是听雨吗？听完雨之后一定是要写作文的，这事儿幸福小二班的人都知道，而且我发的那份学习单上就有写作文的要求。果然不出我所料，我拿过徐骏凯当晚写的作文一看，寥寥几行，简单数语。这样的作文拿到电台里去读——我觉得不行。

于是，我把闻馨怡和徐骏凯一起叫到我办公室。我打开手机，把那张躺着听雨的照片指给徐骏凯看，对他说："骏凯同学，这张照片你熟悉吗？"

他说："是我昨天听雨的照片。"

我问："那你昨天听到雨说的话了吗？"

"我听到了呀！"徐骏凯兴致勃勃的样子。

"哦！听到什么了？快说给我听，一字不漏地说给我听。"我饶有兴致地望着他。我的样子并不是装出来的，而是真的。因为眼前这个孩子虽然不喜欢写作业，但特别喜欢和人聊天。他常常会跑到我办公室里来说要给我讲个故事。这故事有时候是书里看来的，更多的时候是他自己编的。他讲的故事还真的挺引人入胜的，我都会不由自主停下批改作业的笔，望着他，对他说："骏凯，放学回去把你刚才讲给我听的故事写下来，老师帮你贴在教室展墙上，会有更多人喜欢的。"他欢快地"噢"了一声跑出我办公室。之后，就没有之后了。

此刻，看他兴致勃勃的样子，我知道，这其中的故事一定不简单。

"昨天，我躺在那里，听了很久，沙沙沙，沙沙沙……雨点儿在我耳边唱着歌，却并不和我说话。正当我快要睡着的时候，突然，有人在喊我：'喂！小朋友，醒醒。'我睁开眼一看，原来是一滴可爱的小水滴。虽说水滴很小，可是他的声音却不小。果然，小水滴开始介绍自己了，它说自己很老很老了，应该有几万岁了吧。他原先是在天上，后来又到了海洋里，在海洋里见过鲨鱼，见过鱼龙……他到过很多很多地方，见过很多很多的风景和建筑，当然也交了很多很多朋友。后来，也就是现在，他到了白云学校的上空，看到地上很热闹，就跳下来看个究竟。小水滴，哦，不！老水滴说，我躺在这里听雨吸引了他，所以他决定和我交朋友。于是，我们就开始聊天了。”

徐骏凯讲完故事，望着我。

我笑着摸摸他的脸，说：“好样的，小伙子！躺着听雨，果然有奇遇。市广播电台张燕姐姐看中你了，你愿不愿意把这个故事分享给全市的人听？”

小伙子坚定地点着头说：“愿意！”

我说：“好，那就这样，你把刚才讲的故事写下来，不能少于500字。就在我办公室里写，不会写的字问你的组长闻馨怡。”

于是，那个中午，徐骏凯在我办公室里写下了这篇神奇的听雨作文，800多字。

那个周末，幸福小二班的四位小主播：梓洋、丽琴、佳慧和骏凯前往市广播电台，在FM105.3频道播出了“幸福小二班的听雨”节目。

躺着听雨

五（2）班　徐骏凯

我期待已久的“云端漫步·春之听雨”活动——第一次听雨课终于来了。

我们穿戴好“听雨三件套”——雨衣、雨鞋、雨伞，跟着陈“美人”来到位于白云学校东大门的时空广场上听雨。

我躺在花坛边，关上眼睛的“门”，静静地听着“沙沙沙”的雨声……

“一起来聊天吧！”我睁开眼睛，看见一棵绿油油的小草，小草上站着一颗晶莹透亮的小雨滴，他们微笑地望着我，对我说。

“好呀！”我欢快地说。

“我是从大海来的，你知道吗？我在海里有很多朋友，有鲨鱼、章鱼、海马；一百万年前我还认识鱼龙、长颈龙呢！后来，太阳照着我，把我变成了一朵云。我在天空中飘呀飘、飘呀飘，飘到这里，正好碰上春天，于是我就跳下来玩了。”小雨滴看起来长得很年轻，可是说起话来像个活了几亿年的老老老人。

“我也来说说我的故事吧！我有很多虫子朋友，如西瓜虫，他很胆小，有人轻轻点他一下，他就会马上卷成一个小球，上次我差点没认出他来呢！”小草嘟着嘴说，可爱极了。

这时，在一旁听得认真的一朵小花伸出头来说：“我也想跟你们聊天。我来讲讲我的故事。我认识一些害虫，他们叫蚜虫。他们老是趴在我同胞的身上，把自己的针插在我同胞的身体里，吸取我同胞的汁液。幸好人类救了我们，用杀虫剂把害虫驱逐到很远很远的地方，什么地方呢？我也不知道。反正，现在它们不会再来了。”

小雨滴听了，对着我说：“真是要感谢你们人类哦！”

我红着脸说：“不用谢。”

“人类，那你有什么故事呢？”小雨滴、小花、小草齐声问我。

“我是白云学校幸福小二班的一名学生，我的名字叫徐骏凯。我们班里有很多爱写诗爱看书的同学，比如郑梓洋，她写的作文都很完美，每次都被‘陈美人’选中在班里诵读呢！你们知道‘陈美人’是谁吗？她就是我的语文老师啦！”

“呀！时间不早了，我该走了，再见了！各位。小雨滴，我不知道什么时候才能再找到你呢！”

“好吧，我决定不再四处旅行了，就在白云学校定居了。明天见！”

小雨滴躺在小草身上悠闲地说。

徐骏凯的听雨童话并没有结束。

四、有你不寂寞

有一天下课，我匆匆赶往我的小公室，在走廊上碰到骏凯。骏凯跟在我后面对我说：“今天我去看我的朋友，我的朋友有些不开心了。”

我问：“你的朋友是谁呀？”

"是雨呀!"

"什么?"

"就是那天听雨的时候我交的朋友呀!"

我停住了脚步，看到骏凯很认真的样子。我知道，接下来，我该好好听听他的故事了。

"你的朋友为什么会不开心呢?"

"因为我连续好几天没去看他了。今天我去找他时，他差点不理我。"

"难道你经常去看他吗?"

"自从我们交了朋友之后，我们就约定要经常见面聊天。我常去看他的。有时我会和他说说我想爸爸妈妈的话；有时他也会和我讲讲他故乡的事。"

"你怎么找到他的呢?"

"自从听雨那天之后，他就在白云定居下来了。他说他不想再流浪了。那天他就落在杜鹃花的一片叶子上，他把自己融入叶片里，成为杜鹃的一部分了。每天，我只要找到那棵杜鹃就行了。"

我呆呆地望着眼前这位男孩，这位情感丰富的孩子。

这个孩子，父母常年外出打工，与爷爷相依为命。他的生活也被孤独和寂寞包围着。幸好，一颗小水滴成了他忠实的朋友，他有了一个可倾诉的对象。

望着他远去的背影，我感慨万分。从前，他跑到我办公室给我讲故事的时候，内心多么渴望有个朋友。而我，总是一边听一边埋头批作业。对不起，骏凯，以后，我不仅要用心倾听你的故事，还要主动向你讲述我的故事。只有相互倾诉，才算是平等的朋友。

五、小水滴广播，与你有约

我给孩子们带去了一本绘本《七彩下雨天》，这本书给孩子们打开了想象的空间，我给他们布置了一项作业——写雨：请以"天上下起了(　)雨"为题，写一首诗歌，结果我收到了许多佳作。在诗歌创作的基础上，我引导孩子们由“写雨”变“唱雨”，可以变诗歌为歌词，也可以再编，于是就开展了“白云好歌曲第三期——唱雨歌”。我们制作了各种稀奇古怪的图片，作为演唱的背景。有的同学是独唱，有的是小组合唱，有的羞涩，有的搞笑，总之，一片欢声笑语。

“唱雨”之后该开展“宣雨”了。这次以什么形式开展宣传呢？我想到了衢州广播电台，我把之前电台邀请孩子去做“听雨”节目的视频播放给全班同学看，同学们非常喜欢，非常羡慕。那时，我们就约定要以“广播节目”的方式来宣传幸福小二班的“听雨”成果——在白云学校的“小水滴广播电台”里播出。

以往我们班也承担过广播主持的任务，但是，以前广播节目的策划、节目单、主持词全部都是老师一手包办，准备好后送到两位主持人手里的。这一次，我想锻炼所有人。

于是，我设计了一份学习单。

· 听雨学习单 ·

云端漫步 · 听雨课程

学习单（二）宣雨

一、一张主持词

二、一个后援团

案例：“快乐六一”节目的分工项目表

任务分配	人员名单	职责
主持	张玲、王力	负责主持词的撰写和现场主持
节目审核	余丽、七位组长	七位组长负责小组节目的排练和审核，余丽负责整场节目的审核
节目催场	方文、林浩	负责节目的上场和下场
节目反馈	栾铭、翁帆	负责节目问卷反馈表的设计、分发、收卷和统计
音乐与道具准备	周扬、余力	收集和准备节目需要的音乐和道具
指导老师	杨老师	指导节目的策划、开展和总结工作
总负责人	刘长青	负责整个活动的策划、开展和总结工作

最后，节目在白云学校的“小水滴广播电台”里播出。节目播出之后，各班同学还填写了“节目质量反馈表”。统计结果见下：

认为非常满意的占32%；

认为满意的占41%；

认为有待改进的占27%。

虽然，节目的质量不算完美，还有待改进，但是，孩子们在这个过程中踏踏实实地经历了，实实在在地体验过了。

4月1日，一路走来，孩子们经历了一场听雨的童话盛宴，听雨、画雨、唱雨、宣雨，还写出了许多充满童话色彩的美文，有7篇文章发表于《衢州晚报》。4月18日，幸福小二班评出了7名超级“雨神”，7名特级“雨神”，1个超级“雨神”小队，1个特级“雨神”小队。

听雨课程，完美谢幕。

【时间安排】

时间	内容	地点	学科	指导者
4月1日	等雨：1. 准备听雨三件套 读雨：2. 搜集雨知；阅读《听雨读本》	校外	实践	家长 自主学习
4月6日	听雨： 1. 校园听雨 2. 写雨	校内	实践	陈红梅
4月7日	1. 评比《听雨读本》封面设计奖	校内	美术 综合	冯一豪 陈红梅
4月8日	1. 写雨：习作指导 2. 参加市广播电台播出听雨节目	校内 校外	语文 综合	陈红梅 张燕
4月11日	画雨	校内	美术	冯一豪
4月12日	写雨：习作指导	校内	语文	陈红梅
4月13日	唱雨	校内	音乐	陈超喆
4月15日	宣雨：学习成果展示墙	校内	美术 综合	冯一豪 陈红梅
4月18日	评雨：评比“雨神”个人奖、“雨神”小队奖	校内	综合	陈红梅 余双双

看云——云卷云舒梦悠悠

【看云导图】

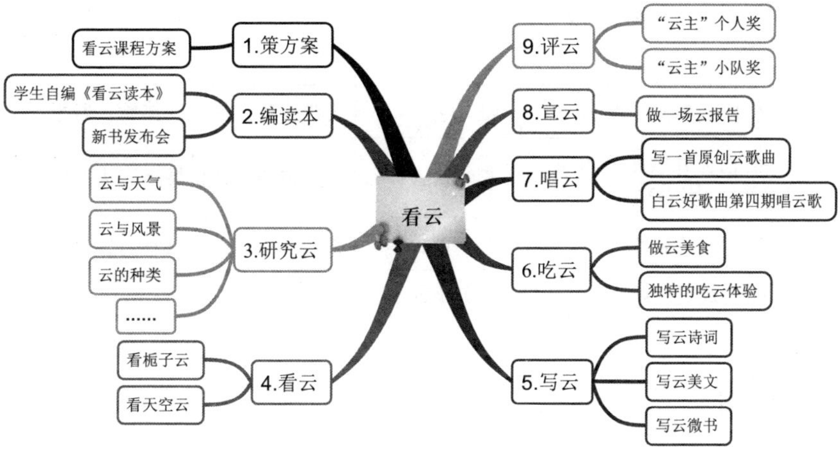

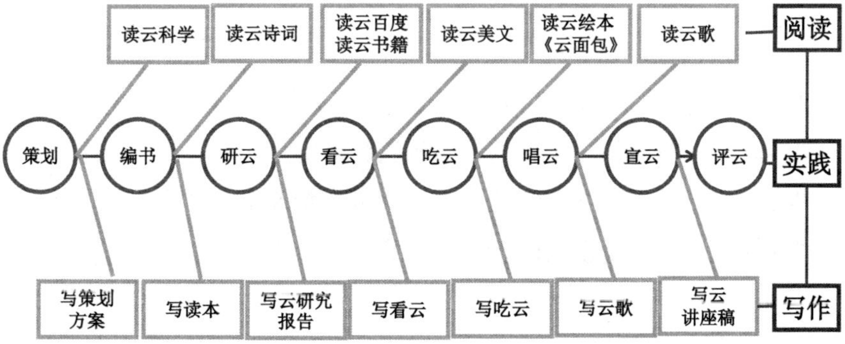

2016 年 5 月，初夏。校园东面整座围墙被蔷薇茂盛的藤蔓覆盖，翠绿的叶子在夏风中摇摆，那片勃勃的生机让我们很快忘记了半个月前这里还是花团锦簇、蔷薇盛开。

夏天来了，我们的云端漫步课程正式走进“夏季篇”。“夏季篇”预设了三个主题：思荷、看云、听蝉。荷未开，蝉未鸣，那就先看云吧。

【看云导读】

季节	目录	学习单	训练技巧
夏季	1. 第一次策划方案	（一）策划方案	实践技巧：合作、整合 写作技巧：思维导图
	2. 第一次编写读本	（二）编写读本	实践技巧：搜集资料、整理信息、分工合作、大胆创新
	3. 飘落在花圃中的云	（三）看云 1	实践技巧：体验、联想、创新
	4. 梅锦对云的遐想		
	5. 吃云？对，吃云	（四）吃云	实践技巧：创新、体验、联想
	6. 白云好歌曲第四期——唱云歌	（五）唱云	实践技巧：合作展示，大胆创新
	7. 第一次做微报告	（六）宣云	实践技巧：分享展示，传播正能量
	8. “云主”评比	（七）评云	

【看云故事】

一、第一次策划方案

5 月 18 日，那天——

我问：“同学们，你们喜欢云吗？”

“喜欢云，白白的、软软的，像棉花糖。”

“我喜欢彩云，火红火红的，把天空都燃烧起来了。”

“其实，乌云也是蛮酷的，瞬息万变，十分诡秘。”

……

孩子们打开了话匣子。

我继续说：“我喜欢云，是因为，我们学校叫白云学校。接下去，我们要在白云学校开启看云课程啦！白云看云，那是什么感觉呀？”

“是诗意浪漫的感觉！”

“那叫一个爽！”

“白云看云，真正的云端漫步。”

……

孩子们的情绪感染了我，我不禁想起一句诗。我说：“‘宠辱不惊，看庭前花开花落；去留无意，望天空云卷云舒。’陈老师将《幽窗小记》中的这句诗送给你们，希望在人生的道路中，你们都能用‘看云’的心态来对事对物，对名对利，得之不喜，失之不忧，宠辱不惊，去留无意。”

望着孩子们似懂又非懂，非懂又似懂的表情，我笑了。孩子们，希望将来你碰到人生难题时、焦头烂额时，能想到曾经的“看云”。

“孩子们，我们的看云课程计划开展三周，这三周里，你想做些什么呢？你的课程你做主，一起来策划方案吧。”

· 看云学习单 ·

云端漫步 · 看云课程

学习单（一）策划方案

“小小的一片云呀，慢慢地走过来，请你们歇歇脚呀，暂时停下来。”让我们一起哼着这首悠悠的《踏浪》之歌，走进看云课程。那么，你想在看云课程中做什么？玩什么？来吧！小组合作，一起策划课程方案吧！

我的课程我做主。（用思维导图来设计看云课程）

提示：
1. 小组讨论，形成统一意见；
2. 用黑笔把方案画在上面；
3. 课堂上，将其他小组好的建议用蓝色笔添加在分枝上。

很快，经过小组成员的讨论与合作，全班七个小队在规定的时间内，交出了7份“看云课程方案”思维导图。这是由橙汁小队搭建的课程内容框架图：

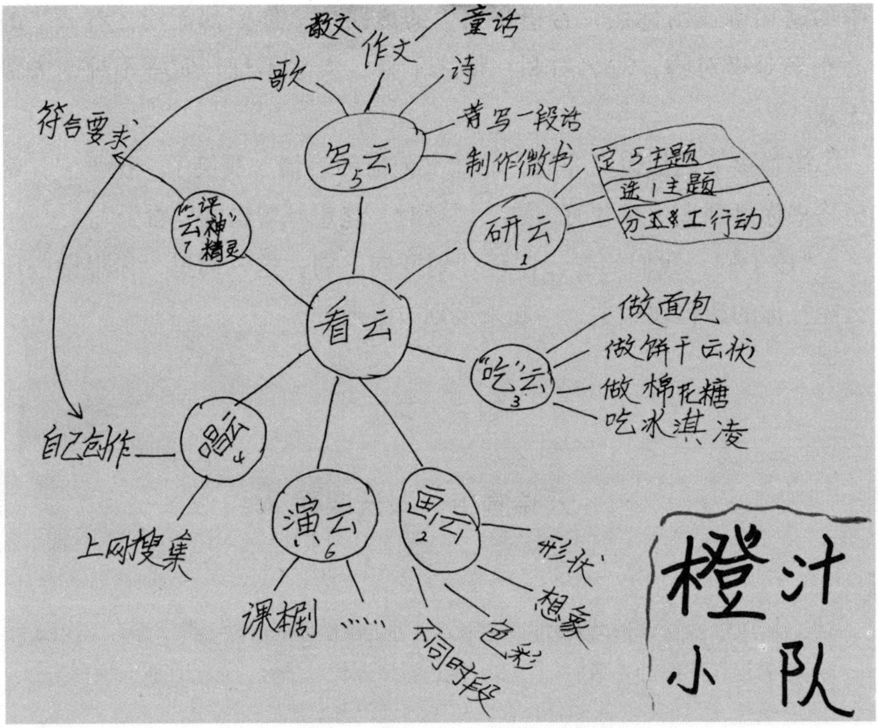

二、第一次编写读本

上课了，我拿着一叠学习单来到教室。我说：“《看云读本》只招三位编辑，怎么办？公平竞争，谁有水平谁来编。我这儿有份学习单，你们先做一做。”

·看云学习单·

云端漫步·看云课程

学习单（二）编写读本

编写一本读本需要具备搜集信息和处理信息的能力，需要一定的电脑技术，需要团队合作，需要创意的头脑和认真细致的态度。你是最佳人选吗？来，做个小测试吧！

一、问卷调查（请给正确的答案打√。）

1. 你家有电脑吗？（有，无）
2. 你会上网查阅资料吗？（会，不会）
3. 你会使用 Word 编辑文档吗？（会，不会）
4. 你会打字吗？（会，不会）打字快吗？（快，慢）
5. 你还具备哪些信息技术能力？请列举。

二、读本目录（请为你即将编写的《看云读本》设计一份目录。）

三、招兵买马

1. 请你为自己再选两位搭档：（　　　　）、（　　　　）。
2. 介绍一下你们这个三人组合团队吧！

3. 你们只有一周的时间，你如何规划你们的工作进度？你们之间如何分工？

最后，郑梓洋、江丽琴、栾佳慧胜出，被选为《看云读本》的主编。为了帮助她们理清思路，我又设计了一份表格给他们。

《看云读本》目录				
时间	过程	内容	负责人	地点

仨小孩领到表格，高兴地离开了。之后，她们又在课间找我征询意见，经过两轮修改，三个孩子共同完成了一份堪称完美的表格。

<table>
<tr><td colspan="5">《看云读本》目录
序
一、看云识天气
二、云的成语
三、云的儿童诗
四、云的古诗词
五、云的美文
六、云与风景
七、云的歌曲
八、学生的作品
后记</td></tr>
<tr><th>时间</th><th>过程</th><th>内容</th><th>负责人</th><th>地点</th></tr>
<tr><td rowspan="3">5 月 20 日
—22 日</td><td rowspan="3">收集资料</td><td>《看云识天气》2 篇
云的成语 30 个
云的儿童诗 15 首</td><td>栾佳慧</td><td rowspan="3">各自家中；
网上互动。</td></tr>
<tr><td>云的古诗词 20 篇
云的美文 5 篇
云与风景 5 篇</td><td>郑梓洋</td></tr>
<tr><td>云的歌曲 4 首
学生的作文 5 篇</td><td>江丽琴</td></tr>
<tr><td>5 月 23 日</td><td>筛选资料</td><td>《看云识天气》1 篇
云的成语 20 个
云的儿童诗 10 首
云的古诗词 15 篇
云的美文 3 篇
云与风景 2 篇
云的歌曲 2 首
学生的作文 3 篇</td><td>栾佳慧
郑梓洋
江丽琴</td><td>在校时间：
陈老师办公室；
回家之后：
网上互动。</td></tr>
<tr><td rowspan="2">5 月 24 日</td><td rowspan="2">排版设计</td><td>封面设计</td><td>栾佳慧
王梅锦（外援）</td><td rowspan="2">在校时间：
陈老师办公室；
回家之后：
网上互动。</td></tr>
<tr><td>文字排版</td><td>郑梓洋
江丽琴</td></tr>
<tr><td>5 月 25 日</td><td>审核校对打印装订</td><td>三人通读一次，校正错别字、标点符号；请陈老师审核通过；请 7 位小组长帮忙一起装订。</td><td>栾佳慧
郑梓洋
江丽琴
七位组长（外援）</td><td>在校时间：
陈老师办公室；
回家之后：
网上互动。</td></tr>
</table>

参照这份表格，三位主编争分夺秒，团结协作，终于完成了《看云读本》——白云学校第一本由学生主编的“书”，其中充满了创意与童趣。

富有创意的“序”：

序

夏天来了，棉花糖飘到天上去了。真美呀，真甜呀，真想和它做朋友啊。当我口水就要流出来的时候，旁边总有个扫兴的同伴提醒我，那不是棉花糖，那是云。

云端漫步课程走到夏季，迎来了看云课程。这个课程开展一些什么活动呢？幸福小二班的同学们脑洞大开，发挥了无边的想象：研云、赏云、写云、画云、唱云、演云、吃云、评云……哈哈，说到吃云，二班的吃货们话匣子打开了：

“哈哈！我要躺在草地上吃着棉花糖看云！”

“嗯！我要吃冰淇淋，上面那一层太像云了！”

“我要和妈妈一起做云形面包、云形饼干，带来给大家吃！”

当然喽，不能光想着吃，好好想想“研云”吧。研究云的什么呢？我们讨论出了五大主题：研究云的种类、研究云的形成、研究云与天气的变化、研究云的诗文、研究云与风景。各小队选择自己感兴趣的主题开展活动、收集资料、撰写研究报告。因此，也就有了编写这本小册子的想法。

我们仨被陈老师光荣地选为本书的三大主编。本周每个中午，我们都待在陈老师的办公室，霸占着她的台式电脑、手提电脑和苹果 iPad。编书仿佛比唐僧师徒西天取经还难，收集资料、内容排版、图片整理等看似简单的事儿，对于我们三个计算机菜鸟来说，难啊！但是，所有的困难和云雾都被我们强大的好胜心和浓厚的兴趣击退了。

值得一提的是，我们这本书里还有二维码，扫一扫二维码就可以看到我们精心搜集到的美图。制作二维码也是我们三个人第一次尝试。一开始以为很难，可是一旦做起来又发现太简单了。我们学会制作二维码之后，教给陈老师。陈老师说："三人行，必有我师焉。你们仨是我的老师了。"好开心啊！

5月26日，这本稿子经过陈老师的审核，终于可以印刷了！

它是我们仨的宝宝。

幸福小二班：梓洋、佳慧、丽琴

2016年5月26日

富有创意的"后记"：

后记

亲爱的同学和老师，看了这本书你有什么收获呢？

我的收获：

签名：

这是我们仨第一次做阅读本。由于经验不足，技术水平有限，时间仓促，肯定还存在着不足。所以，请您把您的建议写下来，发给我们。我们的QQ是：

栾佳慧：1876970946

郑梓洋：2430928592

江丽琴：1678690514

我们会虚心采纳您的建议，争取不断进步！

幸福小二班：佳慧、梓洋、丽琴

2016年5月26日午后于陈老师办公室

三、飘落在花圃中的云

自从看云课程开启之后，天公不作美，不是下雨就是阴天。看云，云呢？云都到哪去了？连片乌云都看不见。

批改孩子们的看云作文时，我发现有的孩子写云儿旅行记，有的孩子写梦中看云，严立峰干脆写了一篇《手机里的云》。

周四清晨，我与往常一样，早早来到校园，一阵熟悉的清香裹风拂面，好生惬意。哦，原来栀子花开了，一朵朵洁白的小花被绿叶衬得特别娇嫩。

一看到栀子花我就想到我的童年，我把一束束栀子花插在陶瓷罐里、碗里、罐头瓶里，分别摆在每一个房间。夏夜，小小的我枕在妈妈的手臂上，呼吸着栀子花香，在白色蚊帐里做了一个又一个稀奇古怪的梦。

带着童年回忆的栀子花，我一定要让我的学生走近它。

下午第一节课，我对孩子们说："这几天，天空灰蒙蒙一片，看不到云，害得同学们很失望。你们知道云藏哪儿去了吗？陈老师知道。这节课，我就要带你们去找云。请带上五官和心。检查一下，带上了吗？"

"带上了！"同学们一边叽叽喳喳地猜测，一边兴奋地喊道。

"带上五官和心做什么呢？"虽然，学生已经按捺不住，超级想冲出教室，但是，动员讲话是必不可少的。因为，回来还得写作文呢！

"带上眼睛——"我问。

"仔细观察。"学生答。

"带上鼻子——"

"闻一闻。"

"带上耳朵——"

"听一听。"

"带上嘴巴——"

"尝一尝。"

"No! 嘴巴带去不是尝一尝，尝坏了身体，你妈要来找我的。"我知道孩子会这样回答，我也知道我这样开玩笑，学生会笑。果然，学生哄堂大笑。

“带上嘴巴是用来说话的。耳朵听云说话，嘴巴和云对话。要张嘴说，说出声音来，说给云听，而不是在心里说哦！”我笑着对孩子们说，孩子们都笑了。

我又问：“为什么还要带上心呢？心就在我们的这里呀，谁能解释？”我拍拍左胸。

有孩子站起来说：“只有用心去听才能听到云的声音，只有用心讲话，云才能被我们吸引。”

好吧！动员完毕！带上纸和笔，出发！看云！

我带着孩子们来到时空广场，孩子们都仰着头在天上找。但是要非常非常仔细才能看到一片蒙蒙的灰色云。

“云儿在哪里呢？老师！”有同学在嘀咕。

“我猜，老师带我们找的肯定不是真的云。”蒋凤启在对好朋友江丽琴说。

“铛铛铛……铛！同学们，请看，云在这儿呢！”我把孩子带到那片栀子花圃面前。

“哦！原来是栀子花呀！”

“老师，刚才我猜到了。”

“哇！好香啊！”

……

孩子们飞进花圃，扑上去。

梓洋和玲琪找到两朵并开的花儿，两人在花旁的两片叶子上写下笔名“纸洋”“琪瓜”，她们说：“陈宝，这朵云是我，这朵云是她。”

郑撼找到一朵快要垂到地面的花儿，为了仔细和它对话，干脆整个身子俯卧在草地上，就那样卧了好久。

严立峰指着一个花苞，大叫：“看！看这朵花，长得真是霸气！就像自由女神手上的火炬。”

凤启在花丛里穿梭了好久，终于在一朵花前停下，她蹲下身子，侧起耳朵，用手轻轻扶住那朵花，凑向耳畔，听着、笑着。

那一边，方超和叶帅们在追赶一只不知名的昆虫，说，这是来侵占花王国的外敌。

……

幸福的时间总是那么短暂，孩子们恋恋不舍地与白云花圃告别，因为，下半节课要写作。

回到教室，孩子们等待着我发出写作文的指令。他们已不再害怕写作。我说："假如，你要给今天的作文取个题目，你会取什么？"

"悠香之云。"

"飘落在栀子花丛的白云。"

"花端云。"

"落在凡间的云。"

……

我满意地一挥手："好！开始吧！用你的笔在本子上耕耘吧！耕出一篇美文吧！"

我发给孩子们一份学习单。孩子们开始了笔耕——

那一刻，我分明能感受到幸福小二班教室里那种安静祥和，然而，在安静祥和的水面下，又是暗流涌动。那不停划动的笔端正在汩汩地流出一串串灵动的文字，一幅幅美丽的画面，一场场动人的遇见。

·看云学习单·

云端漫步·看云课程

学习单（四）看云

今天，陈老师带我们去时空广场看云，太有意思了！我要用文字把这次看云写下来。

先取一个诗意的题目：我的琪小瓜 作者：王玲琪	
看云前，陈老师这样说：	最近几天，天空灰蒙蒙的，把我们的云宝宝藏起来了，害得我们只能写梦中的云。可今天，陈老师要带你们去看看我发现的云。
我想：	陈老师发现的云？难道陈老师把云摘下来了？陈老师难道还能让云静止不动，等我们去欣赏？这些云到底在哪里？是什么形状的？一个个问题落在了我的脑门上……
我们来到	陈老师带领我们来到时空广场——蕴藏着我们无数个有趣故事的广场——神秘的云会不会就在这儿呢？
真相大白我闻到的我听到的我想到的故事就这样发生了……	闻着淡淡的清香，看着一朵又一朵，近似云的花朵。我知道了，云就是栀子花。这些可爱的小精灵从天空飘下来啦！就飘落在这个花圃中，化成栀子花的守护小精灵。我找到了千万朵栀子花，看她们美丽的笑容加上洁白的皮肤就如同天上的白云般，配上白色的素裙，真好比天上飘来的天使。 我凑近花朵一闻，没有味道，但慢慢地，慢慢地，淡雅的清香扑鼻而来，沁人心脾。这种清香弥漫在灌木丛中，她不像其他花香那样强烈，只是一点，一点点，仿佛云的味道。 我和梓洋找到一对栀子花双胞胎，一个活泼可爱，一个文静素雅。我和梓洋为他们取了名字：洋小咩和琪小瓜。在叶片上写上我们的名字，留下美好的记忆。我们以最快的速度为他们画了肖像，办了“身份证”。 除了洁白的精灵，还有绿色的花苞女仆，女仆们穿着嫩绿色的卷裙，非常唯美，不差于那些精灵，因为迟早有一天，她们也将成为那些精灵。 正当我们专心致志看“云”时，陈老师叫我们回班了。“555，我还没和她讲话呢！”我恋恋不舍地回班了。 再见，我的琪小瓜！

一次独特的看云体验结束了，然而，这奇妙的想象、美好的情感和动人的故事却被文字永远地留存下来。我再一次深深地体会到，语文学习一定是用心投入的情感之旅，而写作必须动情动心。

四、梅锦对云的遐想

周末晚上 8 点，我躺在床上看手机。“嘀嘀嘀！”有人 Q 我。打开一看，原来是梅锦。“陈宝，这是我写云的作文和诗歌。”我拉开长长的对话框，竟然有三篇随笔和一首诗歌。

◆诗歌

天上的棉花糖

天上
白白的云
红红的云
黑黑的云
像棉花糖
白棉花糖
红棉花糖
黑棉花糖
我闭上眼睛
尽情品尝
酸酸甜甜……
美味极
可惜
我从未吃到
黑棉花糖

◆随笔一

我与云的初识

六岁那年，我在外公花园中的小道上，
一边赏花，一边自言自语。
过了好一会儿，我累了。躺在草地上，看天。
突然，一朵云进入我的视线。

我刷地一下，就站了起来，指着天空中的云，大喊：“棉花糖！棉花糖！”

我兴奋地把外公拉出来，兴高采烈地说：“外公！外公！棉花糖飞到天上去了！”

外公半信半疑地看了看天空，“扑哧”一声，笑了。

我紧张起来，指着云，说：“外公！棉花糖都飞到天上去了！飞到天上去了！”

外公笑眯眯地抚摸着我的脑袋，说：“孩子，那可不是棉花糖哦！那是云！”

我嘟起小嘴，不服气地说：“那肯定不是云，肯定是甜甜的棉花糖！”

说着，我的口水不经意地，流了下来。

外公急忙拿出手绢，把我的口水给擦掉了。他拍拍我的肩膀，笑容仍布满了整张脸，“孩子，没有关系，你就叫它棉花糖吧！”

笑容又回到了我的面孔，对着云儿摆摆手，大声呼喊着：“棉花糖，你好！”

云儿像听见了似的，变成一个笑脸。

外公拉着我的手，笑着说：“走吧！我们去吃妈妈刚买的棉花糖，好吗?”

我点了点头。停住，对云儿摆摆手。

走了。

回到屋里，我吃到了甜甜的棉花糖。

我认为。这次的棉花糖，比之前的都好吃……

◆随笔二

我与云的再识

九岁时，我在上语文课。

老师在教“云”这个字。

“同学们，这是‘云’字，跟我读，‘云’‘云’‘云’。”老师指着黑板上的“云”字，严肃地教着。

我站了起来，好奇地问：“老师，云长什么样?”

老师对着电脑按了按，让我们看白板。

她指着白板上的云，说：“这就是云!”

我睁着大眼睛，半信半疑，又问：“老师，这不是飞到天上的棉花糖吗?”

老师严肃的面孔上，爬上了笑容。

她笑着说：“它可是正宗的云哦！可不是棉花糖!”

我低着头，坐了下去。

想了想，又站了起来：“老师，我可以叫它棉花糖吗?”

老师点了点头，又笑了笑，说：“当然可以呀！因为它真的很像棉花糖!”

想不到，老师也赞同我的观点。

“哈哈！棉花糖！棉花糖!”我不由自主地乐了起来。

“老师，那有没有红的云？黑的云?”一个问题，又不小心从我的嘴里蹦了出来。

“对了，你居然想到了，那我就讲讲吧!”老师站在讲台上，开始讲解：“红的云是朝霞和晚霞；黑的云呢，则是乌云。”

“铃铃铃……”放学的铃声响了。

放学后，我让妈妈给我买红棉花糖和黑棉花糖。

可惜，没有黑棉花糖。

我只好吃了两个红棉花糖。

◆**随笔三**

晴天找云

现在的我，已十三岁，我再次回到了外公花园里。

六岁那年的空地，现已成了蔬菜的家园。

我只好站着，抬起头，看天。

一个小时就这样悄悄地溜走了。

外公从窗户中，探出头来，慈祥地问：“孩子，你站那儿干什么？”

我还是傻乎乎地站着，抬起头，看天。

外公走到我的身边。他抬起头，看了看，笑了。

他拍拍我的背，说：“孩子，今天那么晴朗，只能看到微小的云，我们傍晚再来找它吧！”想不到，外公一猜就猜中了我的心思。

我点点头，走进了里屋。

过了好一会儿，一朵云从天空中飘过。

我立马跑了出去。

可是，云，又没了。

我又回到了内屋，坐在椅子上，狠狠地打自己的大腿，责怪自己没有把握好机会，并对自己说，现在失去的机会，以后要抓回来。

哎，现在想想，时间为什么不停留在三岁那年呢？

三篇随笔《我与云的初识》《与云再识》《晴天找云》，分别写了6岁、9岁、13岁的“我”对云的不同认识。6岁的我，在外公的花园里，看到了白云，把它喊成“棉花糖”；9岁的我，在小学的语文课上，了解了云的形成、云的种类，但我还是固执地把云称为“棉花糖”；13岁的我，在“看云”活动中，到天空找云，和云交朋友……梅锦的语言像诗，意境很美。一口气读完她的所有文章，我心里剩下的就是感动。于是，到百度找图片，打开美篇，制作了一篇“文梅锦；配图、制作陈宝”的美篇作品。

（用手机扫一扫右边的二维码，就可以阅读这个美篇。）

第二天晨读课上，我在教室的大屏幕上播放了这篇美篇。里面有漫天的白云图片和萌哒哒的各色棉花糖，配上梅锦那柔柔的朗读声，孩子们听得入神，教室里静悄悄的。读完一篇，掌声热烈地响起。

我问：“你想用哪个词形容文中6岁的梅锦呢？”

“可爱！”

“天真！”

“纯美！”

“诗意！”

我又问：“你想用哪个词形容文中的外公呢？”

“慈祥！”

“和蔼！”

我说：“文中的外公不但慈祥、和蔼，而且也有诗意。当梅锦执意要把天空中的白云称为棉花糖时，外公竟然随了梅锦的意愿，并不去纠正。假如，是别人的外公，可能会训斥孩子胡说呢。”

梅锦听了，脸上浮现出美丽的笑容，一种宁静而满足的美。梅锦的家庭有些特殊，父母离异，她一直跟着外公外婆。我终于明白为什么这个特殊的家庭没有影响梅锦对美的追求，原来她有一个可爱慈祥、浪漫诗意的外公。梅锦爱画画，她的看云微书设计得如同精品画册。封面上两个蓝色艺术字“看云”悬浮在两朵白云上方，飘逸、洒脱；翻开封面，每一张都有着淡淡的底色，或黄底，或紫底，衬着娟秀的书法、如诗的文字。每一次，我都会无比赞叹地把梅锦的微书展示给全班同学欣赏。这时，有三种表达敬佩的方式同时产生：热烈的掌声、啧啧的称赞和无比羡慕的眼神。

这次因为梅锦一个晚上写了三篇云美文、一篇云诗歌，我要为她举行一个隆重的颁奖仪式。我说：“我要奖励梅锦一顶王冠。”我双手小心翼翼地托起，托起一顶王冠。我望向梅绵，深情地说：“有请我们的文学女王上台，接受王冠。”梅锦就那样，带着笑意，盈盈的笑意，款款而来，向我走来。我半蹲身子，向女王致意，女王微微低了头，我忠诚地、小心翼翼地为她戴上王冠。

“谢谢！”两个字轻轻地从梅锦嘴里说出。很轻，只有我能听见。我把她拉近，让台下的观众给我们合影。孩子们举起双手，口喊“咔嚓！”那永恒的一刻，留在孩子们的眼里，留在我和梅锦的心里。

虽然，这只是一顶隐形王冠，但是，它比真的王冠更重要。

五、吃云？对，吃云

凤玲在她的诗里写：

天上的云
白白的
软软的
我痴痴地望着
就流下了口水
我多么想咬一口
棉花云

凤玲的诗歌给了我灵感，何不开展一次异想天开的“吃云”活动呢？我在班里一发布，孩子们的好奇和兴奋劲别提有多高了。

有的说：“哈哈，吃云？云怎么吃？云可以吃吗？太奇怪了！”

有的说：“云当然可以吃啦！你先看一会儿云，然后闭着眼睛吧唧吧唧嘴巴，就吃到了嘛。一点想象力都没有。”

有的说：“栀子云！栀子云！可以吃的，我妈烧起来的栀子花可好吃了，还清凉排毒呢！”

栀子云把大家的思路一下子打开了。

“对对，我们可以做‘云’吃，比如，做云形状的饼干，做云形状的面包啦！”

“我要吃棉花糖！”

……

哈哈，这个话题碰到吃货，那是不愁的，答案不要太多哦。第二天就是双休日，我布置的语文作业如下：

1. 吃云；
2. 拍下吃云照片上传 QQ 群；

3. 写下吃云的独特体验。

比一比，谁的吃云最有创意！

双休日，幸福小二班的QQ群里热闹非凡，一会儿一张照片，一会儿一张照片。我看到了：方超咬着一块云面包；馨萍舔着红色棉花糖，自称吃“火烧云”；凤玲和妈妈一起在做云烧饼；朱晨做了一个水果拼盘，名字叫云形西瓜、云形火龙果、云形哈密瓜，围着中间的一根香蕉，取名“彩云追月”……

我乐得嘴都合不拢，不停地为孩子们献口水、献花、献大拇指。

到了周一，我批改着学生的“吃云习作”，又一次经历了孩子们的独特经历。其中，郑梓洋的吃云作文，我打了最高分。评语如下：

这是史上最有创意的吃货兼作家。

附上原文，供君欣赏。

“云”的味道

——吃货的“吃云”经历

郑梓洋

小序：QQ的软糖、甜甜的巧克力、黏黏的棉花糖……TA们都是云，黑云、蓝云、绿云、红云……

我的“冰云”冰激凌

对于一枚吃货来说，陈宝布置的作业“吃云”是难不倒我的。上个星期，我陆续品尝了黑云巧克力、白云棉花糖、五彩云QQ糖。这个周末，我要尝一尝冰云。

呵呵，所谓冰云，就是我的上口爱冰激凌啦。

我从冰箱里拿出上口爱冰激凌，打开透明的保护壳，撕开深紫色的纸膜，张开嘴，一口就将最上面一层含进嘴里。

黑巧克力涂层慢慢融化在嘴中。甜甜的味道伴着冰凉，黏着食道，一点点滑下去，滑下去。巧克力乳液并不像水一样全部流入胃中，而是，所经之处便渗进皮肉里一点点，嘴唇到咽喉，到食道，到肠胃，每一处都冰、甜、柔、爽。我再咬一口下面白色部分，含在嘴里，用同样的方式，任其乳液，再一次在我身体里做着轮回旅行……

我闭上眼睛。

感觉自己躺在一朵冰凉的云上，这朵云褐白相间。我想融进云里，我把自己的身体缩得越来越小、越来越小，然后整个我，也变成一缕云，融在天空里。

下课后，我给孩子们推荐了一本绘本《云朵面包》。

（扫一扫右边的二维码，阅读完整绘本。）

六、白云好歌曲第四期——唱云

白云好歌曲第四期“唱云”活动开始啦！孩子们在学习单上写了好多云歌，有的通俗直白，有的风趣幽默，有的诗意浪漫，有的耐人寻味。先来看一首孩子创作的“云歌”吧。

云之初

窗外的雨，下得淅淅沥沥。
风中摇曳着一棵树，
挥动双臂，与枝叶共舞。
云朵在天空，望着蓝天，
看着人们，落在窗前。

这是栾佳慧写的歌词《云之初》。一首云歌，写的却是雨。我细细地品味着这几句词，猜测着作者的创作过程。孩子们云歌创作出来之后，便要开展“白云好歌曲”演唱活动啦。

（用手机扫一扫右边的二维码，你会打开一个美篇——幸福小二班唱云。）

6月9日，我们班向全年级开展了“宣云报告专场活动”，每个小队都制作了PPT，分别到七个班级中宣讲“夏天请到白云来看云”。每个孩子都体验了一次做报告的快乐。

6月10日，幸福小二班进行了“云主”评比活动。

看云课程到此结束。

【时间安排】

时间	内容	地点	学科	指导者
5月18日	策划看云课程方案	校内	综合	陈红梅
5月19日	开始编写《看云读本》	校内外	综合	陈红梅 家长 自主学习
5月20日	云的研究报告	校内	综合	余双双 陈红梅
5月21日	校园看栀子云	校内	实践	陈红梅
5月24日	校园看真的云	校内	实践	陈红梅
5月25日	画云	校内	美术	冯一豪
5月26日	《看云读本》新书发布会	校内	综合	陈红梅
5月27日	写云作文指导课	校内	语文	陈红梅
5月28日	吃云1——创意性家庭作业	校外	实践	家长
6月1日	吃云2——创意美食节庆“六一”活动	校内	实践	陈红梅 余双双
6月2日	演云	校内	综合	陈红梅
6月3日	唱云	校内	音乐	陈红梅 陈超喆
6月7日	第一次宣云微报告	校内	综合	陈红梅 白云电视台
6月9日	宣云报告专场活动	校内	综合	陈红梅
6月10日	评“云主”个人奖和小队奖	校内	综合	陈红梅

思荷——映日荷花别样红

【思荷导图】

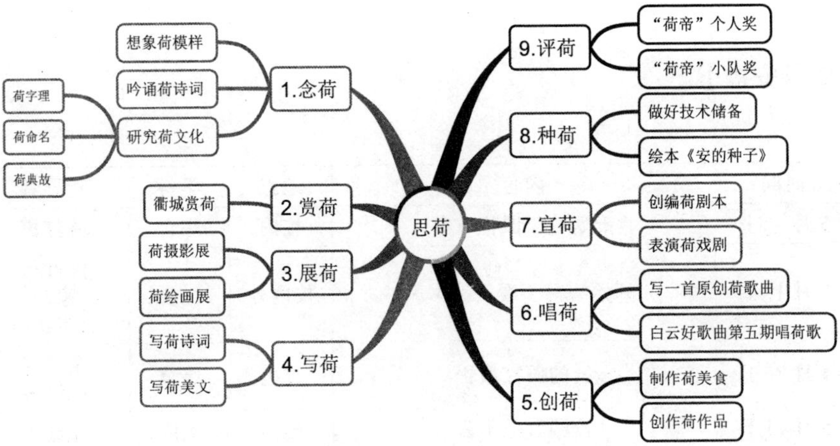

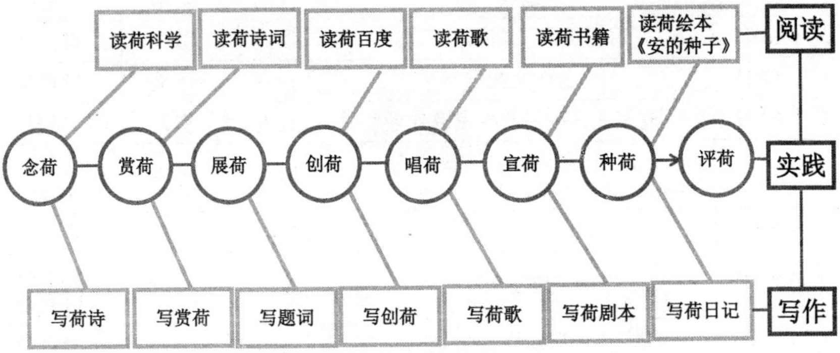

“小荷才露尖尖角，早有蜻蜓立上头。”喜欢荷，因为荷的形美色洁质雅；喜欢这首诗，因为诗中的画面和灵动直抵心间。正因为这份偏爱，才选择了这个主题——思荷。思，是对荷的一种向往和探究，是对荷的一份情思和遐想。

当时间的脚步踏进6月时，我想云端漫步的思荷课程该开启了。

衢州有很多优美的赏荷景点，面积大的如万田荷塘、龙游志棠；面积小的如鹿鸣山公园、石梁溪边。荷花的花期是6月至9月，看荷的最佳时期应该是在暑假。于是，我在想，思荷课程应该会延续到暑假吧。

6月13日那天，我在班里公布云端漫步夏季篇第二个主题思荷课程开启，孩子们积极地响应。

【思荷导读】

季节	主题	目录	学习单
夏季	思荷	一、见荷 ◆策划“思荷”方案	写作技巧：思维导图 合作技巧：整合观点
		二、念荷 ◆想象荷模样 ◆吟诵荷诗词 ◆研究荷文化	（一）念荷 写作技巧：1. 变换角色写 2. 扩写 阅读技巧：1. 品词琢句、想象画面 2. 提取、整理信息
		三、赏荷	（二）赏荷 实践技巧：做好攻略
		四、展荷	（三）展荷 实践技巧：好图配妙文
		五、写荷	（四）写荷 写作技巧：睁开诗眼，打开五官
		六、创荷	（五）创荷 实践技巧：创新、动手操作
		七、唱荷	（六）唱荷 实践技巧：自信展示真我
		八、宣荷	（七）宣荷 写作技巧：练习写剧本 实践技巧：戏剧表演
		九、种荷	（八）种荷
		十、评荷	（九）评荷

一、见荷

“噢！思荷，思念荷花，真美好！”

“我外婆家就有一个荷塘，每年夏天我都要去外婆家赏荷。用荷叶做凉帽，采荷花，采莲子。”

……

我说：“孩子们，现在是六月，很多荷塘才刚刚冒出尖尖的小荷苞。”我在大屏幕上展示了一张荷苞图。

“看到这幅图，你想到哪句诗呢？”我问。

“小荷才露尖尖角，早有蜻蜓立上头。”孩子们齐声背诵杨万里的诗句。

“待到暑假，七八月时，荷花开满塘。”我边说边切换到下张图片，问，“这幅图，你又想到哪句诗呢？”

“接天莲叶无穷碧，映日荷花别样红。”孩子们异口同声地背杨万里写的另一首诗《晓出净慈寺送林子方》。

“‘接天莲叶无穷碧，映日荷花别样红’这句诗写的是西湖的荷花，而陈老师照片里的荷花却是我们衢州的荷花。这张照片是陈老师去年暑假去龙游志棠看荷花时拍的。当时，我置身于碧绿的荷叶之中，千万朵粉红、洁白的荷花绽放在我周围。我闭上眼睛，真的感觉自己如荷花般飘逸、优雅、美丽……”我一边说，一边继续播放照片。照片里各种姿势的荷花，全开的、半开的、花骨朵的，各有各的美，就连凋零了花瓣只剩下嫩黄色花蕊和嫩绿色莲蓬的也格外美丽。孩子们一边看，一边发出“哇”的赞叹声。

“你想开展关于‘荷’的什么活动？你想设计一个怎么样的思荷课程？你想开启一段怎样的‘思荷’之旅？你的课程你做主！接下来，和你的组员分享你的创意，小组合作构思一份思荷课程方案图。”

孩子们立刻投入热烈的讨论中。10 分钟后，每个小组都提交了各自的小队方案，然后又经过讨论整合，取长补短，最后形成了方案的终极版。

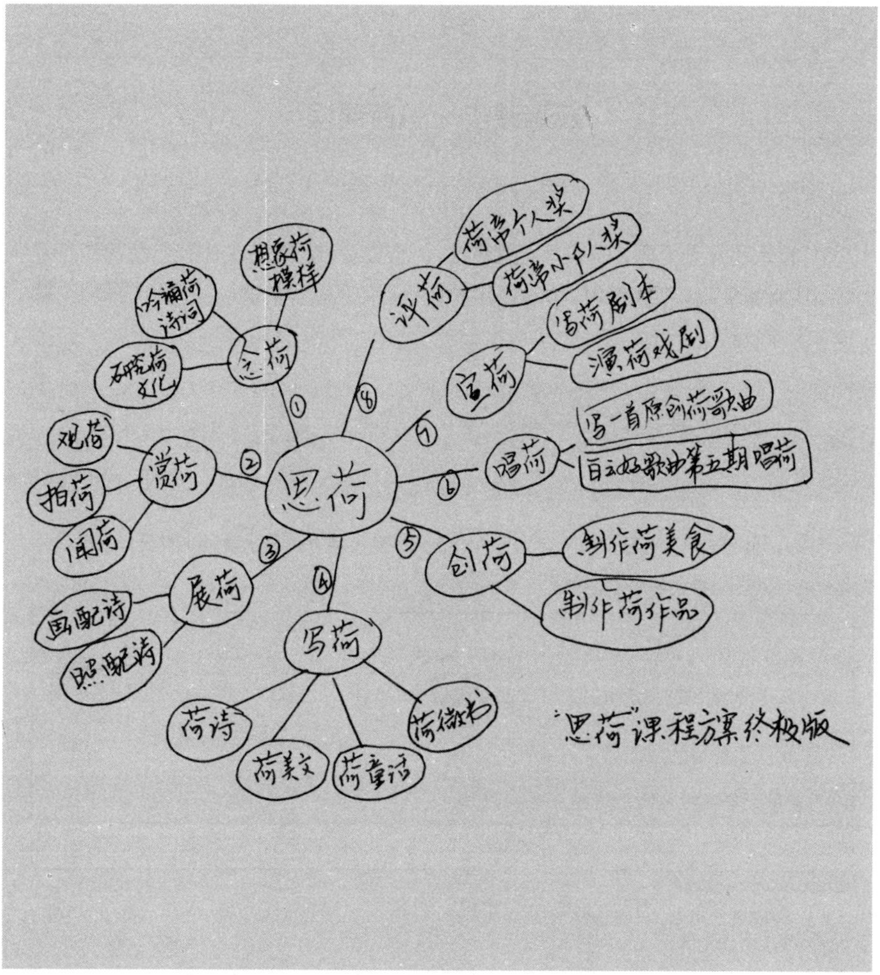

二、念荷

没有看到荷花之前，我们干什么呢？孩子们本来取的主题名叫“想荷”。在讨论的过程中，有同学提出改成“念荷”更有意境。心心念念，碎碎念，的确，更有一种牵肠挂肚之感了。

◆想象荷模样

这是孩子们提出的第一项“念荷”活动——想象荷模样。我为孩子们设计了一份学习单：

·思荷学习单·

云端漫步·思荷课程

学习单（一）念荷

“接天莲叶无穷碧，映日荷花别样红。”炎炎夏日，繁花消失，然荷花却在万绿丛中绽露笑脸，傲然怒放，芳香四溢。让我们带着自己的翩飞的思绪，开启“思荷”之旅噢！

一、荷样：画一画（我曾见过你，在以前、在梦里，你是这模样。）

二、荷样：写一写（我是你脚下的一条鱼，我是你身边的一缕风，我是每天唱歌给你听的青蛙……在我的眼里，你是这模样。）

我	你
我是你脚下的一条鱼	你有修长的腰肢，你有雪白的莲藕，你静静地倾听我昨夜的梦。
我是你身边的一缕风	
我是每天唱歌给你听的青蛙	

（温馨提示：把“我”变成多种角色，想象荷的模样，其中“鱼”“风”“青蛙”你也可以换成别的。）

三、荷样：改一改

把第二题表格里的语言修改一下，使之简短又含蓄。然后，排列成一小节一小节，并取一个动听的题目，誊抄在作文本上，就变成一首诗啦。

当然，能为这首诗配上插图，那就更美啦！

◆吟诵荷诗词

在“念荷”活动中，孩子们背诵了许多描写荷花的诗词。除了前面提到的杨万里的“小荷才露尖尖角，早有蜻蜓立上头”“接天莲叶无穷碧，映日荷花别样红”，还有很多写荷的诗词。我让孩子们仔细体会诗词中的“色、味、声”，琢磨诗词中的“情、意、境”。我设计了下面这份学习单：

· 思荷学习单 ·

云端漫步 · 思荷课程

学习单（一）念荷 2

“荷”向来是诗人吟诵的对象。在中国诗词歌赋中，咏荷诗具有别样的情味，请选一首自己最喜欢的诗，体会诗词中的“色、味、声”，琢磨诗词中的“情、意、境”。

一、品词琢句赏荷诗

摘抄一首我最喜欢的荷诗	批注

二、人间最美《爱莲说》（爱荷之人是一定要品读《爱莲说》这篇文章的。）

请同学们查找《爱莲说》原文及翻译。（内容略）

阅读小贴士：
1. 读懂：结合白话译文，读懂诗句；
2. 吟诵：反复吟诵，寻找来自心底最真实的感觉；
3. 记录：把自己的品诗感受记录下来，不拘形式。

◆研究荷文化

“念荷”活动的第三项学习是研究荷文化。经过讨论，同学们对“荷的字理”“荷的名称”“荷的典故”比较感兴趣。所以，我叫了几位组长，一起设计了一份学习单，作为“研究荷文化”的学习支架。

·思荷学习单·

云端漫步·思荷课程

学习单（一）念荷3

一、“荷”的字理

1. 画“荷”字。（请根据自己的联想，把“荷”字画成一幅画。）

2. 在百度输入关键词“荷　象形字典”，查阅“荷”的字理演变，运用提取信息和整合信息的能力，画一幅“荷的字理”思维导图。

二、“荷”的别称（在百度中输入“荷花　百度百科”，阅读相关资料，会发现荷花有许许多多别称，你能画一个思维导图梳理出清晰的“荷花别称”吗？）

下面，分享一部分学生的学习成果。

1. “荷”的字理

画字：

（王玲琪画）

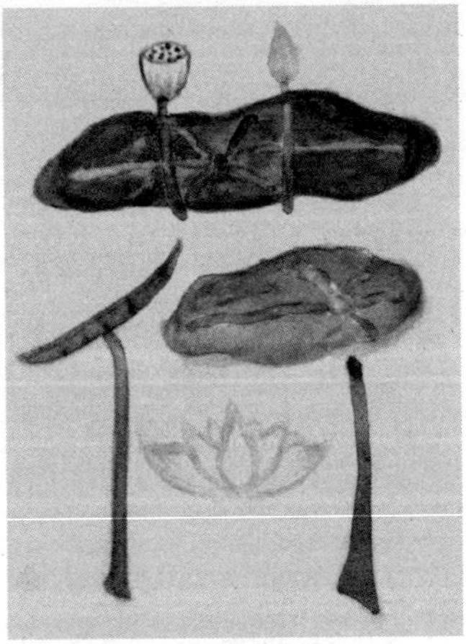

（吴庭皓画）

陈老师点评：两个字都采用了实景，用荷叶、荷花、莲蓬、莲藕来做笔画，非常形象贴切，具有艺术美，富有创造力。

“荷”的字理思维导图：

这是整合全班意见后形成的思维导图。

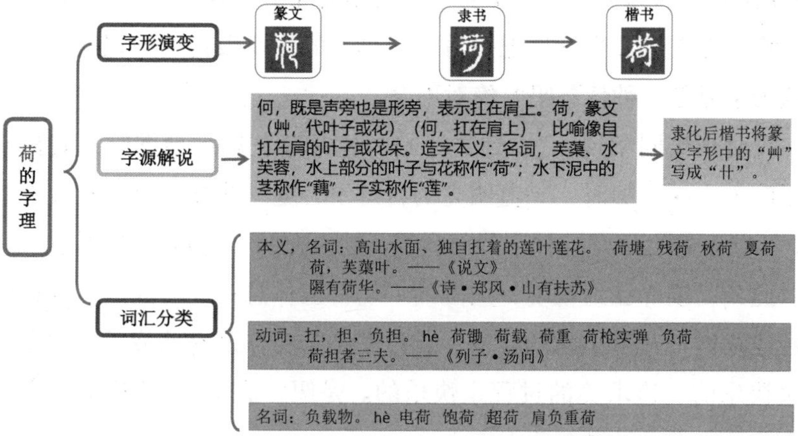

“荷”是一个形声字。看篆文的“荷”，上面部分像两朵荷花，下面的“何”既是声旁也是形旁，“何”的意思表示扛在肩上。古人造字太形象了，荷花也好，荷叶也好，高高地耸立着，被荷秆扛在肩上。这是方超同学的解读。

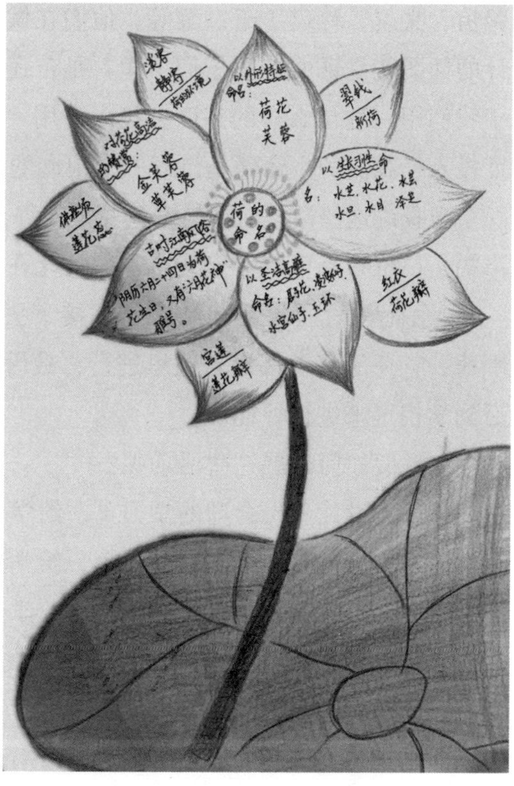

2.“荷”的别称

这份“荷花命名图”是被同学们选出来贴在墙上展览的，它的作者是吴庭皓同学。庭皓平时学国画，这次她用彩铅画了一朵荷花一片荷叶。利用荷花中间的莲蓬写中心词“荷的命名”，利用荷花的一片片花瓣写出“荷花命名”的分类，实现了美学与功用的完美结合。

我常常在想，当学生把一份学习单上的作业做到这种程度时，她还会认为学习是一种任务吗？绝对不会。

我对全班同学说：“看到吴庭皓的这朵莲花思维导图时，我仿佛看到了昨天夜深人静时，一盏明亮的台灯下，庭皓或托腮沉思，或握笔细描，她脸上的表情是一种宁静的微笑，她内在的心情是一种积极的追求。此时此刻，或许已经很晚，周围的一切都已休息；此时此刻，或许庭皓已经连续做了几个小时的作业，或许庭皓的身体已有些疲乏。但是，庭皓是快乐的，追求美的过程是快乐的。是吗？庭皓？”我望向这个文静的高个子女生，她微笑着点点头。

“像庭皓这样的孩子在我们班还有很多。梅锦、梓洋、祉曦、佳慧、馨怡、文晨、玲琪、子杰等等，他们在做完作业时，在学习单上精心设计的插图就是证明。孩子们，学习是苦还是乐，生活是美还是丑，都在于我们用一种什么样的态度去投入。用一种诗意的、浪漫的、美丽的态度投入，我们的生命便是诗意的、浪漫的、美丽的。”

当我说这些话语时，教室里异常安静，孩子们的眼神异常明亮纯净。幸福小二班教室里的空气又多了一丝丝香香甜甜的味道。

“念荷”的三项活动结束了。接下去的赏荷、展荷、写荷、创荷、唱荷、宣荷等活动都在暑假里进行，最后一项“评荷”是新学期开学之后到学校里来进行评比。

在暑假如何开展这些活动呢？

第一，设计一份合理的学习单，给学生搭建学习的支架。

第二，创设一个积极的交流台，给学生分享思想的平台。

第三，组建一个和谐的小团队，给学生互相支持的组织。

学习单已经设计好，一放暑假我就发给学生；班级 QQ 群是给孩子即时交流思想、分享学习成果的好平台，它打破时间和空间的限制，创设随时随地可交流的机会；关于组建小团队，也不是问题，同村的孩子可以组建一个三五人的小团队，也可以与父母兄妹组成一个亲子团队，这个团队可以临时组织，不必固定。

那么，下面的课程介绍，我将以“学习单 + 学生成果”的方式呈现课程其他环节的活动。

三、赏荷

· 思荷学习单 ·

云端漫步 · 思荷课程

学习单（二）赏荷

“江南可采莲，莲叶何田田。”夏日里，呼朋唤友赏荷去啰！

一、查资料（衢州赏荷有哪些好去处？通过上网查询、访问朋友等方法，将下列表格填写完整。）

地点	景区特点

二、做攻略（选择一处赏荷景点，做好攻略，约上同学和父母，赏荷去啦！）

我选哪个景点：	理由：
我约哪些朋友：	理由：
我带哪些东西：	理由：
其他补充：	

三、写感受（用三言两语记下今日赏荷之感。）

四、乐分享（记得把你拍的照片或学习单上传到班级群里，与大家分享哦！）

这份学习单设计了几道题目帮助孩子达成“赏荷”任务。第一，收集资料很重要。因此，要通过查阅资料、调查访问的方式收集尽可能多的景点，这样就可以为第二步“做攻略”做准备了。第二，制作攻略很重要。外出旅行也好，实践活动也好，做好攻略是成功的一半。俗话说：“不打无准备的仗”。学习单上为孩子提供了做攻略的三个方面：选择一个适合的景点、组建一个和谐的团队、带上一些必需的物品。第三，记录总结很重要。每做完一件事、每到过一个地方，都要有记录总结的习惯，这既是让孩子学会梳理和反思，也是让孩子善于积累生活素材，对孩子的写作水平的提高有帮助。下图是郑梓洋同学完成的学习单。

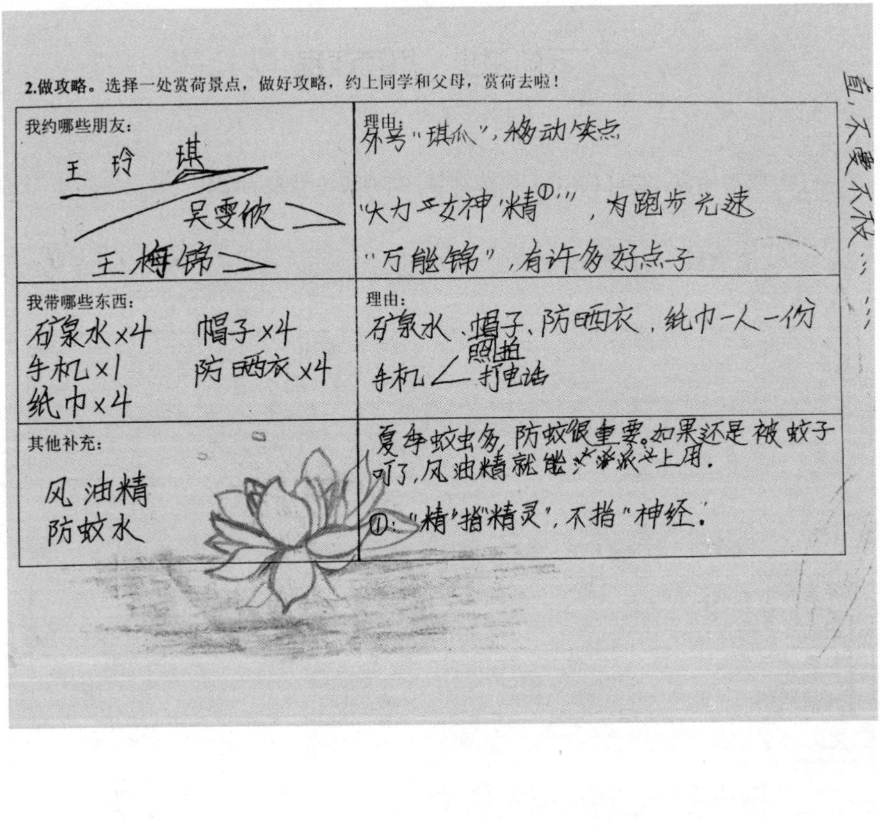

2.做攻略。选择一处赏荷景点，做好攻略，约上同学和父母，赏荷去啦！

我约哪些朋友： 王玲琪 吴雯依 王梅锦	理由： 外号“琪瓜”，移动笑点 “大力女神精①”，为跑步光速 “万能锦”，有许多好点子
我带哪些东西： 矿泉水×4　帽子×4 手机×1　防晒衣×4 纸巾×4	理由： 矿泉水、帽子、防晒衣，纸巾一人一份 手机：照相、打电话
其他补充： 风油精 防蚊水	夏季蚊虫多，防蚊很重要。如果还是被蚊子叮了，风油精就能派上用。 ①：“精”指“精灵”，不指“神经”。

四、展荷

·思荷学习单·

云端漫步·思荷课程

学习单（三）展荷

每一朵荷都有每一朵的姿态，全开的、半开的、花骨朵的、粉红的、洁白的、单瓣的、重瓣的……用你的相机拍下来，用你的画笔画下来，让美永远留在那一刻。

一、拍一拍

摄影小贴士

1. 突出主体。心里要非常清楚你要拍摄的主体是什么，是荷叶？莲蓬？还是荷花？是一朵荷花还是几朵荷花？拍摄主体清楚之后，在拍摄时尽量突出主体，旁边的杂物越少越好。
2. 多角度拍摄。为了构图美丽独特，你可以不断调整自己的拍摄角度。俯拍、仰拍、侧拍、倒拍，都会有不一样的效果。
3. 多拍。尽量多拍，择优选取。

二、画一画

绘画小贴士

1. 画出故事。一幅画要有故事感，让人一看就知道发生了什么。
2. 画出创意。要画得与众不同，不受约束，不拘形式，不拘画风。
3. 画出个性。尊重自己的想法，想怎么画就怎么画。

三、配文字（给自己的照片或图画配上标题）

配文小贴士

1. 配成语。可以为图配一个现成的成语，如：一枝独秀、万紫千红。
2. 配诗句。可以为图配一句现成的诗，如：小荷才露尖尖角。
3. 自创文字。自己能创造性地配上文字则更佳，如：蓝天下的呵护。

四、乐分享（记得把你的学习成果传到班级群里，与大家分享哦！）

学生的图配文：

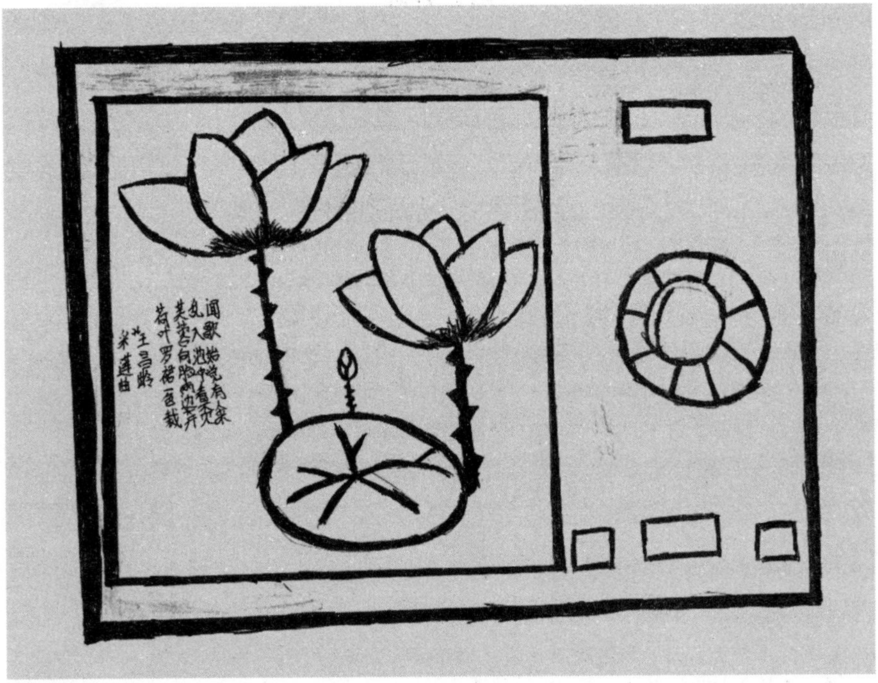

作者：龚昕宇

配文：

“咔嚓”

你定格在

我记忆的相册

永远

绽放

我的荷

学生的照片配文：

摄影：翁歆　配文：夹缝求生

摄影：徐涛　配文：争“旗”斗艳

摄影：郑撼　配文：欲与天公试比高

摄影：齐悦　配文：用最美的姿态凋零

五、写荷

·思荷学习单·

云端漫步·思荷课程

学习单（四）写荷

周敦颐在《爱莲说》中说："予独爱莲之出淤泥而不染。"那么，你爱荷的什么呢？拿起手中的笔，写一写吧！

一、写（写一篇荷美文，把自己看到、听到、闻到、想到的关于荷的一切，用独特的文字描述出来。）

1. 范文欣赏。（仔细阅读下面的文章，用波浪线画出优美词句，并做赏析批注）

曲曲折折的荷塘上面，弥望的是田田的叶子。叶子出水很高，像亭亭的舞女的裙。层层的叶子中间，零星地点缀着些白花，有袅娜地开着的，有羞涩地打着朵儿的；正如一粒粒的明珠，又如碧天里的星星，又如刚出浴的美人。微风过处，送来缕缕清香，仿佛远处高楼上渺茫的歌声似的。这时候叶子与花也有一丝的颤动，像闪电般，霎时传过荷塘的那边去了。叶子本是肩并肩密密地挨着，这便宛然有了一道凝碧的波痕。叶子底下是脉脉的流水，遮住了，不能见一些颜色；而叶子却更见风致了。

2. 从上面的范文，你学到了哪几点写作技巧？简单罗列出来。

3. 把你学到的写作技巧运用到写作中，写一篇荷文。（写在作文本上）

二、改

（一）自评（用蓝色笔对自己的作文做修改）

（二）互评

1. 分享：把自己写的荷文在组里进行分享。
2. 点赞：对每位组员的荷文至少提出一句赞美的话，并说明理由。
3. 建议：对每位组员的荷文至少提出一个改进建议，并说明理由。
4. 修改：用红色笔对同伴的作文做修改。

三、抄

将修改好的荷文誊抄到作文本上，注意书写工整、规范、美观。

这份学习单为学生提供了一个写作范例，让学生在品读范文的过程中对文章的写作方法进行评鉴。然后把该文章的写作技巧恰当地运用到自己的写作之中。在这之前，学生已经有了生活经验和情感体验，也就是说学生肚子里已经有货了。这时，学生想得到一些表达的技巧把“肚子里的货”倒出来。如何把脑袋里的思维变成文字？这份学习单就是给孩子搭建的从思维到文字的支架。

> 学习单上的第一题括号里的文字“写一篇荷美文，把自己看到、听到、闻到、想到的关于荷的一切，用独特的文字描述出来。”这是老师提供的写作技巧，这个技巧对学生来说已是老调重弹，“打开五官写作文”可以适用一切写作。通过学习范文体会写作技巧，这是学生自主学习的过程。仁者见仁，智者见智。这是一个多元理解的过程。

“作文写完了并不代表作文写好了。”这是我在作文教学中常和学生说的一句话。“好作文是修改出来的。”幸福小二班人人都会说这句话，而且已经习惯了修改作文。为什么会养成这样的好习惯呢？那就是平时的强化训练。学习单上要设计强化训练。第二题“改”，先“自评”。特意强调用蓝色笔进行自评自改，这是一种信号，也便于老师批改时能获知学生的自改情况。再“互评”。“互评”的环节设计了四个步骤，实际上是给孩子提供了小组学习的支架。如何进行“互评”？第一步，要在小组里朗读自己的文章；第二、第三步，每位组员要对该同学的作文进行回应，回应是有明确要求的，至少说一个优点、一个缺点，必须先点赞，再提出建议，而且要说明理由，言之有据；第四步，互相修改，使用红笔。多色笔的使用是一种规矩，给自己和他人一种信号指示，也便于教师检查反馈。写好的文章再誊抄一次，要注意字迹工整规范美观。用一种严谨认真的态度对待自己写好的作文，是对自己学习成果的尊重，也是对写作这种方式的尊重。我往往会在学习单的最后提醒孩子：

一定要保存好自己的学习足迹！一定要快乐哦！

下面是郑撼同学写的一篇作文：

生命·万荷

五（2）班 郑撼

今天清晨，我终于来到了久违的万田荷花池，放眼望去，成片的荷花一下子飞进我的眼帘，我迫不及待地拍了好几张照片。看！这朵花还没完全开放，那小小的花苞亭亭玉立，估计她一直把养分滋润在秆子上，忘了开花了吧！可这也很美。水滴般的花苞下端白得透亮，而上端是火一般的红色，这与下端雪似的白色形成了鲜明的对比，可这两种颜色又神奇地融合在一起。她高高地站着，对下边的荷花们说："你们开得很艳是吗？可我比你们高，人们一定会先看到我。"

远处还有一个花骨朵儿。他的模样与那个高个子天差地别。他就像一个傻乎乎的小男孩，花苞长得比盛开的花还大，却忘了怎么开花。那大大的花苞像个大仙桃，我真想一口咬下去呀！它盛开以后又会怎么样呢？会不会又大又肥？

我往右一瞧，有一朵半开的荷花藏在荷叶之下，却久久不肯钻出，她露出了小小的莲蓬，却迟迟不开，好似一个娇羞的姑娘，火红的衣裳几乎盖满了整朵花，活像一团火，又像一位荷花公主，边上有成群的绿叶骑士保卫。

在路边，一朵盛开的荷花把自己所有的美都展现了出来，透着粉红的白，黄金般的小莲蓬已成了型，胡子一样的花蕊挂在小莲蓬边上，一半白色，一半橙，头上还有一个小圆，里边满是花粉，一片花瓣比我手掌还大。这朵花好像小精灵的房子，小莲蓬上的孔是门，洞是房间，从莲蓬房出来后，花蕊是植物，花瓣分别是后院、路与景观台……我仿佛也融入了花中，我成了一滴水，落在花瓣上，闻着缕缕花香……我都快热得蒸发了。

幸好一只呆头呆脑的蝉把我一头撞出白日梦。

右边，一只小小的莲蓬吸引了我，我随手摘下他，轻轻一扯，里边像是一块加了葡萄干的面包，把莲子皮一拉，立马滚出个胖娃娃，掰开莲子，里边好似透明的果冻，味道甘甜无比。

花叶是荷花的卫士，那娇艳的荷叶碧绿碧绿的，绵延有千里之遥，澄澈的水中撑起的朵朵荷叶，好似蜻蜓的停机坪，又像帽子，要是再加上几滴水，还可以玩“斗水”游戏，可谓是十全十美。我从《思荷读本》里还了解到，荷叶味苦，归肝、脾、胃、心，有清暑利湿、生发、清阳、凉血止血等功效，还可降血脂。真是神物呀！

突然，天边飞来两只蜻蜓，一红一蓝，快如闪电，红蜻蜓头大眼大，身子黑黑的，翅膀好像被烧过一样，是赭色的，可整根尾巴都是玫瑰红的。蓝色那只，却全身是天蓝色的。他们也像我一样被这个充满生命力的万荷之塘给迷住了。

不知不觉间，两个小时过去了，我虽然该回到那熟悉的家了，可我绝对不会忘记这个赏荷宝地，永远、永远……

这篇文章被橙汁小队推选为“最美荷文”，我打印出来后张贴在教室后墙展出，同学们可以在文章后面留言。精彩留言，我摘录一二。

郑撼，我非常佩服你细致的观察力和丰富的想象力，你把花的不同颜色描写出来，更把花的不同性格勾勒出来。读着你的文章，我仿佛又去了一次万田荷塘。我想这就叫身临其境吧！

——徐涛

我欣赏“生命·万荷”这个标题。在郑撼的笔下，荷花朵朵有生命；“万荷”的“万”既表示地名“万田”，又代表“荷”的多，万朵荷花，也代表“荷”的久，万年荷花。

——郑梓洋

六、创荷

·思荷学习单·

云端漫步·思荷课程

学习单（五）创荷

“青荷盖绿水，芙蓉披红鲜。下有并根藕，上有并头莲。”荷，全身都是宝，待你来挖掘。

一、小创客（名词解释：“创客”一词来源于英文单词“Maker”，是指出于兴趣与爱好，努力把各种创意转变为现实的人。简单地说，创客就是玩创新的一群人，他们坚持创新，持续实践，乐于分享并且追求美好生活。）

你能用荷做出什么创新的产品呢？来，打开你的脑，解放你的手，让我们当一回小创客吧！

二、小体验（通过“创荷”，我有了不一样的体验，我要用文字记录下来！）

记住，把学习的成果发到班级群中和同学分享哦！

孩子们用荷花做出了什么创新产品了呢？一起来看看郑梓洋制作荷叶茶的经过吧。

今天，我做了“荷叶茶”。

要想将荷叶茶做好，一定要选择没有虫子咬出洞的翠绿荷叶，最好是嫩一些的荷叶。这样泡出的荷叶茶就会比较入味。

把荷叶洗干净。荷叶上有一层膜，可以防止水的渗透，所以洗的时候要特别仔细。

洗刷刷洗刷刷——

（将洗好的荷叶）用刀切成你想要的形状，但是不要圆形、心形，最好是正方形、长方形。

平铺在容器中，放置在外面暴晒两天。

调皮的风宝宝总是会来荷叶附近玩儿。这时，你就要开启一轮“荷叶保卫战”了。

★☾★☾

两天。

终于完全晒干了！

可以泡了！

饮一口，

嗯

神

清

气

爽

---- 完 ----

七、唱荷

·思荷学习单·

云端漫步·思荷课程

学习单（六）唱荷

“剪一段时光缓缓流淌，流进了月色中微微荡漾，弹一首小荷淡淡的香，美丽的琴音就落在我身旁。”这首《荷塘月色》一定不陌生吧。让我们来创作一曲荷的歌谣，在白云好歌曲第五期“唱荷”活动中，一展歌喉吧！

一、欣赏荷歌（读下面一首荷歌，体会情感；也可上百度听一听、学一学。）

荷塘月色
作词：张超 作曲：张超
演唱：凤凰传奇

剪一段时光缓缓流淌
流进了月色中微微荡漾
弹一首小荷淡淡的香
美丽的琴音就落在我身旁
萤火虫点亮夜的星光
谁为我添一件梦的衣裳
推开那扇心窗远远地望
谁采下那一朵昨日的忧伤
我像只鱼儿在你的荷塘
只为和你守候那皎白月光
游过了四季 荷花依然香
等你宛在水中央
萤火虫点亮夜的星光
谁为我添一件梦的衣裳
推开那扇心窗远远地望
谁采下那一朵昨日的忧伤
我像只鱼儿在你的荷塘
只为和你守候那皎白月光
游过了四季 荷花依然香
等你宛在水中央
那时年轻的你 和你水中的模样
依然不变的仰望
漫天迷人的星光
谁能走进你的心房 采下一朵莲
是那夜的芬芳 还是你的发香
荷塘呀荷塘 你慢慢慢慢唱哟
月光呀月光 你慢慢慢慢听哟
鱼儿呀鱼儿 你慢慢慢慢游哟
淡淡的淡淡的 淡淡的月光

二、创作荷歌（自己也试着写一首荷歌，大胆地唱出来。）
记住，把学习的成果发到班级群中和同学分享哦！

“唱荷”活动完全由学生自由发挥，我不做过多干涉。孩子们做好这份学习单之后，有的同学把写好的词发到班级QQ群中，有的同学在QQ群中上传自己演唱的“荷歌”。我呢，就负责点赞、送花、竖大拇指。不管学生作的词是长是短、唱的调是低是高，我认为都应该点赞。我鼓励的是一种精神，一种生活中的歌者精神。当人类开始用一种抑扬顿挫的调子唱出《诗经》时，人类便拥有了文化和精神世界。

当孩子与我一样，拥有一种歌者精神之后，他也不会害羞于词的好坏、调的优劣，他会发出最真实的声音。只要是发自内心的音乐，便是最好的音乐。所以，幸福小二班的QQ群，去年夏天的某个时间段，成了白云好歌曲第五期的舞台。这个舞台与浙江卫视《中国好歌声》的节目不同的是，在白云好歌曲第五期的舞台上没有导师、没有批评，只有歌者、只有欣赏。

来看两首孩子写的歌词：

夏荷

作词　李紫玉

流年带走了谁的容颜
荷花怎么只开在夏天
春天的茶花不如她艳
秋天的菊花不如她洁
冬天蜡梅连叶子也没
怎能比上炎夏的芳颜
啦……啦……
啦……啦……

雨荷

作词　江丽琴

剪一段月色，
融入塘中……
打着油纸伞，
你在，水中。
从湖边走来，
悠悠，悠悠
池中小小的荷钱
一片，一片
哦……
雨儿下了起来，
细密的丝丝雨儿落在采莲姑娘披散的发中。

八、宣荷

·思荷学习单·

云端漫步·思荷课程

学习单（七）宣荷

我们在“思荷”旅程中经历了“念荷、赏荷、展荷、写荷、创荷、唱荷”等一系列活动，接下来，我们用一种独特的方式走进“宣荷”吧！

一、创作剧本（写一个关于“荷”的剧本，我们要用表演的方式来进行宣传哦！）

写作小贴士：
1. 先写清楚时间、地点、人物。
2. 剧本主要是对话描写，对话的前面要注明说话人。
3. 为了让人物的性格更鲜明，可以把人物的动作、表情、心理活动写出来，但是要用括号括起来。

二、分工表演

记住，把学习的成果发到班级群中和同学分享哦！

分享一个剧本：

何用？荷用！

五（2）班：王玲琪

时间：2016 年 9 月

地点：公园荷塘

人物：荷花 荷叶 蜻蜓 女孩 女孩妈妈

【夏天来了，满塘的荷花开了。真是“接天莲叶无穷碧，映日荷花别样红”啊！夏天过去了，荷花的花瓣一片一片地

凋零……】

荷叶（疑惑）：姐姐，你为什么哭泣呢?

荷花（抽泣）：夏天过去了，我的花儿枯了，花瓣凋落了，我已经没有用了。

荷叶（认真）：谁说的？你还有很多用处！

荷花（绝望）：别自欺欺人了。不但我没了用处，你荷叶也会枯萎，也会一文不值的。

荷叶（语重心长）：荷花姐姐，你太悲观了。你看，你的花粉被蜜蜂采去，秋天就可以酿成甜甜的蜂蜜了。你的花瓣凋谢了，还有莲蓬，莲蓬可是去火清凉的食物呢！

【一只蜻蜓飞过来。】

蜻蜓：是呀，荷花，你别太小看自己哦。我们自然界的朋友都说，荷的全身都是宝。荷叶晒干了可以泡茶喝，你们埋在泥里的藕可是一道美味佳肴呢！

【荷叶笑眯眯地，荷花半信半疑，可是，脸上的绝望明显消失了。】

【妈妈带着小女孩走过来。】

小女孩（兴奋）：妈妈！妈妈！快来呀！这儿有一朵荷花只剩下一片花瓣了，可是，她依然很美。你过来看呀！

妈妈（开心）：是呀，真美！荷花把花留给了夏天，把果实留给了秋天。即使她只剩下一片花瓣，她依然那么优雅。

小女孩（赞赏）：是啊，瞧！这朵荷花在绿色荷叶的映衬下，真美。这儿还有一只蜻蜓陪伴着她们。妈妈，给我拍张照片吧！我要把这一刻永远留下来。这是一朵永远不会凋谢的花。

【咔嚓！荷花、荷叶、蜻蜓、小女孩永远定格在那一刻！荷花开心极了，她满足地摇动着那一片唯一的花瓣。即使下一刻，花瓣就凋谢，她也不再害怕。因为，它的美留在了人们的心里。】

九、种荷

· 思荷学习单 ·

云端漫步 · 思荷课程

学习单（八）种荷

你想拥有一朵自己的荷花吗？你想让你的房间充满荷花的芬芳吗？那就从今天起做好种荷攻略，来年春天为自己种下一株荷吧！

一、种荷知识（上百度搜索荷的种植方法，提取有用信息，梳理一下，写在表格中。）

种植时间	
盆栽种植法	
无土栽培法	

二、种荷准备（种荷需要哪些工具呢？我们要未雨绸缪哦！）

1. 需要一些工具：

2. 需要一位老师：

3. 需要一本绘本：

读一读绘本《安的种子》，才能种出一株有灵性的荷。

（扫一扫右边的二维码，你就可以读到《安的种子》这本绘本啦！）

十、评荷

·思荷学习单·

云端漫步·思荷课程

学习单（九）评荷

名词解释："荷帝"即对荷喜爱到痴迷状态，对荷的知识超级了解的人。我们的思荷课程即将结束，让我们把自己的"思荷足迹"做一番整理，看看自己是否达到"荷帝"级别。

"荷帝"申请表（个人）

"荷帝"标准	分值	评分依据	自评分	考核组评分
1．知荷 荷百科知识小测试。	10			
2．读荷 《思荷读本》批注分。	20			
3．诵荷 （1）背荷成语 10 个； （2）背荷诗词 10 首。	10			
4．写荷 荷文的写作积分。	20			
5．画荷（拍荷） （1）画荷积分； （2）荷插画积分。	10			
6．创荷 （1）制作荷美食积分； （2）创作荷作品积分。	10			
7. 宣荷 演荷积分。	10			
8. 唱荷 （1）创作荷歌词； （2）好歌曲大赛。	10			
9. 学习单 认真完成学习单。	30			
总分				

特级"荷帝"：总分达到 100—115 分。

超级"荷帝"：总分达到 116—130 分。

云端漫步·思荷课程

学习单（九）评荷2

名词解释："荷帝"即对荷喜爱到痴迷状态，对荷的知识超级了解的人。我们的"思荷课程"即将结束，让我们把自己的"思荷足迹"做一番整理，看看自己小队是否达到"荷帝"级别。

"荷帝"申请表（小队）

小队成员	得分	总分	班级排名
1			
2			
3			
4		平均分	
5			
6			
7			

特级"荷帝"小队：小队综合平均分排名第二。

超级"荷帝"小队：小队综合平均分排名第一。

暑假结束了，孩子们带着"念荷、赏荷、展荷、写荷、创荷、唱荷、宣荷、种荷"的学习单和学习成果，来到学校。根据上面这份"评荷"学习单，评出了"荷帝"称号的个人奖和小队奖。

思荷课程愉快地结束了！

【时间安排】

时间	内容	地点	学科	指导者
6月13日	开启思荷课程 策划思荷方案	校内	综合	陈红梅 余双双
6月14日	念荷之想象荷模样	校内	语文	陈红梅
6月15日	念荷之背诵荷诗词	校内	语文	陈红梅
6月16日	念荷之研究荷文化	校内	语文	陈红梅
7月—8月	赏荷、展荷、写荷、创荷、唱荷、宣荷、种荷	校外	综合	家长
9月2日	评荷：评比"荷帝"个人奖、"荷帝"小队奖	校内	综合	陈红梅 余双双

访蝉——身藏高柳背斜晖

【访蝉导图】

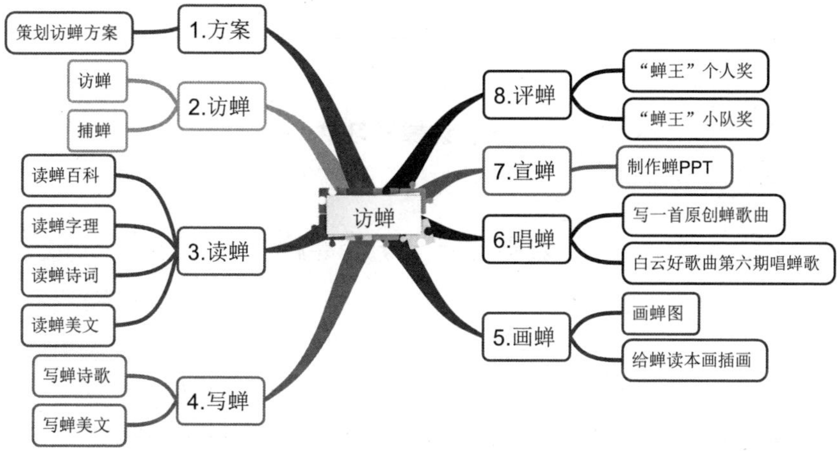

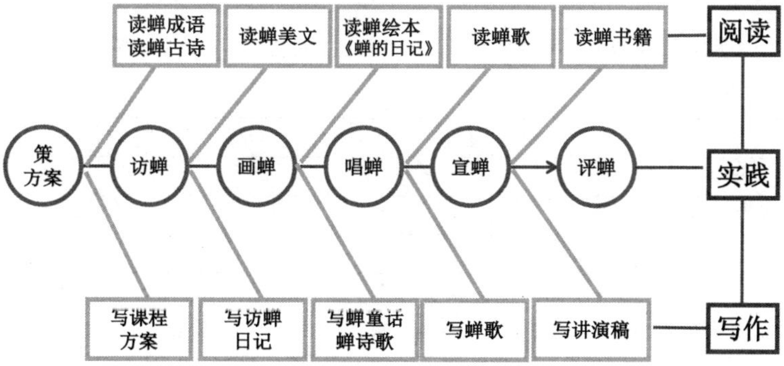

夏季的第三个主题课程“访蝉”，我布置学生在暑假完成。我设计了 7 份学习单，让孩子以学习单为载体，以“自主学习 + 亲子合作 + 伙伴合作”相结合的方式开展活动。

【访蝉导读】

季节	主题	目录	
夏季	访蝉	一、学习单	访蝉学习单
		二、小队展示	1. 我们小队的“访蝉”方案
			2. 蝉百科 知多少
			3. 千古吟蝉诗
			4. 访蝉实践
			5. 原创蝉诗歌
			6. 原创蝉美文

一、访蝉学习单

云端漫步 · 访蝉课程

学习单（一）访蝉

学校：　　　　　　班级：　　　　小队：　　　　队员：

据说有种蝉要经过 17 年才能等到一个夏天。看似平凡普通的蝉，它到底长什么样？有几条腿？又是如何蜕皮的呢……接下来，我们要开始访蝉啦！

一、调查（衢州有哪些捕蝉的好去处？通过上网查询、访问朋友等方法，将下列表格填写完整。）

地点	特点

二、攻略（选择一处地点，做好攻略，约上同学和父母，捕蝉去啦！）

我选择的地点：	理由：
我约哪些朋友：	理由：
我带哪些东西：	理由：
我的捕蝉记录：	

云端漫步·访蝉课程

学习单（二）读蝉

学校：　　　　　　班级：　　　　小队：　　　　队员：

蝉的生活习性、蝉的种类、蝉的诗词歌赋、蝉的功用价值……关于蝉，我们可以通过阅读了解到许许多多的知识。打开百度，翻开读本，走进“读蝉”之旅吧。

一、读蝉百科（百度一下，了解蝉的习性、种类、价值等知识。）

1. 蝉的习性：

2. 蝉的种类：

3. 蝉的价值：

4. 其他：

二、诵蝉文学（查阅资料，收集描写蝉的成语、诗词、美文，背诵并积累。）

1. 蝉成语：

2. 蝉古诗：

3. 蝉美文片断：

三、蝉的书籍（推荐阅读《昆虫记》及蝉绘本《蝉的日记》。）

云端漫步 · 访蝉课程

学习单（三）写蝉

学校：　　　　　　班级：　　　　小队：　　　　队员：

同是咏蝉，虞世南“居高声自远，非是藉秋风”，是清高人语；骆宾王“露重飞难进，风多响易沉”，是患难人语；李商隐“本以高难饱，徒劳恨费声”，是牢骚人语。在你的笔下，蝉又是怎样的呢？请拿起笔，写一写。

一、写（写一篇蝉美文，把自己所见、所闻、所做、所想表达出来。）

1. 范文欣赏。仔细阅读下面的文章，用波浪线画出优美词句，并做赏析批注。

七月时节，当我们这里的昆虫，为口渴所苦，失望地在已经枯萎的花上，跑来跑去寻找饮料时，蝉则依然很舒服，不觉得痛苦。用它突出的嘴——一个精巧的吸管，尖利如锥子，收藏在胸部——刺穿饮之不竭的圆桶。它坐在树的枝头，不停地唱歌，只要钻通柔滑的树皮，里面有的是汁液，吸管插进桶孔，它就可饮个饱了。

2. 从上面的范文中，你学到了哪几点写作技巧？简单罗列出来。

3. 把你学到的写作技巧运用到写作中，写一篇蝉文。

二、改

（一）自评（用蓝色笔对自己的作文进行修改）

（二）互评

1. 分享：把自己写的蝉文在组里进行分享。
2. 点赞：对每位组员的蝉文至少提出一句赞美的话，并说明理由。
3. 建议：对每位组员的蝉文至少提出一个改进建议，并说明理由。
4. 修改：用红色笔对同伴的作文进行修改。

三、抄

将修改好的蝉文誊抄到作文本上，注意书写工整、规范、美观。

云端漫步 · 访蝉课程

学习单（四）画蝉

学校：　　　　　　班级：　　　　小队：　　　　队员：

“蝉有六条腿，两只眼睛晶亮晶亮的，外壳黑中带点黄，硬硬的。飞起来时，展现出一对轻薄的翅膀。”如此可爱的蝉，想不想把它画到纸上来，不让它飞走呢？

1. 看我画。

蝉的简笔画

1.大头小眼睛　2.翅膀和肚子　3.再画儿道子　4.它就是知了

2. 跟我学。同学们，你们学会了吗？来，在下面空白处画一画吧！

云端漫步 · 访蝉课程

学习单（五）唱蝉

学校：　　　　　　班级：　　　　小队：　　　　队员：

“知了——知了——知了——”蝉那么小，唱得却那么响，竟响彻一个夏天。你愿意为蝉创作一首歌谣吗？来吧，在白云好歌曲第六期“唱蝉”活动中，一展歌喉。

一、欣赏蝉歌（找一首蝉歌，体会情感；也可上百度听一听、学一学。）

二、创作蝉歌（自己也试着写一首蝉歌，大胆地唱出来。）

云端漫步 访蝉课程

学习单（六）宣蝉

学校：　　　　　　　班级：　　　　小队：　　　　队员：

我们在“访蝉”旅程中经历了读蝉、访蝉、画蝉、写蝉、唱蝉等一系列活动。接下来让我们梳理一下学习成果，制作一个 PPT。

一、制作 PPT

第一步：先画一个思维导图，我想宣讲“蝉”的哪些内容。

第二步：打个草稿，我想如何设计。

访蝉 PPT 的大标题：

访蝉 PPT 的内容板块设计：

访蝉 PPT 的整体色调：

访蝉 PPT 的风格：

二、分享

1. 写稿：为自己的 PPT 写一张演讲稿，可以简单些。
2. 交流：把作品带到学校进行宣讲。

三、评价

	PPT 大标题 10 分	PPT 内容 50 分	PPT 色调 10 分	PPT 风格 10 分	PPT 宣讲 20 分	总分 100 分	签名
自评							
互评							

学习小贴士：
1. 可以做独行侠，独自制作一个 PPT。
2. 你也可以与好朋友合作，或者小组合作，共同制作一个 PPT。不过，上台展示必须人人参与。
3. 上台宣讲时，注意着装得体，动作自然大方，配上适当的体态语，会更有魅力。

二、访蝉成果展示

暑假结束之后，我们开展了一次成果汇报活动，每个小组认领一项任务进行展示，展示方式自定，展示时间不限。

（一）我们小队的“访蝉”方案

展示组：青苹果小队 主汇报：组长郑梓洋

参与人员：郑梓洋、江丽琴、蒋凤启、朱晨、严立峰、梅星磊

辅助工具：PPT

流程：

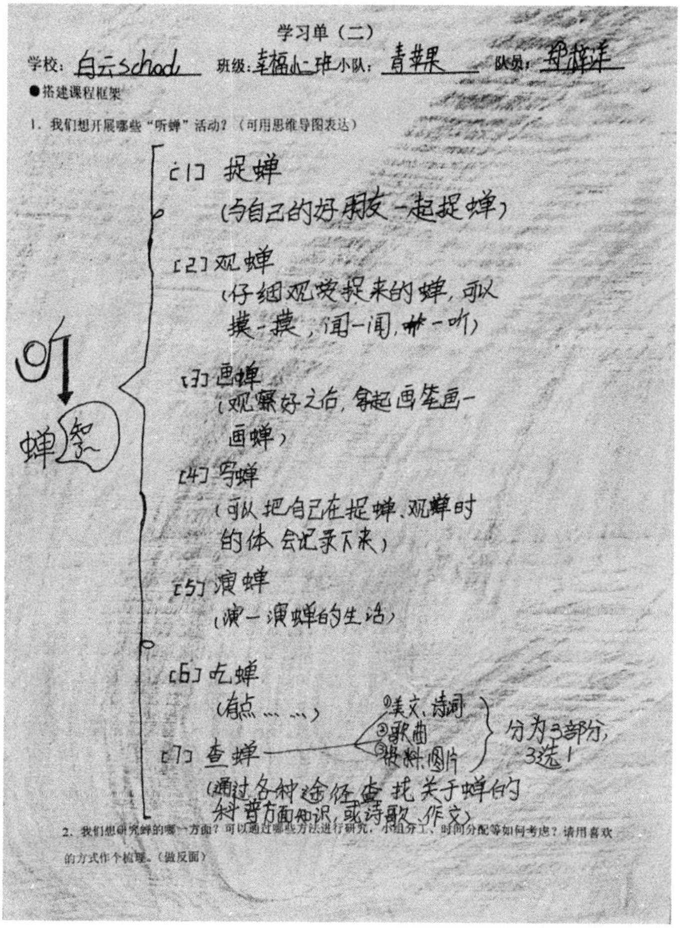
学习单（二）

学校：白云school 班级：幸福小二班 小队：青苹果 队员：郑梓洋

●搭建课程框架

1．我们想开展哪些“听蝉”活动？（可用思维导图表达）

听蝉

[1] 捉蝉
（与自己的好朋友一起捉蝉）

[2] 观蝉
（仔细观察捉来的蝉，可以摸一摸，闻一闻，听一听）

[3] 画蝉
（观察好之后，拿起画笔画一画蝉）

[4] 写蝉
（可以把自己在捉蝉、观蝉时的体会记录下来）

[5] 演蝉
（演一演蝉的生活）

[6] 吃蝉
（有点……）

[7] 查蝉
（通过各种途径查找关于蝉的科普方面知识，或诗歌、作文）
①美文、诗词
②歌曲
③资料、图片
分为3部分，3选1

2．我们想研究蝉的哪一方面？可以通过哪些方法进行研究，小组分工、时间分配等如何考虑？请用喜欢的方式作个梳理。（做反面）

梓洋：大家好！我们青苹果小队展示的是“访蝉活动方案”。请大家看大屏幕。这个活动方案是放暑假之前，我们七位小组成员共同讨论出来的。整个活动分七个方面来完成。下面，我们每位成员介绍一个方面。有请江丽琴。

丽琴：我们开展的第一个活动是捉蝉。炎炎夏日，那“知——了，知——了”的叫声一定吸引着我们儿童的心，所以，我们小组成员一致同意，第一件事就是与蝉来个亲密接触——捉蝉。

星磊：第二个活动是观蝉。虽然我们以前也捉过蝉，但还没有好好观察过蝉。我们采用的是“摸一摸、闻一闻、听一听”的方法，了解蝉的眼睛、蝉的翅膀、蝉的腿、蝉的叫声等特点。

凤启：第三个活动是画蝉。有了前面的仔细观察，再把蝉画下来就容易了。其实通过画蝉还可以进一步加深对蝉的构造的了解呢！

朱晨：第四个活动是写蝉。这是必须一定肯定要做的事啦！我们幸福小二班的人都知道，每个主题活动必须写作文的。而且，我们也不怕写作文了，你们说是不是呢？（全班同学很配合地，大声地喊“是”。）

立峰：第五个活动是演蝉。我们组长郑梓洋编写了一个以“蝉”为主题的剧本。在暑假，我们小队成员约好时间，一起演了半天。郑梓洋的妈妈还为我们拍好视频，上传到班级 QQ 群里。大多数同学都已经看过了。如果认为我们演得很精彩，现在就给点掌声呗！（全班同学再一次配合地响起热烈掌声。）

丽琴：第六个活动是吃蝉。哎呀，这个活动听起来有点残忍哦。所以我们小队后来确实没有开展吃蝉。因为，蝉的一生实在太不容易了。它们的生命非常短暂，最后，我们小队在 QQ 上约定，把捕来的蝉放生了，以后也不再捕蝉了。

梓洋：第七个活动是查蝉。查阅蝉的百科知识、图片资料；

查阅蝉的诗词和美文；查阅蝉的歌曲。

全组：谢谢大家！我们的展示完毕！

（二）蝉百科 知多少

展示组：蓝玫瑰小队 主汇报：组长周祉曦

参与人员：周祉曦、吴庭皓、郑晓强、李永恒、项家辉、徐文杰、李凤玲

辅助工具：PPT

流程：

祉曦：哈罗！大家好！我们蓝玫瑰小队展示的内容是——蝉百科 知多少。蝉百科，你知道多少呢？请睁大眼睛，竖起耳朵，听我们小队来汇报。请看大屏幕。

第一板块展示蝉的名字。“蝉”在中文里带有“极大声响”的意思。我们平时叫它“知了”。查阅了资料之后，没想到古人对蝉的称呼竟然有20多种，好多字大家可能不认识，我标上了拼音。我们一起读一读“蝉”的别名。

（大屏幕出示蝉名，全班同学跟读）

古人对蝉的称呼有蜩tiáo、蜺ní、蝒mián、螓qín、蠽jié、五色、日暮、丕蜩、茅蜩、秋蜩、蚱蝉、寒蜩、寒螀jiāng、蝍蜩、蜻蜻、蜓蛛、螗蜩、蟪蛄huì gū、螗蛦táng yí、马蜩、蟋蟀xī lù等称呼。

凤玲：我向大家汇报的内容是“蝉的形状”。请大家边看大屏幕上的照片边听我介绍。

蝉有两对膜翅，形状基本相同，头部宽而短，具有明显突出的额唇基；视力相当好，复眼不大，位于头部两侧且分得很开。触角短，呈须状。口器细长，口器内有食管与唾液管，属于刺吸式。胸部则包括前胸、中胸及后胸，其中前胸和中胸较长。3个胸部都具有一对足，蝉的腹部呈长锥形，总共有10个腹节，第9腹节成为尾节。雄蝉第1、第2腹节具发音器，第10腹节形成肛门；雌蝉第10腹节形成产卵管。这就是我介绍的蝉的形状，以上文字引自“百度百科”，谢谢！

庭皓：接下来由我介绍蝉的种类。蝉约2000余种。当我第一次看到“2000”这个数字时，我震惊了。小小的蝉竟然有这么多种类？我以前在乡下只看见过两种蝉，一种是黑色的蝉，一种是体型较小的，身上仿佛涂了一层白色石灰，常常在傍晚时开始叫，叫起来的声音比黑色蝉更有内涵一些。（捂嘴笑）好，废话不多说，这里罗列的只是部分，有蚱蝉、蟪蛄、鸣鸣蝉、云南秃角蝉、草蝉、黑斑丽沫蝉、斑蝉、薄翅蝉、高砂熊蝉、台湾骚蝉、黑翅蝉、红背肿沫蝉、红眼蝉、台湾端黑蝉、山西姬蝉、龟纹、瓢蜡蝉、秋蝉等。

晓强：下面由我来介绍蝉的生命周期。蝉，俗称知了，它的“寿命”，即完成一个世代约为3年、5年、13年、17年不等。其间，潜伏在地下的时间很长，在地面上的时间却只有80多天。潜伏在地下时，它被称为“若虫”，以吸吮植物根部汁液维持生命。“若虫”要经过5—6次的“蜕变”，才能发育为“成虫”，于每年6月底破土而出，爬到树上。每一次“蜕变”，“若虫”都会留下一张蝉壳，它是一种中药材。在短短3个月里，“成虫”要完成生命中最重要的历程：交配、产卵，然后死去。

大屏幕上的这一组图片就是蝉一生的写照。

家辉：我来为大家介绍一种“十七年蝉”。这是北美洲一种穴居十七年才能化羽而出的蝉。1979年的夏季，从美国的卡罗来纳州到纽约，每天晚上都有无数的暗色小虫子从地下飞出来，这就是十七年蝉。它们飞到几乎所有竖立着的目标上，如树木、电线杆和建筑物，不一会儿，雄蝉发出欢乐喧闹的叫声，引诱雌蝉，这标志着它们1962年出生后在地下生存了17年，到地面上来举行“婚礼”。这是其他食虫兽最快乐的时光，这是难得一见的盛宴，然而十七年蝉一旦爬出地面生命就很短暂了，所有食虫兽都会一拥而上抢食这些十七年蝉。要不是数量优势，这种蝉恐怕早就灭绝了。

永恒：我和徐文杰为大家介绍蝉的价值。《三十六计》里面有一计叫“金蝉脱壳”。这蝉脱下来的皮叫蝉蜕，富含甲壳素、异黄质蝶呤、赤蝶呤、腺苷三磷酸酶，常用于治疗外感风热，咳嗽音哑；咽喉肿痛；风疹瘙痒、目赤目翳、破伤风、小儿惊痫、夜哭不止等症，据《中国药材学》记载，还有益精壮阳、止咳生津、保肺益肾、抗菌降压等作用。

文杰：前面青苹果小队在展示时说，他们不忍心吃蝉。其实蝉体所含营养物质丰富，干基蛋白含量在70%以上，脂肪约7%，维生素及各种有益微量元素均高于一般肉类食品，可称其为当今食品中的蛋白王。吃货们，你们可以在幼虫变成蝉之前煎炸食用，也可先用食用盐腌制后煎炸食用。

全组：谢谢大家，我们的展示完毕！

（三）千古吟蝉诗

展示组：紫葡萄小队
主汇报：组长余文晨
参与人员：余文晨、方超、翁歆、舒馨萍、张伟华、徐煜华
辅助工具：PPT、配乐
流程：

文晨：通过查阅资料，我们搜集到很多古人吟诵蝉的诗句。其中最有名的要数唐朝虞世南写的《蝉》。我们紫葡萄小队要为大家展示千古吟蝉诗《蝉》。

全体队员表演诗朗诵：

蝉

唐·虞世南

垂緌饮清露，流响出疏桐。
居高声自远，非是藉秋风。

方超：下面由我来解释这首诗的意思。第一句垂緌饮清露，“垂緌”是什么意思？大家电视上看到过古代人戴一种帽子，帽

子上有两根带子绑在下巴处，那两根带子叫帽缨，下巴处的帽缨下垂部分就像蝉的头部伸出的触须。整句话的意思就是蝉垂下像帽缨一样的触须吸吮着清澈甘甜的露水。第二句“流响出疏桐”，意思是声音从挺拔疏朗的梧桐树枝间传出。第三句“居高声自远”，意思是蝉声远传的原因是因为蝉居在高树上。第三句“非是藉秋风”，意思是不是依靠秋风。

翁歆：这首诗的作者把蝉写成了一个身份高贵、品格高洁的人。让我来为你解释一下。“垂绥”这个词体现出蝉的身份高贵。因为，古代只有高官才戴这种帽子。“饮清露”的“清”又体现出品格高洁，“清”代表为官“清廉”。“居高声自远”这句诗里我读出了一句话“站得高，望得远”，说明蝉胸怀宽广、目光远大。作者虞世南想用这首诗告诉我们，君子应像蝉一样居高而声远，表现出从容不迫的风度气韵。

文晨：下面请同学们一齐朗诵这首诗。

（全班齐诵）

全组：谢谢大家，我们的展示完毕！

（四）访蝉实践

展示组：红樱桃小队

主汇报：栾文浩

参与人员：栾文浩、王玲琪、吴雯欣、王梅锦、吴戈凡、张俊逸

辅助工具：PPT

流程：

文浩：现在我们红樱桃小队来介绍我们的访蝉实践活动。首先看大屏幕，根据陈老师发给我们的学习单，我们小队策划了访蝉攻略。首先请吴雯欣介绍搜集到的访蝉好地点。

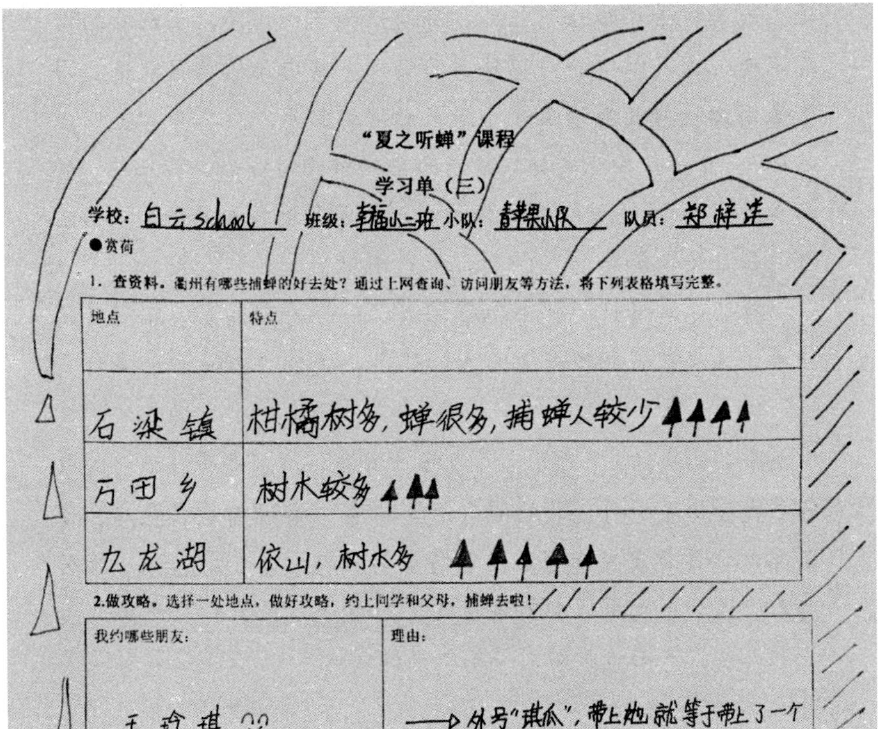

"夏之听蝉"课程

学习单（三）

学校：白云school 班级：幸福小二班 小队：青苹果小队 队员：郑梓洋

●赏荷

1. 查资料。衢州有哪些捕蝉的好去处？通过上网查询、访问朋友等方法，将下列表格填写完整。

地点	特点
石梁镇	柑橘树多，蝉很多，捕蝉人较少
万田乡	树木较多
九龙湖	依山，树木多

2.做攻略。选择一处地点，做好攻略，约上同学和父母，捕蝉去啦！

我约哪些朋友：	理由：
王玲琪 王梅锦 吴雯欣	外号"琪瓜"，带上她就等于带上了一个"移动笑点"。 锦，又称"万能锦"，不解释。 "大力女神……"，跑步飞快，力气超大。
我带哪些东西： 长竹竿×4 黏黏的球×8 塑料袋×2 矿泉水×4 帽子×4 纸巾×8	理由： 人手一个，可共抓，不争抢。 不黏了可以换，一人两个。 蝉的脚上带有锋利的钩子，袋子破了可以换。 矿泉水、帽子一个一瓶（顶），纸巾一个两张。

雯欣：大家好！我向大家推荐的访蝉好去处主要有三个：石梁、万田和九龙湖。其实，凡是树多的地方，夏天就会有蝉。我选择这三处的原因是我对这三个地方很熟，我自己家住石梁，

我阿姨家在万田，我爸在九龙湖上班。所以，每年暑假我都在这三个地方来回窜。蝉比较喜欢待在柳树和橘树林里，这三个地方柳树多，橘树也很多。

俊逸：我向大家介绍一下，和我一起去访蝉的三个小伙伴。由于栾文浩、吴戈凡有事情，所以那天我请王玲琪、吴雯欣、王梅锦去访蝉。和这三个伙伴一起出游的优点是什么呢？

王玲琪，外号“琪瓜”，带上她就等于带上了一个“移动笑点”。

锦，又称“万能锦”，有了她，万事不愁。

雯欣，哈哈，人称“大力女神……精”，注意是“精灵”的“精”，不是“神经”的“经”，她跑步飞快，力大如牛，是野外求生的好帮手。

玲琪：好，下面就由我来介绍一下工具。4 根长竹竿，每人一根。黏黏球 8 个，每人两个，多备一个，有备无患嘛。塑料袋 2 个，蝉的脚上带有锋利的钩子，袋子被钩破了可以更换。嘿，瞧我们想得多周到！另外，生活用品不能少，矿泉水 4 瓶，帽子 4 顶，纸巾 8 包。介绍完毕！

梅锦：访蝉的经历实在太难忘了。下面，由我、徐文杰、吴戈凡、栾文浩为大家表演捕蝉动作。

（表演略）

全组：谢谢大家，我们展示完毕！

（五）原创蝉诗歌

展示组：绿蜻蜓小队

主汇报：闻馨怡

参与人员：闻馨怡、叶子杰、查康平、张弘毅、傅美、徐可柔

辅助工具：PPT

流程：

馨怡：我们绿蜻蜓小队向大家展示的是原创蝉诗歌。希望大家喜欢。

馨怡：《蝉，在诉说》作者是浙师大附属衢州白云学校六（2）班闻馨怡。

可柔：听 / 蝉凑在耳边 / 嘘——/ 夏天还没醒 / 小声点儿。

傅美：几日过后 / 蝉在我面前 / 来——夏天找你玩儿呢 / 快来。

馨怡：几星期后 / 蜻蜓来问候 / 过得好吗？

三人合：我知道 / 明年夏日 / 蝉会来的。

子杰：《炎日蝉》作者是浙师大附属衢州白云学校六（2）班叶子杰。

康平：炎日之下 / 唱之鸣蝉 / 声声悦耳 / 鸣鸣随心变 / 叫声如交响 / 心中在回荡。

弘毅：炎日之下 / 飞之鸣蝉 / 飞飞如风 / 升落随风起 / 翻转如旋风 / 眼中正迷茫。

子杰：炎日之下 / 香之鸣蝉 / 口口如酥 / 手起刀便落 / 品味如脆饼 / 口中出芳香。

全组：谢谢大家，我们的展示完毕！

（六）原创蝉美文

展示组：橙汁小队
主汇报：栾佳慧
参与人员：栾佳慧、郑撼、李紫玉、杜伊怡、徐骏凯、张微
辅助工具：PPT
流程：

佳慧：我们橙汁小队向大家展示的是原创蝉美文。通过大家的举手表决，大家一致同意展示郑撼写的一篇作文，题目是

《三大傻蝉》。为什么选中郑撼的这一篇文章呢？原因有三点：其一，郑撼的语言幽默风趣，读了让人忍俊不禁。我们小组是最后一个展示，同学们前面听了这么多小组的汇报，应该累了，我们想给你们放松放松。其二，郑撼观察非常细致，关于蝉的外形、动作，描写得细致入微。大家听了一定会有很大收获。其三，因为郑撼的这篇文章，我们全组人对郑撼改变了看法。以前总以为郑撼是个爱调皮捣蛋的马大哈，没想到他写起作文来如此入神入迷。下面请听我们的朗诵——

全组：《三大傻蝉》

郑撼：我会捕蝉了，三只，三只，三只！重要的事情说三遍！楼下一棵树上，有一只小蝉，它正紧紧地抓着小树枝，连嘴也深深地插在树枝上，黑亮黑亮的衣服上映着两道橙色的疤。它大声地叫嚷着，好像在喊："啊！啊！快让我下去！我恐高呀！我不想变成扁蝉！"

我都可以说出它的病历了，大概是这样的——

姓名：pikoa

年龄：9

症状：恐高

紫玉：只见哥哥把手悄悄靠近蝉，然后"唰"地一下，蝉已进了哥哥的袋子了。那蝉在袋子里飞来飞去，吓得我半死。过了一会儿，它不吵了，可又爬到了袋子顶上，让我抓不牢袋子。所以，它每过四分钟都会挨一个"毛栗子"。我也没办法，不把它弹下去，它就要飞走了。

骏凯：第二只蝉是我们在一根竹竿上抓来的。只见竹竿上边，两只蝉在傻乎乎地使劲钻竹子，想喝树汁。可它们一点也不觉得钻错地儿了。于是，我们轻轻地把其中一只傻蝉粘了下来，可另一只却像一阵风似的逃走了。瞧，有一只蝉被粘在了球上，翅膀还在不停地扇动着，活像一个脚被钉牢的黑旋风。再回头看看逃走的那只，它又在钻竹竿了，直到钻穿了竹子，发现里面没有树汁，才怏怏地离去。

伊怡：我正开心地观赏着两只“战利品”，不料，“黑旋风”的尾巴上喷出一道水流，一滴滴水珠如水晶一般在空中翻滚，好似一根玻璃棒在空中碎成了无数水晶线，一飞上我的衣服就不见了，好像根本没有线一样。还有几滴飘进了我的嘴，那又苦又酸的涩味加上“这是尿”的心理作用，让我胃中翻腾……后果就不用说了。九天之后还是想吐，你先看，我去吐了。

佳慧：在下面被蝉声迷了老半天的我们，终于中了大奖。只见四只蝉一起趴在树上。于是，哥哥把缩小的鱼竿一抖，一节节竿子立马嗒嗒嗒地伸出来。但是，只听“噗”的一声，绿色粘球一下子飞离了鱼竿，在空中画出一道完美的弧线，然后“扑通”一声落了地。我拾起一看，满是灰尘……我只好在水池中将球洗干净，重新粘蝉。可是，我的竿还没靠近它，它使劲一振翅膀，飞离了树枝。别的蝉也不知何处去了。我们就把粘蝉器往树上一靠，坐在石头上玩了起来。

张微：没过一会儿，那只蝉又飞了回来。（这蝉是不是有强迫症呀！）之后，惊人的一幕出现了，只见它飞翼一收，落在了我的粘球上，又突然觉得“手感”不对，连忙飞了起来（竿子也被拉直了，蝉把粘球拉下来了）。蝉正想着：我怎么那么沉呢？然后，然后……发现自己被粘了。（囧、汗、泪）接下来，蝉的眼前一片黑暗。于是，我们就把被鱼竿打蒙的蝉扔进了袋子。

骏凯：在这个夏天，风吹的是蝉鸣，湖水荡着的是蝉鸣，蝉鸣伴随着我度过这个夏天，蝉有时吱吱叫，有时知了知了叫，有时叫我起床，有时叫我干活，蝉就是我二妈……

郑撼：蝉，夏蝉；蝉，我的三只傻蝉。

全组：谢谢大家，我们的展示完毕！

【时间安排】

时间	内容	地点	学科	指导者
6月20日	开启访蝉课程 策划访蝉方案	校内	综合	陈红梅 余双双
7月—8月	访蝉、读蝉、写蝉、画蝉、唱蝉、宣蝉	校外	综合	家长
9月12日	小队展示：访蝉学习成果	校内	综合	陈红梅 余双双
9月13日	评蝉：评比“蝉王”个人奖、“蝉王”小队奖	校内	综合	陈红梅 余双双

弄月——明月千里寄相思

【弄月导图】

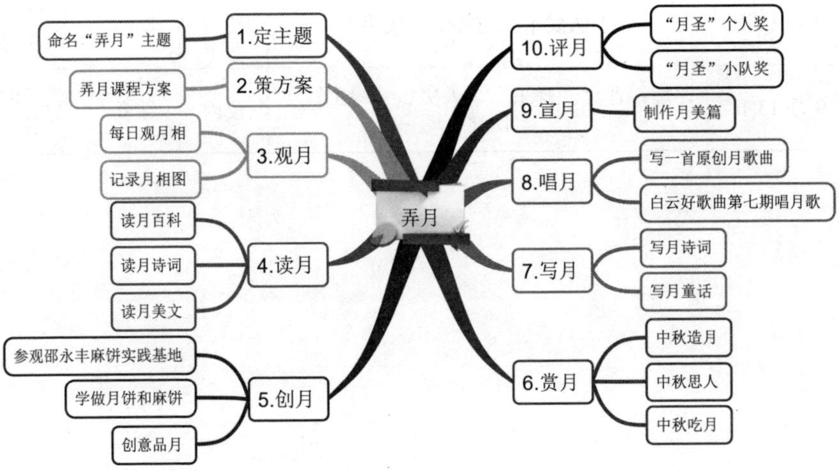

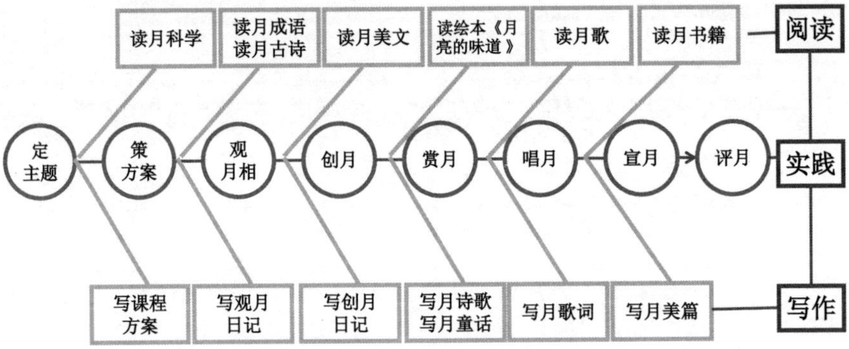

云端漫步秋季篇开始了。第一个主题“弄月”闪亮登场！弄月课程从主题的命名、课程方案的确定，一直到宣月、评月，一共经历了10个分支的活动，这10个分支的内容同样也是从“阅读、实践、写作”三条线交融推进的。在本单元中，将重点展开前7块内容，进行“案例

+学习单”的讲解，后3块内容“唱月”“宣月”“评月”在操作上与前面相似，学习单的编制也差不多，所以不展开介绍。

【弄月导读】

季节	主题	目录	学习单
秋季	弄月	一、弄月的“弄”	（一）定主题 合作技巧：观点的整合与思辨 写作技巧：咬文嚼字和对比
		二、弄月“弄”什么	（二）策方案 合作技巧：观点的整合与创新 写作技巧：思维导图构思法
		三、月有阴晴圆缺	（三）观月相 实践技巧：细心观察、真实记录
		四、欲上青天揽明月	（四）读月 阅读技巧：提取和整合信息 实践技巧：朗诵和表演
		五、月亮的味道	（五）创月 实践技巧：1. 调查、参观、访问，品尝；2. 根据菜谱制作美食；3. 设计产品包装盒。
		六、中秋十五赏月啦 ◆造一轮明月 ◆念一位朋友 ◆咬一幅月相	（六）赏月 实践技巧：创新、联想
		七、写月（写诗歌、写文章）	（七）写月 写作技巧：1.“四问四答”写诗法；2. 发现《月亮的味道》童话创作秘诀。
		唱月、宣月、评月（略）	

一、弄月的“弄”

其实一开始，我只确定了主题中的一个字“月”，初步暂名为“望月”。到底应该怎么命名我还没有确定。我想让孩子们来讨论。

“孩子们，夏季的脚步渐远，回望身后，看云、思荷、访蝉的足迹一串串；秋季正向我们走来，我们的云端漫步将走向哪里？瞧——”我边说边展示PPT——一轮皎洁的圆月出现在孩子们眼前。

“月亮！”孩子们欢呼。

“是的，秋季篇的第一个主题，我们将与月亮亲密接触。可是，这一期的主题课程取个什么名字好呢?”

我在大屏幕上出示大大的“(　)月”。

“人有人名，书有书名。一个好名字就是一双亮眼睛。这节课，我们一起来设计主题课程的名字吧!”

我没有马上让孩子们发表意见进行讨论，而是发给孩子一份学习单，让孩子自主学习。任何一个好的创意，都需要静静地思考。

·弄月学习单·

云端漫步·(　)月课程

学习单（一）定主题

大家都说，一篇作文，题目是眼睛，统领全文。课程也一样。本期课程，我们要走进“月”的领域。让我们一起来为课程取个好名吧!

一、那些好名儿（一起赏析云端漫步课程往期的名字，说说好在哪儿。）

云端漫步往期好名	好名赏析
寻花	
问柳	
听雨	
看云	
思荷	
访蝉	

二、那些月名儿（开展头脑风暴，为本期课程取名，做出解读，取得越多越好。并通过对比，最终确定最中意的那个名儿。）

为本期课程取名儿	名字解读
(　)月	
(　)月	
我最终确定的课程名称是(　　)，因为(　　　　) 。	

名字取好了，记得在学习单的标题中把名字补充完整哦!

孩子们用10分钟的时间完成了这份学习单。接着，每个小组的组长组织组员先进行小组讨论。每个小组选出1—2个最佳名字。然后，各小组派代表上台展示本小组的讨论意见。最后，全班投票，票数最高的那个名字就是本期课程的主题名称。

通过以上几个步骤的学习，我们最终确定了“弄月”这个名字。这个名字是红樱桃小队的讨论结果。队长吴雯欣是这样解读这个名字的：

“我们小组在讨论时，曾取了这样几个名字‘望月’‘探月’‘揽月’‘追月’‘弄月’，经过比较，我们最喜欢‘弄月’。‘望月’这个名字过于单一、直白；‘探月’强调了实践性，但又缺了点含蓄性；‘揽月’这个词出自李白的诗句‘欲上青天揽明月’；‘追月’出自一首歌《彩云追月》；‘弄月’也出自李白的诗‘何处名僧到水西，乘舟弄月宿泾溪’。看起来，这五个名字都富含诗意，不过比较起来，我们更喜欢‘弄月’。一个‘弄’字可以包含我们在探究月亮的过程中的一切实践活动，读月、写月、唱月、画月等；一个‘弄’字还可以凸显我们在实践过程中的一种心情，我们是怀着一种诗意闲适、悠哉游哉的心情去实践的。‘弄月’弄出了一份成果，更弄出了一种生活的态度。”

听完雯欣的一番话，我的心是澎湃的、激动的。她对“弄月”的解读远远超过了我的预想。我给了她大大的拥抱，全班同学送给了她热烈的掌声。

后来投票时，“弄月”的票数果然最高。于是，“弄月”这个名字就这么华丽丽地定下来了！

二、弄月，弄什么？

第2节语文课，我们趁热打铁，开展课程方案的策划。

我说：“第一节课，我们确定了主题名称为‘弄月’，如此富有诗意、如此高大上的名字，那么开展些什么活动才能与这个名字相配呢？这节课，我们来策划课程方案。看看这一期我们能否想出一些独特的点子，来打响‘弄月’这个品牌。”

·弄月学习单·

云端漫步·弄月课程

学习单（二）策方案

“小时不识月，呼作白玉盘。又疑瑶台镜，飞在青云端。”读着李白的诗句，让我们一起走进弄月课程。在这个课程里，我们想开展哪些活动？来，一起策划课程方案吧！

一、示范“思荷课程”方案

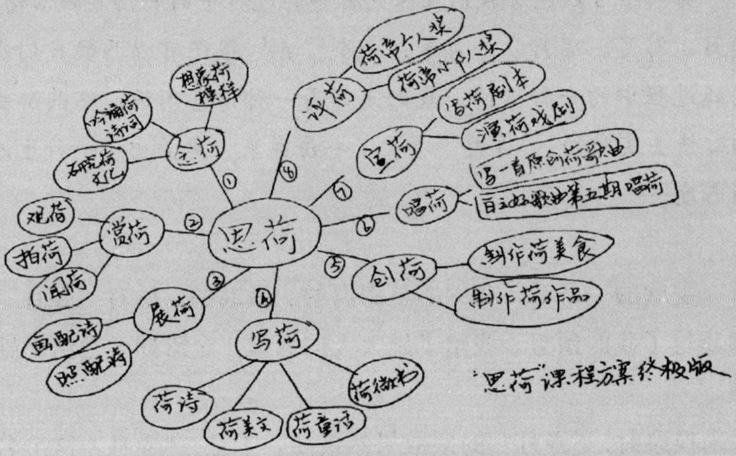

二、我的课程我做主（用思维导图来设计弄月课程，并将其中的金点子活动打上★。）

关于“弄月”的策划方案，其中常规性的活动，比如读月、写月、赏月、做月（月饼）、唱月、宣月、评月，这几项每个小组几乎都纳入了方案中。所以，我们重点探讨的是有哪些与众不同的创意点子。

红樱桃小队提出的“观月相”活动得到了大家的赞同。所谓“观月相”活动，就是从当天开始，观察月亮的形状，并画下来。

橙汁小队提出的“创月”活动也获得了大家的点赞。衢州的邵永丰麻饼非常有名，其制作技术被列为非物质文化遗产。我们可以通过参观、访问、品尝，了解邵永丰麻饼的食品文化。

黄菠萝小队提出的“中秋弄月”活动中“吃月相”获赞率最高。中秋节要吃月饼和麻饼，那么，可以在班里或家里开展一项有趣的活动——吃月相。把月饼或麻饼吃成各种月相图，让同伴猜一猜，猜对了有奖。

最后，大家又对“评月”的称号开展了讨论。我们在寻花课程中评比的是“花痴”；问柳课程中评比的是“柳仙”；听雨课程中评比的是“雨神”；看云课程中评比的是“云精灵”；思荷课程中评比的是“荷帝”；访蝉课程中评比的是“蝉王”。“痴”“仙”“神”“精灵”“帝”“王”这些词都是用来表示达到极致的一种称号。那么对月特别了解、特别精通的该用什么称号呢？而且又不能和前面的重复。

于是大家就去百度查了一些表示达到极致的称号：皇、冠、后、灵、尊、圣、首、主、魁、绝。

把“月”代进去，组成：月皇、月冠、月后、月灵、月尊、月圣、月首、月主、月魁、月绝。

接着，我们开始投票——哪个名字的票数最高就用哪个称号。最后“月圣”获得了21票，票数最高。少数服从多数，很快我们也把秋天的另两个主题“闻桂”“赏杏”，冬天的三个主题“沐阳”“踏雪”“寻梅”的评比称号都用投票方式确定了，分别是“桂冠”“杏皇”“阳主”“梅尊”“雪灵”。

最后，根据大家讨论中提出的各种意见与投票结果，我们整合而成的弄月课程方案如下：

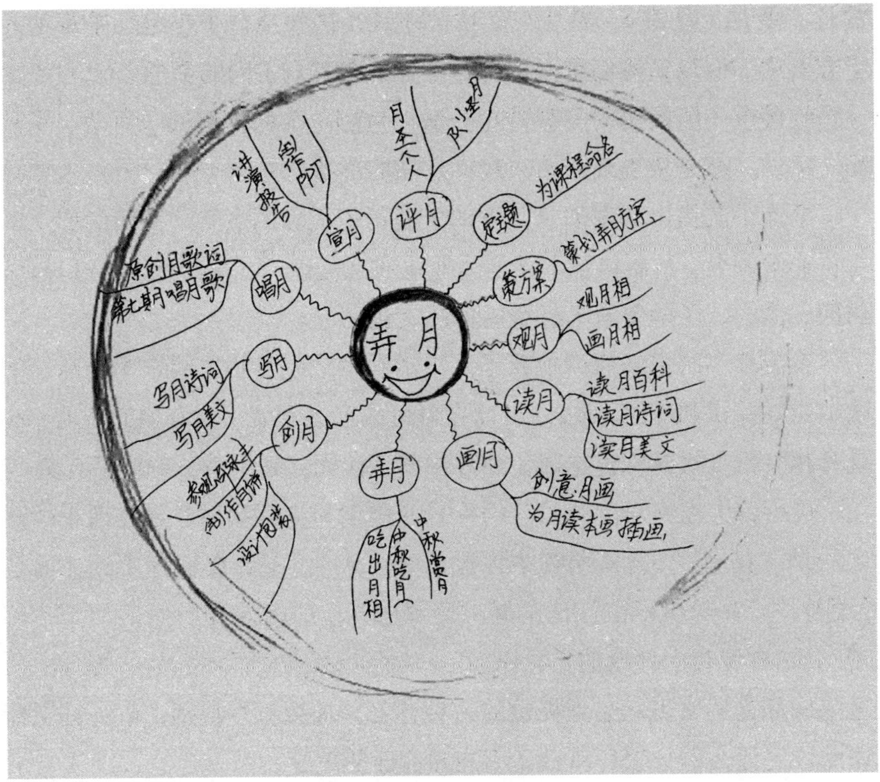

三、月有阴晴圆缺

在弄月课程确定主题和策划方案之后，我们开展的第三项活动是观月相。

苏东坡有诗云：“人有悲欢离，合月有阴晴圆缺。”其实，月圆月缺是一种自然现象，科学家称之为“月相”。我就想让孩子们观察月相的变化，亲身体验“月圆月缺”的科学规律。

启动的那天是公历 2016 年 9 月 5 日（农历八月初五）。我发给孩子们一份月相记录表。

·弄月学习单·

云端漫步·弄月课程

学习单（三）观月相

“人有悲欢离合，月有阴晴圆缺”，这里的圆缺就是指“月相变化”。这份学习单将带领我们走进“月相”探究之行。

一、月相变化

名词解释：月相是指天文学中对于地球上看到的月球被太阳照明部分的称呼。月球绕地球运动，使太阳、地球、月球三者的相对位置在一个月中有规律地变动。因为月球本身不发光，且不透明，月球可见发亮部分是反射太阳光的部分。只有月球直接被太阳照射的部分才能反射太阳光。我们从不同的角度上看到月球被太阳直接照射的部分，这就是月相的来源。

二、月相观察（从今天开始观察月相，在格子里写上农历日期、月相名称、画出月相。）

日期	月相名称	画一画

这一个月，只要有月亮的夜晚，幸福小二班的孩子必定会把这一夜的月相图画下来。第二天，小组内进行对照，谁画得更准确些。通过一个月的观察和记录，孩子们终于知道了一个月的月圆、月缺变化情况，终于知道了什么是上弦月，什么是下弦月。

四、欲上青天揽明月

李白有句诗“欲上青天揽明月”，从某个角度来说，古人认为月亮高挂空中，人类遥不可及；猴子捞月的故事也说明了在很长一段时间里，月亮对于人类是一个谜；人们更是借着奇妙的想象，创造了“嫦娥奔月”的神话、“天狗吃月亮”的传说。可是，随着科技的发展，人们对月球的探索越来越多，那层遮盖着月亮的神秘面纱，渐渐被科学家们揭开了。

弄月课程的第四项活动，我们要通过阅读，揭开月球之谜。

·弄月学习单·

云端漫步·弄月课程

学习单（四）读月

自古以来，月亮在人类的心中都是一个谜，可是，随着科技的发展，人们对月球的探索越来越多，那层遮盖着月亮的神秘面纱，渐渐被科学家们揭开了。让我们通过阅读，来了解月亮吧。

读月百科

1. 认识月球。上网查找或到图书馆收集关于月球的知识，并用思维导图记录下来。

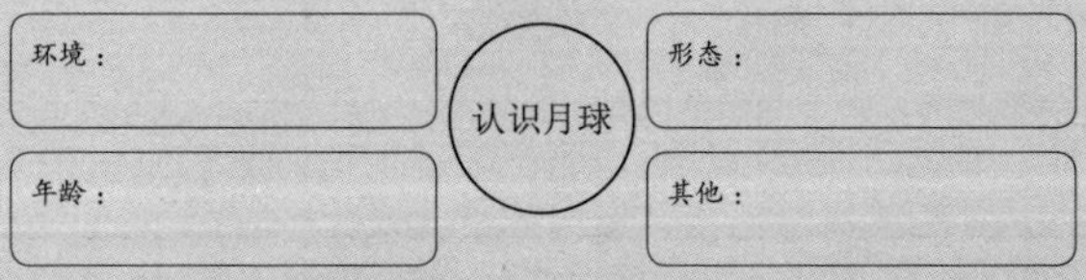

2. 月球探秘。通过搜集资料，了解历史上几次月球探秘历程。

3. 月亮和潮汐有什么关系？通过阅读，归纳出要点，并在小组里进行宣讲。

4. 向同学推荐关于月理知识的网站：(　　　　)；还要推荐与月球有关的书籍：(　　　　　)。

孩子们一边收集关于月的科学知识，一边又学习关于月的传统文化知识。

汉字发展到现在，越来越抽象化、符号化。但是，由于汉字独特的造字法，我们还是能从这个字中看到与实物相关的联系，甚至一些具象的画面。自从我让孩子尝试“画字”之后，我发现，孩子们特别享受这个过程；而且画出的字很有艺术感。

这是幸福小二班杜伊怡同学画的“月”字。我被她的创意征服了。好多同学，把那两横画成云彩。然而，她却画成了两只修长的手臂。月亮变成了一个淘气的小孩，戴着一顶长长的圣诞帽。月亮宝宝想要扯自己的帽子玩。可是够不着。怎么办呢？那就用钩子钩呗！多么生动有趣的画面！这个调皮的月亮宝宝，让我想起了家里的小汪狗，整天没事儿就追着自己的尾巴玩。

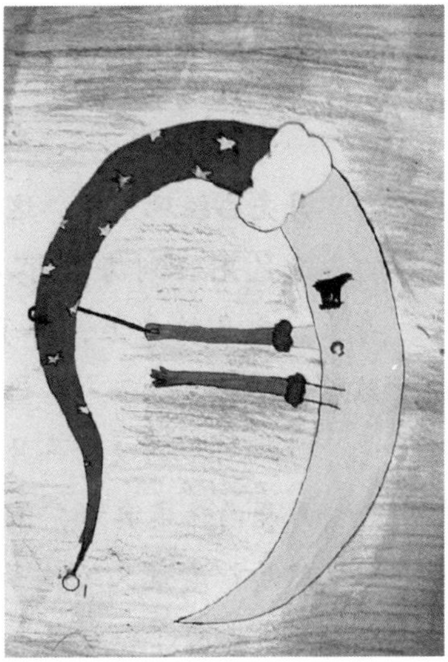

这幅画完全是一种超出常理的想象。这种想象只有孩子才有。因为孩子是天生的诗人，充满浪漫主义色彩，有丰富神奇的想象。我们的语文课程应该激发并保护这种可贵的想象。

五、月亮的味道

我给孩子们推荐了一本绘本——《月亮的味道》，中午，我们关上灯、关上窗、关上窗帘，把嘈杂的世界关在教室外面。

> 月亮，是什么味道呢？是甜的，还是咸的呢？真想尝一小口啊！
>
> 夜里，动物们望着月亮，总是这么想。可是呢，不管怎么

伸长了脖子，伸长了手，伸长了腿，也够不着月亮。

有一天，一只小海龟下定了决心，它要一步一步爬到最高的山上，去摸一摸月亮。

爬到山顶，月亮近多了。

可是，小海龟还是够不着。

海龟叫来了大象。

“大象，你到我背上来，说不定我们够得到呢！”

月亮想：“这是在和我玩游戏吧！”

大象的鼻子往上一伸，月亮轻轻地往上一跳。

大象还是够不着，它叫来了长颈鹿。

……

月亮已经玩累了，这回它没动。

老鼠先爬到海龟背上，然后爬到大象的背上、长颈鹿的身上、斑马的身上、狮子的身上、狐狸的身上、猴子的身上，然后……

“咔嚓！”它咬下一片月亮。

月亮的味道真好，值！

然后，老鼠又给猴子、狐狸、狮子、斑马、长颈鹿、大象和海龟，都分了一口月亮。

大家都觉得，这是它们吃过的最好吃的东西。

这天夜里，大家挤在一起睡着了。

一条小鱼看着这一切，怎么也闹不明白：

“它们为什么要那么费力，到高高的天上去摘月亮？这不是还有一个嘛，喏，就在水里，在我旁边呀。”

（扫一扫右边的二维码，阅读完整绘本）

故事讲完了，同学们望着大屏幕，那个乳白色的月亮已经被动物们吃得只剩下一个月牙儿了。

我问："同学们，听了这个故事，你有什么想说的呢？"

有的说："作者想象力真丰富，能写出这么一个有趣的故事。"

有的说："海龟是一位坚持不懈的小动物。"

有的说："月亮小看了老鼠，所以最后才被动物们给吃了。"

有的说："我也好想吃月亮，那到底是什么味的呢？"

……

我说："月亮到底是什么味道呢？各人有各人的想象，各人有各人的看法。不过，我们可以做一个月亮吃吃。"

"啊?!"孩子们一下子兴奋起来。

"好啊！太好了！"

"做月饼！做月牙儿形状的饼干！"

……

孩子们的思路一下子被打开，七嘴八舌说开了。

我说："这次我们统一行动。我们先尝一尝衢州月亮的味道。"

孩子们好奇地望着我，等着我说下去。

"每到中秋节，衢州市民团圆在一起，坐在小院里，望着天上一个圆圆的月亮，吃着一种圆圆的食品，望一眼，吃一口，仿佛就在品尝月亮的味道。衢州人中秋节那天吃的是什么呢？是中华非遗老字号邵永丰麻饼！这是衢州最有名的特产，因此，我们必须去见识见识邵永丰麻饼的制作过程，去品尝品尝邵永丰麻饼的独特美味。"

"哦！"孩子们恍然大悟。

2016年9月1日，衢州国家级儒学文化核心区——水亭门历史文化街试营业了。水亭门历史文化街古城是衢州打造的5A级景区，也是衢州历史遗存最丰富的街区，邵永丰麻饼分店就开在那里。于是，我给孩子们布置了一项周末作业：逛水亭门，走近邵永丰麻饼。

云端漫步·弄月课程

学习单（五）创月

“八月十五月儿圆，中秋月饼香又甜”，这句名谚道出中秋之夜人们吃月饼的习俗。在中秋节到来之前，让我们做一名小创客吧！

走近“邵永丰”麻饼

衢州水亭门历史文化街是衢州国家级儒学文化核心区，也是古城衢州打造的5A级景区，是衢州历史遗存最丰富的街区，其中，邵永丰麻饼店就开在那里。周末时逛一逛水亭门吧，感受邵永丰麻饼作为非物质文化遗产的独特魅力。

1.“邵永丰麻饼”的发展史。

2.“邵永丰麻饼”的制作。

◆制作原料

◆制作过程

3.“邵永丰麻饼”的味道。（请细细品味麻饼，然后用文字表达那独特的味道。不少于100字。）

·弄月学习单·

云端漫步·弄月课程

学习单（五）创月2

让我们亲手做一个月饼，尝一尝月亮的味道。

一、制作方法

了解了邵永丰麻饼的制作方法，我想自己做一做麻饼。也可以到手机上下载美食软件，如“豆果美食”，选择一种自己最钟情的口味，把月饼的制作方法记录下来。

月饼的名称：

制作原料：

制作流程：

二、开始制作（我要亲自动手做一做。）

三、设计品牌（古话说，“人要衣装马靠鞍”，产品的包装非常重要。请为你制作的月饼设计一款包装盒。）

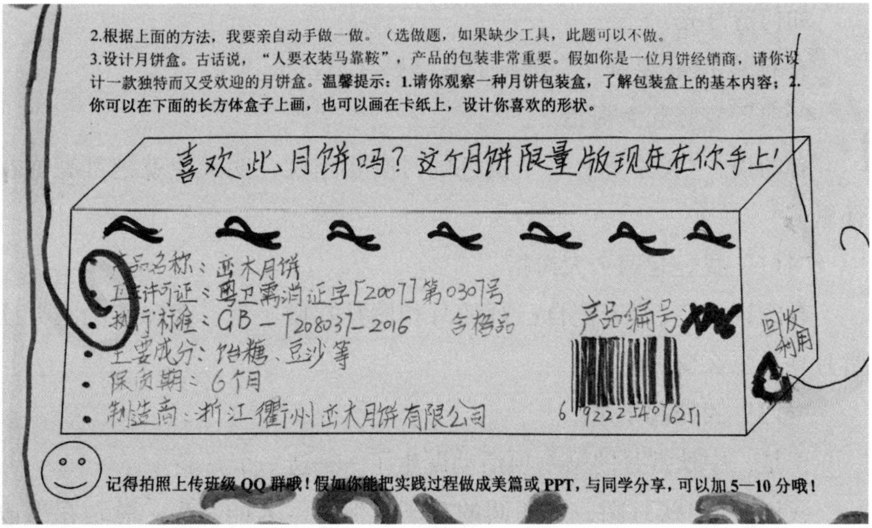

2.根据上面的方法，我要亲自动手做一做。（选做题，如果缺少工具，此题可以不做。

3.设计月饼盒。古话说，“人要衣装马靠鞍”，产品的包装非常重要。假如你是一位月饼经销商，请你设计一款独特而又受欢迎的月饼盒。温馨提示：1.请你观察一种月饼包装盒，了解包装盒上的基本内容；2.你可以在下面的长方体盒子上画，也可以画在卡纸上，设计你喜欢的形状。

喜欢此月饼吗？这个月饼限量版现在在你手上！

品名称：峦木月饼

许可证：粤卫需消证字[2007]第0307号

行标准：GB－T20837-2016 合格品

主要成分：饴糖、豆沙等

保质期：6个月

制造商：浙江衢州峦木月饼有限公司

产品编号：

6 922254062551

回收利用

记得拍照上传班级 QQ 群哦！假如你能把实践过程做成美篇或 PPT，与同学分享，可以加 5—10 分哦！

孩子们自制的月饼已经备好，包装盒已经设计好，就准备中秋节赏月、尝月啦！

六、中秋十五赏月啦！

中秋节终于到啦！可是天气预报说晚上有小雨。

怎么办？我们等了半个月的中秋月看不到了！没有月亮的中秋节算什么呢？孩子们一个个像泄了气的皮球，提不起精神。

“其实，没有月亮的中秋节没什么大不了的，或许能为我们的生活带来更多的可能性呢！”我冷不丁冒出一句话。

孩子们抬头望着我。那眼神仿佛在说：“老师，你别卖关子了，怎么办呀？”

我说：“第一，即使下雨，我们看不到月亮，但是，月亮还在天上，只是我们肉眼看不到而已；第二，我们开展弄月课程以来，月亮早已在我们心中了；第三，晚上我们虽然看不到天上的月亮，难道不能造一个月亮出来吗？”

听我这么一说，孩子们一下子兴奋起来，注意力都转移到我的第三点“造月亮”上。

如何造月亮？

有的说：“我要画一个圆圆的月亮贴在窗户上。”

“好！”我竖起大拇指。

有的说：“我家里有一个黄色的月亮小抱枕，明天我就把月亮抱在怀里。”

“赞！”我竖起两个大拇指。

有的说：“我明天把自己画的月相图挂在院子里，我和我的家人欣赏月亮是怎么变圆的。”

“妙！”我鼓起掌来。

于是，中秋赏月的第一项活动诞生了——造一个月亮。

我说：“中秋月圆，是团圆的日子。但是，人的一生，总是在聚散中度过。儿时的朋友、曾经的亲人，甚至陪伴你的一条小狗，可能现在已不在你身边。中秋这一天，你会想起谁呢？陈老师建议，中秋赏月的第二项活动为‘添一份思念’。”

“还有第三个活动——我们之前在策划弄月方案时就提到过的，谁还记得？”我继续问。

王梅锦站起来说：“咬一幅月相。”是的，用月饼或麻饼吃出一幅月相图，猜一猜什么月。

接下来，我们一起设计“赏月”的学习单。

· 弄月学习单 ·

云端漫步 · 弄月课程

学习单（六）赏月

中秋佳节，让我们过一个有创意的节日吧！

一、造一个月亮（天上无明月，我来造一个。）

我造了一个这样的月亮：

二、添一份思念

中秋佳节团圆夜，我想起了 ta：

三、吃一幅月相

我用（　　）吃出月相图。我来画一画。

感谢 2016 年的中秋节，那是一个没有月亮的中秋夜。但是，正因为没有月亮，却为幸福小二班的赏月之夜带来了更多元的创意和美好。

在中秋节的前一天，我恰好出差去桂林。中秋节那天晚上，我在班级 QQ 群里欣赏孩子们的赏月照片。那一天，天上少了一轮明月，但人间却多了 48 个生动有趣的月亮。

七、月亮代表我的心

弄月课程从“定主题”开始，到“赏月”，孩子们一边实践，一边阅读，一边写作。长长短短的月文章也写了不少。接下来，我专门用两节课来上“弄月”的写作课。

关于写作，我一直遵循的观点是，首先要有体验，有了体验，就会有想法；有了想法，再来谈技巧。写作肯定是有技巧的。

我从“陆老师的聪明作文法”中学到一个写作技巧“倒着追问作文法”。我觉得这个技巧可操作性强，非常适合孩子实践。

先给出故事的一个结尾“螃蟹身上有一个脚印”。然后把故事往上推，至少提 4 个问题：1. 这个脚印是谁的？这个脚印是牛踩上去的。2. 牛为什么踩它？因为主人打了牛。3. 主人为什么打牛？因为主人以为牛偷吃了稻穗。4. 那到底是谁偷吃的呢，为什么要骗主人？是螃蟹。因为，螃蟹偷吃了主人的稻穗之后，正好主人过来。它害怕被主人打骂，就诬陷是牛干的。牛知道之后，非常愤怒，踩了螃蟹一脚，螃蟹的背上就留下一个大脚印。

按照“倒着问，四问四答”的方法，一个故事就编成了。

我从中受到启发，想出一个写诗技巧“四问四答一首诗”。我把它编在“写月”学习单的第一题。第二题我想让孩子们从绘本《月亮的味道》里寻找创作秘诀，自己编一个童话故事。学习单如下：

云端漫步·弄月课程

学习单（七）写月

“你问我爱你有多深，我爱你有几分？你去想一想，你去看一看，月亮代表我的心。”抬头望明月，明月知我心。我们已与月亮结下深缘，请拿起笔，写一写发自心底的声音。

一、写一首诗歌

写诗小贴士：“四问四答一首诗”	
提至少四个与月亮有关的问题。	月亮让我想到什么？月亮的样子像什么？月亮让我想到谁？我对月亮有多喜欢？
给四个问题排好先后顺序，凭感觉排。	①月亮的样子像什么？②月亮让我想到什么？③月亮让我想到谁？④我对月亮有多喜欢？
写一小节试试，句子短，四五行。	月亮弯弯挂天上， 身穿一件白衣裳。 每天太阳一下山， 她就接着来上班。
接着往下把诗写完。别忘了给诗加一个题目。	……

二、写一个童话（还记得《月亮的味道》这本绘本吗？这是一个童话故事，里面藏着童话创作的秘密。）

取一个童话味的题目如《月亮的味道》	《月亮的心事》……
想一件童话味事情：想尝尝月亮的味道，于是，动物们搭成梯子，往上爬……	月亮变得越来越瘦，想了解月亮的心事。
加几个童话角色：海龟、大象、长颈鹿……	小兔、小羊、小猫……
创一种情节的反复：再叫一只动物爬到背上；月亮又轻轻地往上一跳。	
结一个耐人寻味的尾：月亮不就在我身边吗？	

写在作文本上，写好了请用蓝色笔修改。记得与同伴分享哦！

下面展示学生的习作：月诗歌

月牙儿

六（2）班　蒋凤启

黄昏的月亮挂在柳梢上
弯弯的
就像一片柳叶儿
不过，那是白色的柳叶儿
一只小虫儿
使劲往上爬
它想爬到那片白色的柳叶上
尝尝是啥好味道
还没等虫儿爬到一半
白色柳叶儿就飘走了
飘呀飘
飘呀飘
你要飘到哪儿去
有一天黄昏
天儿特别明亮
我们坐在院子里
弟弟指着柳树喊：
瞧！那儿有个大月饼
小虫儿抬头望着
这个月饼怎么这么眼熟呢？

学生习作：月童话

月亮的心事

五（2）班　朱晨

月亮，为什么一天比一天瘦呢？她到底有什么心事呢？

夜里，小动物们望着天上一轮圆圆的明月变得越来越小，心里十分着急。它们想打个电话问一问月亮，可是，没有月亮的电话号码。

小动物们下定决心，要帮助月亮，解开月亮的心事。

小兔子想：月亮一定是个女孩，她可能害怕自己变老了、变丑了，所以就忧愁地一天天瘦下去。

于是，小兔子端了一脸盆水，放在月亮下面，月亮的影子清晰地投在水里，洁白洁白的，很美。可是，看到自己美丽倒影的月亮还是很忧伤，因为第二天，她又瘦了一点。

小山羊想：月亮整天不吃东西，可能饿了吧。

于是，小山羊采了一篮子青草，放在门前的小溪里，让它顺水漂流。奶奶说，小河的尽头就是月亮的家。可是，吃了一篮子青草的月亮还是很忧伤，因为第二天，她又瘦了一点。

小猫咪想：月亮可能太孤独了，一个人挂得那么老高老高。我们和她玩游戏吧。

于是，大猫小猫在月光下喊着、叫着、跑着、跳着。可是，玩了游戏的月亮还是很忧伤，因为第二天，她又瘦了一点。

这时，小黄莺走过来，吟唱了一首唐诗：

“小时不识月，呼作白玉盘。又疑瑶台镜，飞在青云端。”

小黄莺是森林里的歌唱家，她的声音非常动听。她吟唱的唐诗透过树梢，穿过云层，飘到了月亮上。

小动物们抬头望着月亮，眼睛都不敢眨一下。

一会儿，月亮好像胖了一点！

噢！月亮胖起来了！月亮喜欢听唐诗呢！

于是，小动物们轮流给月亮念唐诗：

“举头望明月，低头思故乡。”

“举杯邀明月，对影成三人。”

……

听着唐诗，月亮一天天胖起来了。到了中秋节那天，月亮变得又大又圆，美极啦！

从此以后，小动物只要看到月亮开始变瘦，就给月亮念唐诗。听了唐诗的月亮就会一天天胖起来。月亮就这样不再有心事啦。

多么有趣的诗歌，多么美丽的童话。这些情思和创意，简直可以与作家媲美。我由衷地感到高兴。

弄月课程接下去开展了“唱月”和“宣月”活动，最后通过“评月”评出了“月圣”个人奖和“月圣”小队奖。

又一个主题课程愉快地结束了。

【时间安排】

时间	内容	地点	学科	指导者
9 月 5 日	定主题、策方案	校内	综合	陈红梅 余双双
9 月 6 日—30 日	观月相	校外 校内	综合 科学	家长 余双双
9 月 7 日	创月 1——参观邵永丰麻饼实践基地	校外	综合	家长
9 月 10 日—11 日	创月 2——动手制作月食品	校外	综合	家长
9 月 15 日	中秋赏月	校外	综合	家长
9 月 16 日	写作课：写月诗、月童话	校内	语文	陈红梅
9 月 19 日	唱月	校内	音乐	陈红梅 方栋斌
9 月 20 日	宣月	校内	综合	陈红梅
9 月 21 日	评月：评比“月圣”个人奖、“月圣”小队奖	校内	综合	陈红梅 余双双

闻桂——桂树飘香月下来

【闻桂导图】

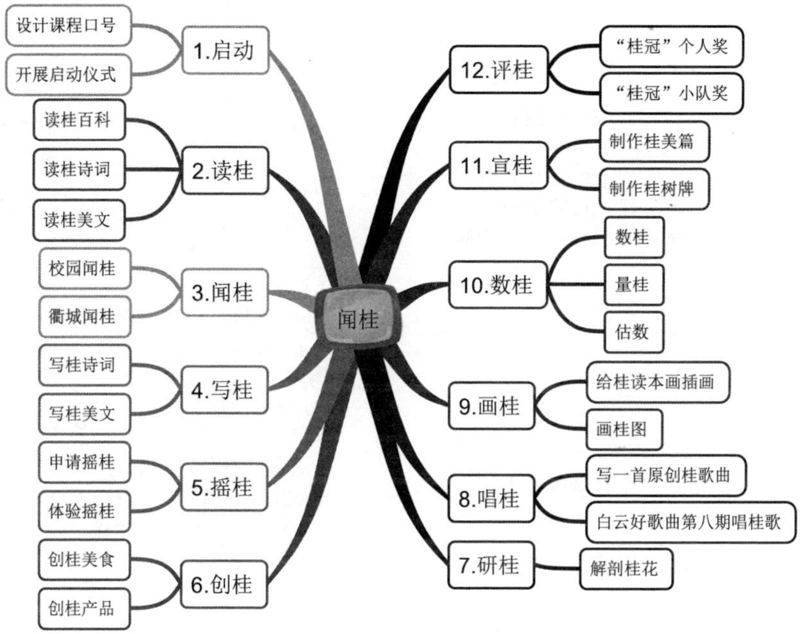

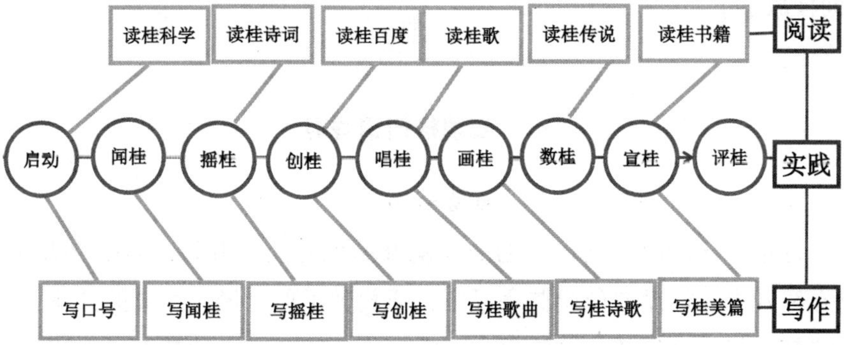

教育是慢的艺术，教育是爱的艺术。教育是发现，是启发，是等待。带着孩子校园寻桂，寻的是心，寻的是情。

白云学校的桂花开了！这个消息被风传遍了整个校园，甚至传到了门口的马路上，传到了围墙外的小区里……被这样的香气包围着的幸福小二班怎么能对桂树熟视无睹呢？

【闻桂导读】

季节	主题	目录	学习单
秋季	闻桂	一、云端桂树飘香时 ◆启动仪式 ◆画“桂”字	（一）读桂 实践技巧：活动的仪式感 阅读技巧：观点的整合与思辨
		二、云端闻桂到忘我	（二）闻桂 实践技巧：打开五官，睁开诗眼
		三、用文字留住芬芳 ◆灵魂比形式更重要 ◆让诗歌动起来、香起来、色起来	（三）写桂 写作技巧： 1. 重思想，听心语； 2. 动画、香味、颜色。
		四、摇花乐	（四）摇桂 实践技巧：用写信沟通
		五、老师，桂花茶	（五）创桂 实践技巧： 1. 动手操作，乐于分享； 2. 发现美、创造美、传播美。
		六、全科老师齐上阵	（六）研桂（七）唱桂 （八）画桂（九）数桂 实践技巧：整合、跨界
		七、宣桂、评桂（略）	

【闻桂故事】

一、云端桂树飘香时

◆启动仪式

每年9月，白云满校园的桂树就开始飘香。一开始，就那么几朵，隐在绿叶中。你循着丝丝芳香寻去，便找到了那些最先绽放的桂花。虽然隐蔽，但是她们依然绽放着小小的身躯，撑开小小的花瓣，从那黄色的花蕊中，吐出所有的馨香。

我爱桂花，更爱白云校园的桂花。

在桂树飘香时，我走进幸福小二班的教室，在黑板上工工整整地写下“桂”字。

“同学们，云端漫步秋季篇的第二个主题，非‘桂’莫属。虽然，这几天我什么都没有说，但是，我仿佛在同学们的眼里看到了一种蠢蠢欲动的情愫，这种情愫是被一种气味撩动起来的。是什么气味呢?”

“桂花香味!”

“对！云端桂树飘香时，我们要开启闻桂课程。让我们一起欢呼吧!”

“耶!”

孩子们举着“V”字手兴奋地欢呼。

我对孩子们说：“我们想一个闻桂课程的口号吧！这样更有仪式感，更配得上我们云端漫步的诗意、浪漫和神圣。好吗?”

“好!”孩子们齐声欢呼。

大家情绪激昂，行动也很快。

闻桂课程口号设计	
红樱桃小队	闻桂，闻桂，我最高贵!
橙汁小队	闻的是花香，品的是心灵!
黄菠萝小队	我闻桂，我快乐，耶!
紫葡萄小队	秋天请到白云来，桂花满园欢迎你。
青苹果小队	在云端，我赏桂！耶!
蓝玫瑰小队	金桂、银桂和丹桂，飘香的都是好桂!
绿蜻蜓小队	幸福小二班，最爱桂花香!
最终确定闻桂课程口号：闻桂！闻桂！我最高贵!	

投票后，我们确定用“闻桂，闻桂，我最高贵!”作为口号，并且决定重新宣布闻桂课程开始，来一个简短而又隆重的课程启动仪式。

我请班长栾佳慧上台主持。

栾：“亲爱的老师，亲爱的同学！2016年是诗意浪漫的一年，2016年是幸福快乐的一年。我们幸福小二班在云端漫步。春天，我们走过“寻花”“问柳”“听雨”；夏天，我们走过“看云”“思荷”“访蝉”；秋天，我们走过“弄月”，又迎来了“闻桂”。在这丹桂飘香的季节里，请跟我大声地呼喊——闻桂！”

全班：“闻桂！”

栾：“请跟我喊响闻桂口号——闻桂！闻桂！我最高贵！”

全班：“闻桂！闻桂！我最高贵！”

栾：“耶！”

全班：“耶！”

我让佳慧领着全班练习了好几次，直到完全熟练为止。

我说：“仪式感非常重要，生活有了仪式感便多了一份情调；学习有了仪式感便多了一份品味。在以后的主题课程里，我们都要设计一个课程口号，举行一个快乐而有意义的启动仪式。”

孩子们用昂首挺胸的坐姿认同我的观点。

◆画“桂”字

启动仪式完成之后，离下课还有 20 分钟，我们刚好可以再做一件事，那就是画“桂”字。

我说：“望着黑板上这个‘桂’字，你想到了什么画面？听到了什么声音？闻到了什么气味？给你足够的时间放飞想象，让你的目光穿透字眼，穿透黑板；让你的思绪飘出窗外，飘向远方……”

然后，我事先准备好的一曲钢琴曲《走过绿意》在教室里缓缓响起。

孩子们望着黑板，我望着孩子们。孩子的眼神里有什么呢？令我如此陶醉？是孩子们眼神里透出的那份天真、纯洁、灵动和好奇，让我感动。

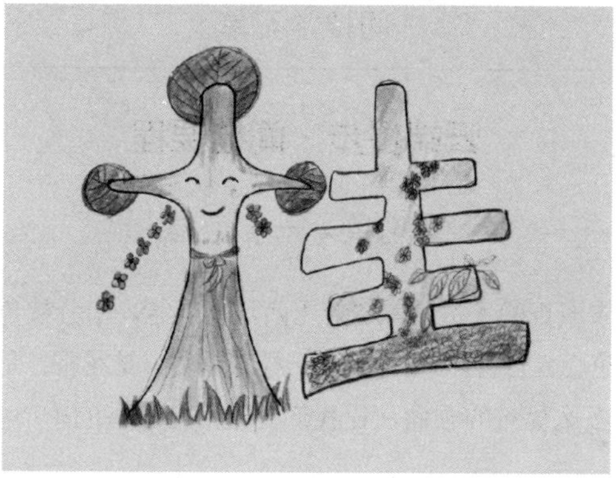

我想到，此刻有多少教室里，教师在声嘶力竭地讲着枯燥乏味的练习，孩子在愁眉苦脸地抄着机械重复的作业。教育不该是枯燥乏味的，学习不该是机械重复的，孩子不该是愁眉苦脸的。

我把思绪拉回来。有些孩子还在纸上画着，有些孩子已经画好了，在与同伴交流。我走过去，如一只蝴蝶般，这儿逗留一刻，那儿流连一圈。

上面这幅画是江丽琴画的。左边的木字旁画成了一棵树，这棵树好美，弯弯的眼睛，粉红的腮帮，挂着桂花耳环，桂花有银桂、金桂和丹桂，脖子上系着粉红丝巾。右边是两个“土”，“土”上有点点桂花飘落。整个画面透着一种美好的境界，在这个境界里充满真善美。

看着一幅幅画在孩子们笔下诞生，我闭上眼睛，恍惚间，幸福小二班成了世外桃源。

为了进一步了解桂树，我布置孩子们开始“读桂”——读“桂科学”“桂成语”“桂诗词”“桂美文”“桂传说”等。

孩了们根据第一份学习单开展读桂活动。利用早读 20 分钟时间，分享了桂树的特征、桂树种类和桂树的种植；利用午间 20 分钟，积累了带“桂”字的各种成语；利用课间的碎片化时间背诵了描写桂的古诗词；每天回家后花至少 10 分钟阅读《闻桂读本》，进行桂美文的阅读批注。

·闻桂学习单·

云端漫步·闻桂课程

学习单（一）读桂

宋代女诗人朱淑真的《木犀》:“弹压西风擅众芳，十分秋色为伊忙。一支淡贮书窗下，人与花心各自香。”窗前读书，桂花飘香，是花香？是书香？是心香？抑或三香交融？多么优雅的画面，让我们在这丹桂飘香的季节里，开启“闻桂”之旅吧。

一、读桂百科（百度一下，了解桂的特征、种类、种植等知识。）

1. 桂的特征：

2. 桂的种类：

3. 桂的种植：

4. 其他：

二、诵桂文学（查阅资料，收集描写桂的成语、诗词、美文等，背诵并积累。）

1. 桂成语：
2. 桂古诗：
3. 桂美文片断：

二、云端闻桂到忘我

当孩子们在数学作业堆里忙得天昏地暗时，我拍拍手，让孩子抬起头来。我在黑板上写下“遇见”两字。

“遇见，是人生中的一种缘分。转角遇见爱，是爱情的缘分；转角遇见你，是我和你之间的缘分。下一节语文课，我们要去遇见一棵树，结下你与树的缘分。”

我发给孩子们一份学习单：

·闻桂学习单·

云端漫步·闻桂课程

学习单（二）闻桂

“不是人间种，移从月里来，广寒香一点，吹得满山开。”杨万里在诗句中感叹桂树不是人间种植而是从月中移来。在我们衢州，“月中移来”的桂树到处都是。打开窗，走出来，闻桂去吧！

校园闻桂（小组实践活动）

1. 遇见。遇见一棵自己最喜欢的桂树，仔细观察，为它取个名字，拍拍照片，并做好记录。

我最喜欢的桂树
它生长的地点：
我为它取名：
它的样子：（画一画）

2. 相知。打开五官，闻一闻、听一听、聊一聊、写一写。

2016年9月26日，孩子们手拉手，集体来到桂树底下。

因为云端漫步课程，幸福小二班的孩子们享受着在校园里上语文课的特权。这样的特权，他们享受了一次又一次，每一次都让他们欣喜若狂。这一次，让他们欣喜若狂的是桂树。

我没有说什么过多的要求，只是让孩子们闭着眼睛使劲闻，使劲想，想得越远越好；闻够了，睁大眼睛仔细瞧，瞧得入迷，瞧得听不见周围的声音，瞧得忘记自己是谁……

孩子们整个身心沉浸在桂花、桂香里……

正因为如此投入，才写出下面如此情真意切的文字。

清凉的秋风吹过，这些穿着金黄色衣裙的小精灵，就像害羞的小姑娘，用树叶遮着脸，仿佛在说："哎呀！讨厌啦，不要一直盯着我可爱美丽的玉脸嘛！"我听了"咯咯"直笑。当下，我就拿出手机，拍下这棵树。我用手抚摸着树干，对它说："对，就是你了。你就是我转角遇见的那棵树。"因为，我叫紫玉，你是我的最爱，又是金色的，那就叫金玉吧！

——李紫玉

陈老师点评：紫玉和金玉真的是天生一对啊！金玉有迷人的芬芳，紫玉有优美的文笔，以后，紫玉一定会用文字记录下金玉的故事，纸上留香的。

我来到一棵金桂旁，一眼便看见细细的枝条上有一簇簇小桂花，它们像是被调皮的小朋友用胶水粘上去的，又像是一群好得不能再好的兄弟姐妹挤在一起。

我摘一朵桂花放鼻子旁闻一闻，淡淡的。我把鼻子靠近一串桂花，那香味浓得都要把我头给熏晕了。真是"人多力量大"呀！难怪整个校园都香呢！

此时，我站在这棵树旁，又想起了一句话：一根筷子容易折，一把筷子难折断。这棵桂花散发的香味就带着这样的精神。好吧，我就叫你"团结树"吧！以后，你就是我的了。

——余文晨

陈老师点评：别人闻到的是桂花香，文晨看到的是桂花的力量，你的视角和思维是独特的，真了不起！

三、用文字留住芬芳

◆灵魂比形式更重要

那天我批到一篇日记，是叶帅同学写的，语句很不通顺，但我用波浪线画出了这几个词：香气四溢、金灿灿、淡淡的、浓浓的、校园里所有人都闻过哦……这些词对于六年级的孩子来说，不算特别。但是，对于叶帅来说，是特别的。因为他是一个不爱写作的孩子，一个不会写作的孩子。当这样的词出现在叶帅这篇不太通顺的文章里时，我仿佛发现了闪耀的宝石。我用波浪线画出这几个词，并做了些修改。一、二两段，就变成了这样：

> 一进校园，芳香四溢，原来是桂花开了。金灿灿的是金桂，香气浓浓的，好像校园里所有人都闻到过哦；淡黄色的是银桂，香气淡淡的，不仔细闻是闻不到的。

我把叶帅的这段话，打印出来，贴在班级展墙上，让大家去欣赏，去批注，去留言。这块展墙的主题是“优美语段赏析”，专门用来展示学生作文中写得优美的语段，其他人可以在上面做批注和点评。我摘录其中两句学生的点评：

> 叶帅，你有一个男儿身，却有一颗女儿心，瞧，语言写得多细腻呀！
>
> ——江丽琴

> 叶帅写这段话运用了比较的方法，把金桂的花香浓和银桂的花香淡区别出来了。没有亲自去闻过，怎么能写出来呢！叶帅，你真棒！
>
> ——傅美

叶帅这个例子给了我启示：语言可以修改雕琢，可是，语言所承载的灵魂却无法强加。叶帅的文章没写通顺，但是，他有自己的思想，这种思想别人强求不得，只有靠他的自发。作为一名语文老师，比教孩子写作技巧更重要的是激发他的思维和思想。

◆让诗歌动起来、香起来

写了一周的桂花日记，我宣布接下去开始写诗歌，孩子们欢呼。

第二天一早醒来，我就在想，孩子们会给我惊喜吗？

果真，是惊喜。

“第六小组，共六位成员。我特意打出三篇作文，是项家辉、郑晓强、李永恒。我再说一遍：项家辉、郑晓强、李永恒，你没有听错哦！”（总之，我到班里朗诵时，读到这三个名字，教室里是热烈的掌声，相当热烈！）你一定猜到了，为什么这三个孩子的作文被展示会有如此热烈的反响，是的，这三个孩子平时的写作相对较弱。

三色·桂

六（2）郑晓强

金 橙 银

三种色

三种桂

金桂、银桂和橙桂

每个都是最美桂

陈老师点评：首先，题目取得好，“三色·桂”，中间的间隔符号把“三色”与“桂”特意隔开，给人无限遐想的空间；“三色”更突出了本诗的主题——颜色美。诗歌篇幅虽短，但朗朗上口，富有童趣。

桂花

六（2）项家辉

金秋十月

桂花开得金灿灿
风儿一吹
朵朵在枝头跳跃
轻轻吸一口
香气钻进我鼻孔
啊，桂花你好美

陈老师点评：这首诗读起来给人一种轻松愉悦感。“金灿灿”这个词首先呈现了一幅生机盎然的画面，“风儿一吹，朵朵在枝头跳跃”立刻让画面跳动起来，把“跳跃”和前面的“金灿灿”联系起来读，会给人一种阳光下波光粼粼的感觉。“轻轻吸一口，香气钻进我鼻孔。啊，桂花你好美”读着最后这两句，一位俏皮的小男孩形象跃然纸上。

桂·花　香传·十里

六（2）班　李永恒

金桂、银桂、丹桂、四季桂，
大集合，
还有许多桂，
也是四种类。
朱砂桂、金球桂、月月桂、金扇桂……
大家开舞！
场合香香香！
一进，让你如痴如醉！
醉在花海里！
醉在花香里！
醉在花梦里！

陈老师点评：多么美丽的桂花！多么热闹的舞蹈！多么壮观的场面！“桂·花　香传·十里”这是孩子取的题目，看起来有些怪，怎么会有两个题目？但是，我保留了原样，没有划去其中一个。因为，我猜想，这里面一定有孩子自己的想法。果然，孩子说“桂·花”是指本诗中要介绍桂花的品种很多，“香传·十里”是指全衢州的桂花，一起开放，一起跳舞，香飘十里。这就是最童真的想象，最童真的语言。

我让孩子们去发现创作秘密。作家写作会有一些独门技巧。我们班同学的诗歌写得这么棒，一定也有其写作技巧。我们发现了很多。比如，让画面动起来了，有很多颜色在里面……

我们把发现的这些秘密进行了提炼，概括出写诗秘诀：动起来！香起来！“色”起来！

这可是幸福小二班的独门秘诀哦！不过，你愿意的话也可以拿去用啦！

四、摇花乐

郑撼说：“陈老师，校园里的桂树那么多，每年，桂花都落在地上，非常可惜，能不能摇呢？”

旁边的同学立刻应和：“是呀，是呀！摇下的桂花可以做很多美食呢！”

其实，我和孩子们想的一样，那么多桂花，带着香味零落，化作“秋泥”，虽说更护花，但是，如我，如幸福小二班的这一群爱花之人，实在于心不忍。于是，我们决定写一份申请书。这份申请书由栾佳慧主笔，全班同学修改完成。

尊敬的叶校长：

您好！

当您收到这封信时，您一定在伏案工作吧！请你抽两分钟时间休息一下，跟着我的口令：放下手中的笔，站起来，走到您的窗前，打开窗户，向外望。首先，有一股沁人心脾的香味随着秋风拂向您，接着，映入您眼帘的是那一排碧绿的桂树，桂枝上密密麻麻地缀满桂花，它们开得那么热烈、那么欣欣向荣，把白云的老师和孩子们都深深地迷住了。特别是我们幸福小二班的学生，这段时间，我们天天在校园里赏桂、闻桂，写桂诗、唱桂歌。秋天多美好！桂树多美好！白云多美好！

叶校长，感谢您为我们栽下这一棵棵桂树，为我们的童年带来无尽的欢乐和诗情。

可是，今天我们遇到了一件苦恼的事。桂花是如此娇美芬芳，可是不久以后，它便将离开枝头，凋零。它的晶莹圆润的花瓣将被肮脏的泥土所沾污，它的清幽纯洁的花香将被腐烂的树叶所覆盖。我们幸福小二班每一位成员的心啊，也会随着花瓣的凋零而凋零……

我们在想，用一种什么方式来留住桂花的美呢？我们想到了一个好方法。在桂花凋零之前收集这些桂花，然后做成桂花茶、桂花糕、桂花粥。您一定知道四年级有一篇课文叫《桂花雨》吧，这篇文章告诉我们，待桂花成熟时，把桂花从树上摇下来，这样的桂花才能保留住香气。

说到这儿，您一定知道我们想做什么了吧！对，我们想在校园里摇桂花，让校园里下起桂花雨，让今年的桂花发挥它更大的作用。

亲爱的叶校长，假如您同意的话，我们想邀请您一起参加我们的摇花乐，当然，品尝桂花食品会上，也希望您能大驾光临。

此致

敬礼！

浙师大附属白云学校幸福小二班全体同学

2016 年 9 月 25 日

当校长拿到这封信时，是否如信中指示一样，开窗赏桂，我不得而知。我只知道，校长满口答应，而且真的参加了我们的摇花乐。我们也真的见识了桂花雨。那天放学之后，每位同学分得一小杯桂花，他们要带回家做桂食品。

五、老师，桂花茶

孩子们真的很棒。

第二天，江丽琴带了桂花粥来。于是，早读时间就成了品粥大会。

第三天，李凤玲带了桂花麻糍。于是，早读时间又成了品麻糍大会。

总之，这一周，每天都有人带桂花产品。有桂花面包，有桂花蛋糕，还有位同学带来一道菜——桂花藕片，味道真不错。

过了一周，梓洋来到我办公室。她神秘兮兮地对我说："老师，我想送您一份特殊的礼物，这份礼物是专门为美女陈老师定制的。"我笑了，问："噢，是什么？"

梓洋眨着眼睛，露出两个小酒窝，她说："这份礼物的诞生还有一个故事呢！你要不要听？"

我挺直了背，认真地说："陈某愿洗耳恭听！"

接着梓洋就开始讲故事，听完之后，我感慨万分。望着眼前这位小姑娘，眼里闪着动人的光芒，不禁感叹：教育真是一件奇妙的事。事情是这样的。前段时间的某一天，梓洋和玲琪到我办公室玩，看到我正在泡茶。热水徐徐倒入杯中，白色的菊花、红色的玫瑰缓缓舒展开来，几粒枸杞从底部漂上来。两位小姑娘发出惊叹："陈老师，你的茶好漂亮！"

我端着我的茶，对着这两位即将跨入青春期的小姑娘说了这样一番话："作为女性，陈老师喜欢一切美的东西。比如喝茶，我喜欢买一个透明的玻璃杯，我喜欢在杯子里放上各种形状和颜色的花茶，我喜欢看这些干花在100摄氏度的热水里再一次绽放，我喜欢享受泡茶、赏茶、品茶、回味这样一个过程。陈老师上完一节课，有点累了，回到办公室，泡上一杯花茶，视觉、味觉都得到了放松，更重要的是紧绷的心弦瞬间松软。十分钟之后，我又可以精神饱满地来给你们上课了。孩子，你俩都是女孩子，女孩子就是要这样，让自己美美的。"

听我说话时，两位小姑娘始终抿着嘴偷笑，你看看我，我看看你。听我说完，两位小姑娘点点头说："女孩子，要美美的，我们知道了，谢谢陈老师。"说完，跑出了我的办公室。

我的这番话被梓洋记在了心头。这次，梓洋没有做桂花面包，也没做桂花粥，而是做了桂花茶。她说，她要把做好的桂花茶分成三份，一份送给妈妈，一份送给陈老师，一份送给自己。她希望三位女子都美美的。

梓洋递给我一个茶叶罐，罐子很漂亮，青底粉花，很有小女生的感觉。打开盖子，桂花已经被晾干，但很香。我撮了几朵放在透明杯子里，倒入热水，小小的桂花跳起了优美的舞蹈。

抿一口，唇齿留香。我微微一笑，继续批改作业。

后来，每个孩子还做了一个桂花香囊，送给学校里的老师呢！

六、全科教师齐上阵

还记得摇花乐吗？是的，那天我们不但邀请了校长来参加摇桂花，还邀请了其他任课老师，有科学余老师、音乐方老师、美术冯老师、数学周老师。

参加完摇花乐之后，这些老师还参加了我们的桂花食品品尝大会，还收到了孩子们做的桂花香囊。老师们“龙颜大悦”，直夸孩子们聪明能干，夸云端漫步课程有乐趣有实效，是真正的素质教育。

我和这些老师约定，周五，我们一起上同一门课程，也就是说，周五的课程表上只有一门课程，那就是“闻桂”。老师们满口答应。

9月30日（星期五）课程表		
节次	课程	任课教师
晨读	诵桂诗	陈红梅
第一节	写桂的传说	陈红梅
第二节	研桂	余双双
第三节	唱桂	方栋斌
午读	习作讲评	陈红梅
第四节	画桂	冯一豪
第五节	数桂	周建飞
第六节	数桂	周建飞

像这样全科老师在同一天里齐上阵，云端漫步课程中还是第一次。

余双双给孩子们上了一节科学课“解剖桂花”。孩子们在科学实验室里，用镊子、刀片对桂花进行解剖，在显微镜下观察桂花的结构。

· 闻桂学习单 ·

云端漫步 · 闻桂课程

学习单（三）研桂

让我们走进桂花的微观世界，看看桂花的构造吧！

实验目的	认识桂花的结构
实验材料	显微镜、解剖针、刀片、桂花若干朵
实验步骤	观察花的结构；做好实验报告。
实验报告	（1）聚伞花序簇生于叶腋，或近于帚状，每腋内有花多朵； （2）苞片宽卵形，质厚，长2—4毫米，具小尖头，无毛； （3）花梗细弱，长4—10毫米，无毛； （4）花极芳香；花萼长约1毫米，裂片稍不整齐； （5）花冠黄白色、淡黄色、黄色或橘红色，长3—4毫米，花冠管仅长0.5—1毫米； （6）雄蕊着生于花冠管中部，花丝极短，长约0.5毫米，花药长约1毫米，药隔在花药先端稍延伸呈不明显的小尖头； （7）雌蕊长约1.5毫米，花柱长约0.5毫米。

音乐老师教孩子唱了一首《八月桂花香》，唱完后，让孩子自己编一首桂花歌。这难不倒孩子。因为云端漫步的每一个主题课程，我都会让孩子创作歌曲。寻花课程里我们开展了第一期白云好歌曲活动，孩子们自编歌词，即兴演唱，即兴伴舞，并评出了最佳花歌手。到现在开展的“闻桂”课程，已经是第八期白云好歌曲活动了。

云端漫步 · 闻桂课程

学习单（四）唱桂

“八月桂花遍地开，白云歌曲唱起来！”白云好歌曲第八期活动就要开始啦！小音乐家们，开始写桂歌、唱桂歌啰！

一、欣赏桂歌（读下面一首桂歌，体会情感；也可上百度听一听、学一学。）

桂花香

作曲：兰一虹
作词：海潮

又是落叶飘凌香，桂花黄满巷
回想童年旧时光，桂花今朝又怎样

仰看窗外白月光，秋风丝丝凉
夜伴花香沁心房，桂花儿再一次黄

桂花儿黄满园香
仲秋月下思念着心里的郎
桂花儿黄月自赏
故乡花凝思成泪光

桂花儿香泪惆怅
徘徊在魂牵梦绕的故乡
桂花儿香心在唱
心上人游弋在远方

二、创作桂歌（自己也试着写一首桂歌，大胆地唱出来。）

美术老师给孩子上了一节画桂花的美术课。

数学老师给孩子上了两节与数学有关的“数桂”课。

一开始，数学老师挺犯难的，她不知道数学课可以做什么。我给她出主意，统计校园里一共有几棵桂树，金桂、银桂、丹桂各有几棵；测量桂树的树干周长，比比哪棵树最粗；到地上收集一大把桂花，估计有多少朵，然后数一数，估算的准确率……

数学老师采纳了我的意见，还设计了一份“数桂”学习单。此处的“数”念第三声，并不是单纯的数数字，而是涉及数学知识的闻桂学习。

·闻桂学习单·

云端漫步·闻桂课程

学习单（五）数桂

桂树和数学有关系吗？当然有啦！来一起走进“数桂”吧！

一、数（shǔ）树（小组实践活动：数一数校园里有几棵桂树。）

白云校园内共有（ ）棵桂树，丹桂有（ ）棵，银桂有（ ）棵，金桂有（ ）棵。

二、量树（分组实践活动：测量桂树的树干周长，比比哪棵树最粗。）

我们小组分到几棵树	
我们的测量结果	
全班的数据进行比较，最粗的一棵桂树是	

三、估数（从地上抓一把桂花，估计有几朵，数一数实际几朵，训练自己的估数能力。）

次数	估数	实际朵数	次数	估数	实际朵数
1			6		
2			7		
3			8		
4			9		
5			10		

经过同学们的统计，白云校园内共有桂树 56 棵，其中金桂 12 棵，银桂 35 棵，丹桂 9 棵。孩子们最喜欢的是测算树干直径，虽然测量是四年级就学过的内容，但是真正去实际测量还是第一次尝试。测量的时

候，碰到了许多做习题时没有遇到的问题。孩子们感叹道原来学数学在实际生活中非常有用。当然，最烦琐的是数桂花。可是大家都乐此不疲，为了提高自己的估算能力，孩子们一次次地从地上抓起一把把桂花，放学后坐在台阶上耐心地数。

我想到了北京亦庄小学的全科教学。想当初，我开展云端漫步课程，就是向亦庄小学学习，尝试一种全科学习模式。由于前几个主题没有经验，总是自己单打独斗，一人扮演着全科老师的角色。有时也由于个人知识的局限性，使“全科性学习”缺少深度和广度。而这次我集合多人的力量，终于痛快淋漓地尝试了一次全科教学。

接下去，闻桂课程进入“宣桂”阶段，每个小队制作“闻桂”美篇，进行网络宣传；最后，评出“桂冠”个人奖和“桂冠”小队奖。

闻桂课程圆满收官。

【时间安排】

时间	内容	地点	学科	指导者
9 月 23 日	启动闻桂课程 设计口号	校内	综合	陈红梅 余双双
9 月 23 日开始	读桂	校外 校内	综合 语文	家长 陈红梅
9 月 26 日	校园闻桂	校内	综合	陈红梅
9 月 29 日	写桂——写作指导课	校内	语文	陈红梅
9 月 30 日	摇桂	校内	综合	陈红梅
10 月 1 日—7 日	创桂：制作桂花食品、桂花香囊等	校外	综合	家长
10 月 11 日	全科教师齐上阵 研桂、唱桂、画桂、数桂	校内	全科	语数科音美 教师
10 月 12 日	宣桂	校内	综合	陈红梅
10 月 13 日	评桂：评比“桂冠”个人奖、“桂冠”小队奖	校内	综合	陈红梅 余双双

赏杏——金扇银扇秋风摇

【赏杏导图】

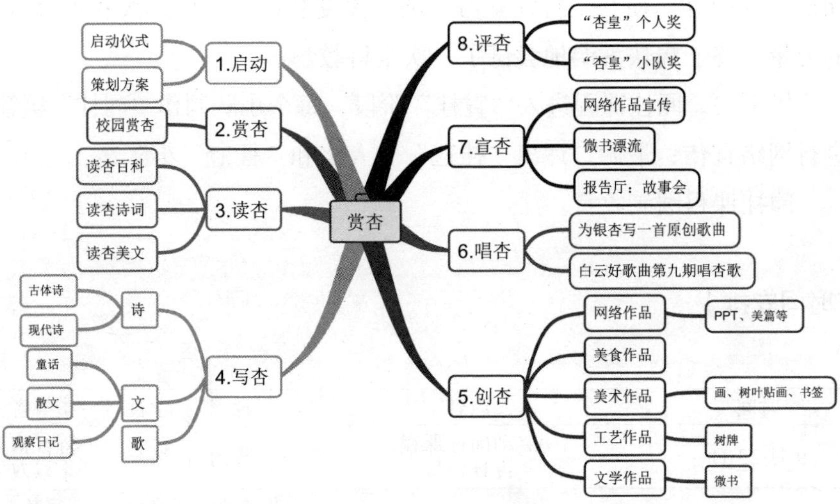

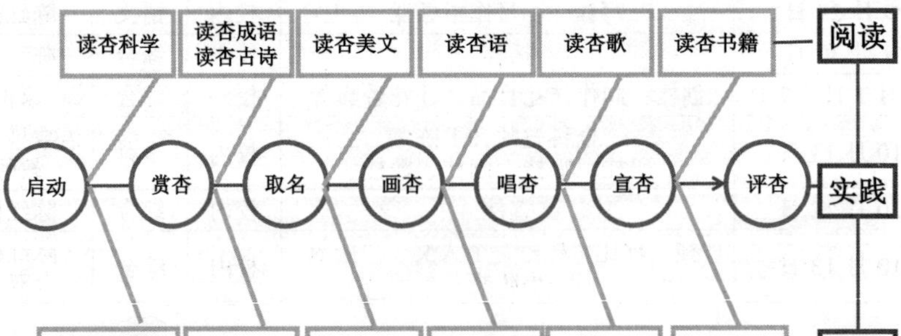

2016年11月的白云校园，和以往的任何一个深秋一样，银杏叶子开始慢慢变黄、飘落。因此，需要特别说明的是，这里的“杏”是指银

杏树。

云端漫步课程秋季篇里的最后一个主题“赏杏”开始了。每个孩子在这一期里，认领了一棵银杏树，他们为银杏取名、为银杏写诗、为银杏写歌、为银杏画画、为银杏做美篇等。赏杏课程因此成就了一棵棵银杏树的文化内涵，也成就了我们自己的素养和能力。在这个课程中，孩子们学习制作学习单，学习制作优秀美篇，开展美篇发布会，还为自己的银杏树挂上了独一无二的身份牌。我们有创新有成长！

【赏杏导读】

季节	目录	学习单	训练技巧
秋季	一、银杏黄了 ◆启动仪式◆策划方案	（一）启动	实践技巧：活动的仪式感 写作技巧：整合与创新
	二、认领一棵银杏	（二）赏杏	实践技巧：打开五官，睁开诗眼
	三、为银杏树取名	（三）取名	写作技巧：咬文嚼字学推敲
	四、为银杏写诗	（四）写杏	写作技巧：打开五官，书写心语
	五、我是一棵有文化的银杏 ◆制作美篇◆为银杏挂牌	（五）宣杏	实践技巧：信息技术、整合、设计、审美
	六、唱杏、画杏和评杏（略）		

一、银杏黄了

近日，学校工作繁忙，压力山大，身心俱疲。走在校园的小路上，一片银杏飘落在我的鞋上，如蝴蝶般轻轻扇动着翅膀。我的心为之一动，捡起落叶，回到办公室写下一首诗：

午后，
走在熟悉的小路，
这条路我走了三年。
一片叶子飘飘摇摇，
从我眼前落下，

停在我的小红鞋上，
微微扇动着，
她的翅膀。
我停下脚步，
轻轻拾起。
这是一片金黄的银杏，
褐色的叶脉闪着光泽，
没有衰败和枯萎，
反而有一股淘气和可爱。
我慢慢地走，
慢慢地捡。
这条小径到处是
这样充满灵气的落叶。
哦，轻轻地
说一声：原来，
你在这儿。
秋，
在我醒来的刹那，
降临。

我把诗打在PPT上，配上我拍的校园银杏图片，配一曲《秋日私语》。然后，在一个有阳光的午后，深情地朗诵给孩子们听。孩子们听得陶醉之时，我说：

就在那里 / 就在白云的校园里 / 捡一片银杏叶 / 把心灵的私语 / 写上 / 让它变成翅膀 / 飞翔 / 飞翔……

屏幕上，阳光照在金黄的银杏叶上，闪闪发光；教室里，诗歌映在孩子们的眼里，闪闪发光。大自然在呼唤着，呼唤着孩子们去亲近它，探索它！“孩子们，从今天开始，让我们在秋天金色的阳光里，开启赏杏之旅。首先，我们要举行一个 5 分钟的启动仪式。让我们先准备一下，好吗？”

“好！”

我发给孩子一份学习单。

· 赏杏学习单 ·

云端漫步 · 赏杏课程

学习单（一）启动

“就在那里，就在白云的校园里。捡一片银杏叶，把心灵的私语，写上。让它变成翅膀，飞翔，飞翔……”赏杏课程正式启动啦！

一、启动仪式

1. 设计一句赏杏课程口号：

2. 设计一个启动流程：

二、课程方案

学习小贴士：

1. 每位组员独立学习，想出一句口号；然后小组交流，选出本组最好的一句口号；派代表上台进行全班交流。

2. 小组合作学习，形成统一意见。

首先，孩子们要完成学习单上的第一大题——启动仪式。

各小队设计的赏杏课程口号有：

赏杏课程口号设计	
红樱桃小队	飞翔，飞翔，飞向梦想。
橙汁小队	蓝天白云下，赏杏开始啦！
黄菠萝小队	扇呀扇，凉风来；飘呀飘，银杏黄！
紫葡萄小队	赏杏赏杏，快乐第一！赏杏赏杏，幸福无比！
青苹果小队	金色的银杏在云端，快乐的我们在赏杏！耶！
蓝玫瑰小队	赏杏之路，幸福之路！
绿蜻蜓小队	没有最好，只有更好，赏杏会更好！
最终确定赏杏课程口号：飞翔飞翔，飞向梦想！赏杏赏杏，幸福无比！	

最终确定的赏杏课程口号是红樱桃小队和紫葡萄小队整合而成的。整合之后，大家试着喊了两次，感觉押韵响亮。

口号确定之后，就进入五分钟的启动仪式了。启动仪式的流程方案采用了青苹果小队的点子。大家认为他们的流程简洁又有创意。

赏杏课程启动仪式

主持人：郑梓洋　江丽琴

表演：严立峰（绿杏）、蒋凤启（黄杏）、郑奕珍（金杏）、梅星磊（彩杏）

梓：秋天来了，一群银杏儿在云端飘舞着。瞧，有绿杏、黄杏、金杏、彩杏。

（严、蒋、郑、梅表演银杏跳舞。）

丽：云端下面是一所白云学校，幸福小二班的孩子们正在读书呢！“锄禾日当午”预备起——

齐：汗滴禾下土。

丽：同学们念得头有点儿晕。

梓：这时，银杏叶儿们开始呼唤——

银杏们：快来赏杏吧！快来赏杏吧！

梓：同学们，你们要不要去赏杏啊？

齐：要！

丽：让我们一起喊响赏杏口号——

齐：飞翔飞翔，飞向梦想！赏杏赏杏，幸福无比！

梓：再来一次，你的热情让我听到！让银杏儿听到！

齐：飞翔飞翔，飞向梦想！赏杏赏杏，幸福无比！

梓、丽：预祝幸福小二班赏杏课程圆满成功！谢谢！我们的启动仪式到此结束！

启动仪式结束之后，孩子们开始做学习单上的第二题，讨论课程方案。这已经不是第一次由孩子自己制定课程方案了，所以，我要求孩子要比之前想得更加全面，至少有一个创新之处。

收到各小队作业后，我不得不佩服他们的策划能力。红樱桃小队用一枝银杏作为思维导图的支架，活动内容写在银杏叶片上，整体图案设计有新意；青苹果小队则将赏杏活动分“查”“赏”“做”三条线开展，互相交融。右图是绿蜻蜓小队设计的课程方案，该小队的思维导图样式也是与众不同的，整个看起来就像一片银杏叶，而每条路线则又像迷宫，极富创意。

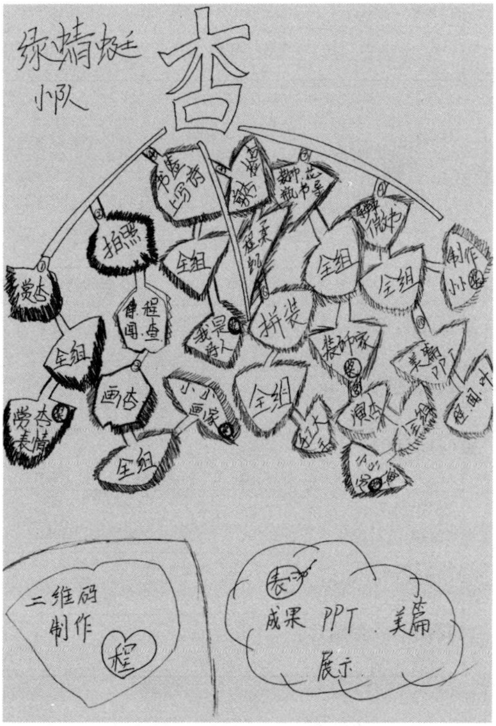

通过各小队方案展示、交流、点评、整合，最后，我们形成了赏杏课程方案（终极版），即前文“赏杏导图”就是孩子们的杰作。

二、在云端，认领一棵银杏

第二天中午，各队员在队长的带领下，去校园赏杏。

·赏杏学习单·

云端漫步·赏杏课程

学习单（二）赏杏

银杏的花语是“坚韧与沉着”,扇形的银杏叶散发着某种古老而又神秘的清香。

一、校园寻杏（小组实践活动）

1. 组织活动。中午时间，组长带领组员到校园赏杏，如何有序、有效、有趣地组织活动呢？请组员各抒已见，记录员梳理好，记录下来。

2. 赏杏活动。

（1）数一数：自云校园内共有（ ）棵银杏树。

（2）找一找：找一棵自己最喜欢的银杏树，看、闻、听、说、摸、拍，做好记录。

我最喜欢的银杏树
它生长的地点：
我看到的：
我闻到的：
我摸到的：
我们的对话：
我拍了一张照片：

看看蓝玫瑰小队完成的学习单：

校园寻杏组织活动
“三观”： （1）要有时间观念。一吃完饭就到时空广场台阶上集合（吃饭时记得把笔和学习单带去） （2）要有纪律观念。不踩踏草坪，不破坏花木，不能到树上摘银杏叶，可以到地上捡。 （3）要有集体观念。听从组长的指挥和安排，有顺序地观察，不要单独行动。 “五带”： 每个人必须带上“眼、鼻、耳、手、心”，这样才能做到有序、有效、有趣、有创意。

再看看红樱桃小队完成的学习单：

我最喜欢的银杏树
它生长的地点：白色大钟楼近旁
我看到的： 那棵树看起来很普通，枝干大概和我爸的腿那么粗。树很高，我要仰着头才能看到顶端。枝干上的叶子密密的，有的叶子是绿色的，有的叶子已经变黄。风一吹，一片叶子像蝴蝶一样，翩翩飞舞。
我闻到的： 我闭上眼睛，使劲吸了一口气。什么也没有闻到。我捡起地上的那片叶子，凑在鼻子旁，还没等我吸气，一股清新的味道就钻入我鼻孔。我使劲吸口气，把这股清新味吸入肺里。哇！顿时，神清气爽。
我摸到的： 我伸出手，轻轻地抚摸着树干，如我所预想的一样，好粗糙！这棵树的年龄应该很大了吧！
我们的对话： 我说：“银杏树，你好！能在秋天遇见你，是我的荣幸哦！”银杏树说：“你好！栾文浩。你是我第一个人类朋友。”我吃了一惊，果然是活化石，竟然料事如神，能知道我的名字。
我拍了一张照片： 我想拍这棵树的全身，可是，有点困难。我退到五米远的地方，蹲下来，“咔嚓！”一张照片定格在我的手机上。我的这棵银杏树露出大半个身子，左边被一棵桂树给遮挡住了，若隐若现，犹抱琵琶半遮面，有一种神秘感。银杏树的后面，是我们白云的标志性建筑物——白色大钟楼，树的顶部是蓝天白云。嗯，不错，这张照片留作纪念。

白云校园共有25棵银杏树，分布在时空广场东侧及行政楼东侧。每位同学都认领了自己喜欢的银杏树，全班48位同学，一棵银杏有两位小主人。

三、为银杏取名

“亲爱的孩子们，还记得春天里，我们给自己的花取昵称的事儿吗？假如我们爱某一个人，我们就会不由自主地为其取亲切的、好听的、有特殊意义的昵称。假如我们爱一棵银杏，我们又会怎么样呢？”

“我们也会给银杏取一个好听的名字。”孩子们说。

“取名可是一件重大的事儿。当初陈老师给儿子取名，字典都差点翻破呢！所以，我们要思考再思考、选择再选择。”说完，我发给孩子们一份学习单。孩子们带着这份学习单，再一次来到时空广场。

在属于自己的那棵银杏树下，用目光与树交流，用心语和树沟通。

·赏杏学习单·

云端漫步·赏杏课程

学习单（四）杏名

假如你爱一个人，你会给他取一个好听的昵称；假如你爱一棵树，你会给它取一个特别的名字。让我们为自己的银杏树取个名儿吧！

一、我的银杏树特点（取什么样的名字，配什么样的树。）

二、我的银杏树名字（取什么样的名字，一定有我的道理哦！）

名字	含义

三、我的银杏树书签（名字取好了，为我的银杏树做一个名片书签，送给我的朋友。）

◆先打个草稿吧！

◆再画到卡纸上，小心地剪下来！

来看看孩子们取的树名吧！

树名：蝶暖星晨
（作者：王梅锦）
Hi！你好！
可以叫你蝶暖星晨？
——因为你叶子飘飘
像极蝴蝶
——金色蝴蝶
见到你金黄
——全身停留暖意
远看，你叶子
似繁星
遇见你
——仿佛遇见早晨刚苏醒阳光
蝶暖星晨——
名字喜欢吗？

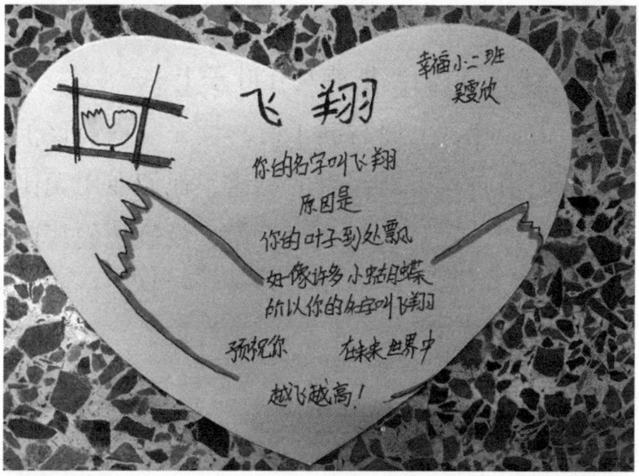

树名：飞翔
（作者：吴雯欣）
你的名字叫飞翔
原因是
你的叶子到处飘
好像许多小蝴蝶
预祝你
在未来世界中
越飞越高！

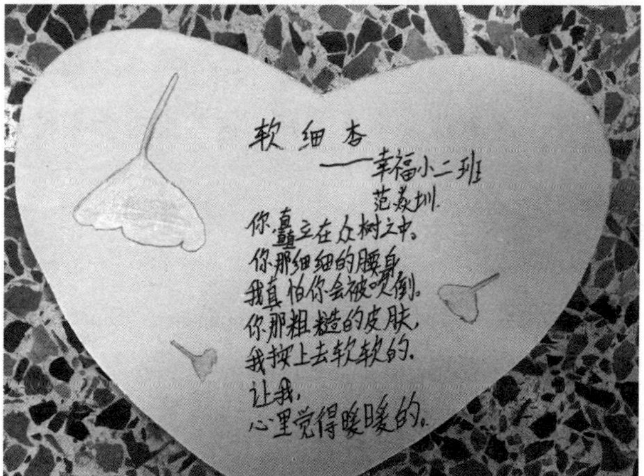

树名：软细杏
（作者：范焱圳）
你矗立在众树之中，
你那细细的腰身，
我真怕你会被吹倒。
你那粗糙的皮肤，
我按上去软软的，
让我，
心里觉得暖暖的。

25 棵银杏树，25 个名字，没有重复的，只有独特的。

四、为银杏写诗

叶子一天比一天黄，也一天比一天飘落更多。

在那飘落的身姿里，到底藏着美，还是藏着忧伤？其中意味只有孩子知道，只有银杏知道。

又一个阳光灿烂的午后，幸福小二班的孩子们飘然而至，来到银杏树下，银杏无声但有情，她把飘落的叶子送给孩子，把满身的金叶展示给孩子。

孩子们时而抬头仰望树梢，时而俯身捡一片落叶，时而绕着树奔跑，时而捧起满地的黄叶抛向天空……

临走，每个孩子都捡了落叶，他们要把诗写在叶子上。

第二天，我收到了一捧银杏叶，上面写满了诗。读完每一位孩子的诗，我眼里漾着泪珠。孩子们用心写下对银杏的私语，他们在用无比虔诚的态度和自然对话。作为老师，我其实什么也没做，没教他们写诗的技巧，没教他们如何遣词造句。可是，他们回报我的，却是无价的真诚和宝贵的童心。

我那天来不及喝一口水，利用一切碎片时间，选了 18 首诗打成电子稿，发给报社的朋友。朋友当天便回复我，他将用一个版面来刊登这些灵光闪耀的诗歌。

没过半个月，这 18 首诗刊登在《今日柯城》报纸上，整整一个版面，18 位孩子用诗告诉世界，这个秋天多么美好，这些银杏多么特别，这样的童年多么无邪。

读一读吧，这些诗一定会如琴音扣动你的心弦。

赏 · 杏

六（2）班　翁歆

杏，在路边在云校，
走在云的路上，

看见了金扇子，
听见了落杏子，
闻见了味道。
谁不想去赏杏，
一个人去多么无聊，
来我们云校，
加入我们，
——云端漫步。

银杏叶子

五（2）班 吴庭皓

银杏叶子，
你立在枝头，
像一把把小扇子，
随风扇动，
随风舞蹈。
银杏叶子，
你飘在那空中，
像一只只小蝴蝶，
悠悠飞动，
悠悠落下。
银杏叶子，
你躺在那草丛，
像一个个小书签，
静静思考，
静静幻想。
银杏叶子，
你还会用怎样的姿态，
出现在我眼前？

赠银杏

六（2）班 郑撼

一木擎天立，金蝶半空飘。
一树黄金迎十月，金上银边九月霜。
十二雪盖头，腰身丝不弯。

杏诗

六（2）班 傅美

一片杏叶遮满天，两片杏叶相媲美。
三片杏叶争苏艳，四片杏叶美如画。
一场杏雨停留秋，丝丝怀念油然生。
时间行云如流水，却躲不过镜反射。

孩子们的银杏诗歌发表了，多兴奋呀！如何将这片有着特殊意义的叶子保存下来呢？我邀请任教科学的余双双老师，上一节制作树叶书签的科学课。余老师非常用心，专门到淘宝网上购买了制作树叶书签的塑封工具。孩子们用了一节课时间，将一片或几片写有诗歌的银杏塑封好，制成了一片独特的书签。

我让孩子们把这片书签夹在自己的日记本里，并且在日记本的扉页写下这句话：

> 世界上没有两片完全相同的叶子。
>
> ——德国哲学家莱布尼茨

我说：“孩子们，你们做的这份书签是独一无二的，你们每一个人也是独一无二的，你们人生中每一个阶段的体验也是独一无二的，请把这份书签永久地保存下去，让它成为你人生中的美好回忆。”

五、我是一棵有文化的银杏树

在课程方案中，我们设计了三种方式进行宣传，一种是美篇，一种是挂牌，一种是故事会。下面，我向大家讲述前两种。

◆制作美篇

美篇的制作，在前面主题课程中，部分孩子也做过。但是我没有专门指导，只是让孩子在尝试的过程中学会使用这个软件。赏杏课程中，我详细指点孩子们进行美篇制作。

·赏杏学习单·

云端漫步·赏杏课程

学习单（八）宣杏

白云校园里有一棵属于我的银杏树，在赏杏课程中，我为这棵银杏写诗，为这棵银杏画画，同这棵银杏聊天，给它讲故事，我的银杏已经成为一棵有文化的银杏树了。我要为这棵银杏树制作美篇、创作树牌，为它做一张有个性的名片。

制作美篇（先为美篇打个草稿）

1. 取个大标题（美篇的眼睛）。

2. 搭个框架图（美篇的骨架）。

（1）用思维导图搭个框架。

（2）小组分享提意见，用蓝色笔进行修改。

3. 添上小细节（美篇的枝叶）。

在框架的每一个小标题下方添上解释性、描述性或引导性的语言。

4. 配上美图片（美篇的外衣）。

找出和文字相匹配的图片，假如没有，那就用手机重新拍。

5. 选择好模板（美篇的气质）。

美篇软件有许多可供选择的模板，如经典风、简洁风等，为自己的作品选择一个合适的模板，与之相吻合。

通过这份学习单，孩子们做了许多美篇。扫描下面的二维码可以阅读孩子们的作品。

吴庭皓	王玲琪
郑梓洋	栾佳慧

◆挂上树牌

我说：“孩子们，白云校园里的银杏，他们有一个共同的名字叫银杏树，但是，他们又有25个不同的昵称，有的叫‘橘生’，有的叫‘小细小’，有的叫‘绿影清风’。在每一棵树的背后都蕴含着不同的故事，有着不同性格的朋友……我们的银杏树是有文化的树，他们应该拥有自己的身份牌。”

孩子们纷纷认同。

那么，要做一块怎么样的身份牌才配得上白云校园的银杏？孩子们开始了讨论和策划。

王梅锦提议：“每一块身份牌的形状要独特。”

孩子们开始发表建议：

“我想设计树形的牌，因为，银杏是树嘛。”

“我想设计云形的牌，白云学校的银杏，这是白云的印记。”

“我要设计一块牌子，形状是翻开的一本书。我想用这个形状告诉大家，我的这棵银杏树是与众不同的，它听我读过很多很多书呢！”

接着，栾佳慧提议：“一块牌子，上面要写的字是有限的，可是，如何让来往的人能更深入地了解这棵树呢？我建议，把这棵树的美篇二维码印到牌子上去。”

这个主意立刻得到了同学们的响应。

郑梓洋站起来补充：“我给栾佳慧做个补充。最近我学会了做活码，什么叫活码呢？我们的美篇若有更改或添加的内容，活码就会自动更新。我觉得这个身份牌要印上去的话一定要是活码。因为，我们的银杏在成长，我们的活动在继续，我们的美篇也会不断更新。有了这个活码，才能让这个身份牌‘活’起来。”

听了梓洋的创意，大家不由自主地鼓起掌来。

我激动地竖起大拇指表扬这位爱钻研的女孩。

下一节语文课的前十分钟，我们的语文老师是郑梓洋，她在给我们进行“活码生成”的指导。我如一位好学的学生，坐在梓洋的座位上，边听边记笔记。

接下来的工作非常顺利，25 个活码生成并检测通过，25 份身份牌制作完成。在一个有阳光的日子里，秋高气爽，秋风拂面，我们幸福小二班的全体同学，在白云校园里，举行了“白云银杏”挂牌仪式。

那天，天特别蓝，云特别白，银杏扇动着金色的翅膀，我们一起在心中歌唱，歌唱这一排有文化的银杏树，歌唱这一群有情怀的孩子。

之后，赏杏课程又经历了“宣杏”，最后就进入尾声“评杏”。评比活动按照课程方案，要进行综合评比和单项评比。评比的过程遵循一贯的公平、公正原则，先由学生填写自评考核表，再由同伴互评，小组考评推荐，最终班级评比。

每次评比结果出来之后，我们都会举行一个简单又隆重的颁奖仪式。颁奖音乐响起，主持人读主持词，请获奖人员上台，请颁奖嘉宾颁奖，获奖人员发表一句话感言，再拍照留念。仪式完全由学生负责，奖品也不贵重，有的是我淘宝上批发购来的铅笔、橡皮，有的是学生从家里带来的零食；奖状有时是主持人设计的，有时是从我这边领取的。

又一个主题结束了！让我们走过秋天，在冬天里相聚！

【时间安排】

时间	内容	地点	学科	指导者
11月1日	启动赏杏课程 设计口号、策划方案	校内	综合	陈红梅 余双双
11月2日	赏杏：认领一棵银杏	校内	综合	陈红梅
11月3日开始	读杏	校内外	综合	家长 陈红梅
11月7日	为银杏取名	校内	综合	陈红梅
11月10日	为银杏写诗	校内	语文	陈红梅
11月16日	创杏：树叶贴画	校内	美术	冯一豪
11月17日	唱杏	校内	音乐	方栋斌
11月18日—30日	宣杏：做美篇	校内外	综合	陈红梅
12月3日	宣杏：做树牌	校内	综合	陈红梅 冯一豪
12月5日	评杏：评比“杏皇”个人奖、 “杏皇”小队奖	校内	综合	陈红梅 余双双

沐阳——冉冉冬日洒微暖

【沐阳导图】

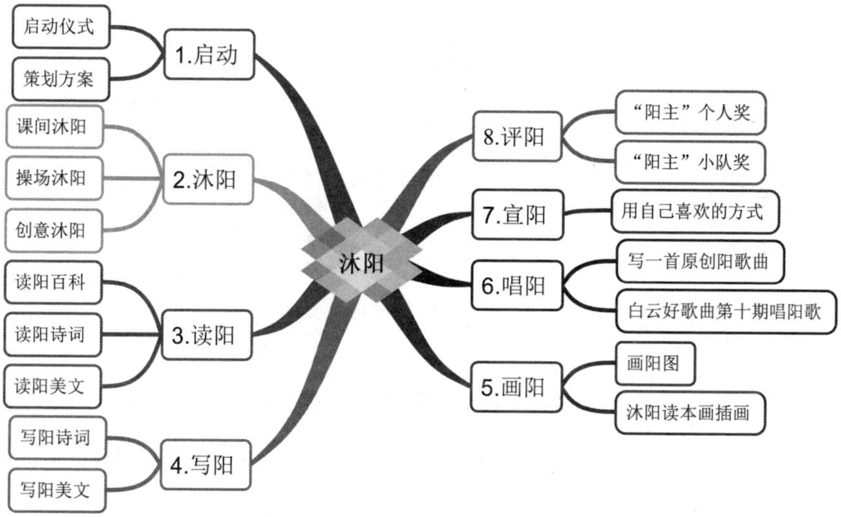

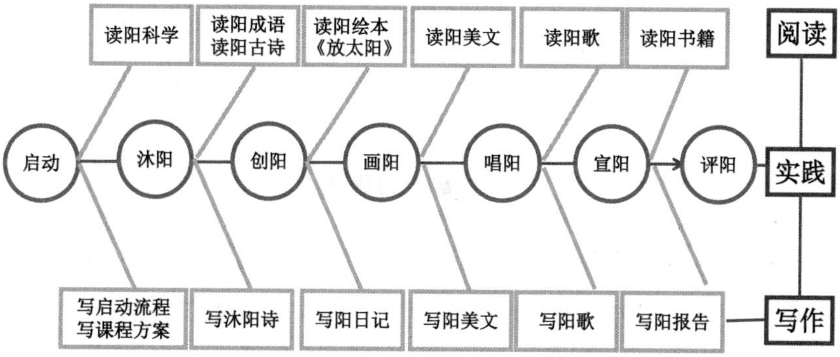

沐阳课程是冬日里开启的第一个课程，它带领着孩子课间沐阳、操场沐阳、创意沐阳、读阳、写阳、画阳、唱阳，用自己喜欢的方式宣阳，最后评阳。

从课程开始的那一天起，孩子们发现，每一天的太阳都是新的，每一天的生活都是新的；我发现，每一天的教育都是新的，每一个孩子的每一天都是新的……

【沐阳导读】

季节	目录	学习单	训练技巧
冬季	一、沐阳的来历		写作技巧：咬文嚼字
	二、开启沐阳 ◆沐阳？牧羊 ◆启动仪式 ◆策划方案	（一）启动	实践技巧：活动的仪式感 写作技巧：1. 整合与创新 2. 投入情境，书写心语
	三、沐浴冬日暖阳 ◆课间沐阳 ◆小队沐阳 ◆还有谁在沐阳	（二）沐阳	实践技巧：打开五官，睁开诗眼 创新、合作 换一种视角
	四、遇见一首诗	（三）写阳	写作技巧：真实书写心境 创意提炼技巧
	五、放太阳啦	（四）读阳	阅读技巧：感受画面，体会表达
		（五）创阳	实践技巧：解放双手和大脑，创意创意！
	唱阳、画阳、宣阳和评阳（略）		

【沐阳故事】

一、沐阳的来历

最初在架构云端漫步整体课程框架时，每个季节 3 个主题，其中 2 个主题是植物或动物，另 1 个主题与气候相关，具体如下：

季节	植物（或动物）	气候
春	寻花、问柳	听雨
夏	思荷、访蝉	看云
秋	闻桂、赏杏	弄月
冬	寻梅、？	踏雪

而在设计冬季课程时，我灵光一闪想到了“踏雪”“寻梅”这两个主题，可是第三个主题怎么也想不出合适的。我一直在寻思：冬季的动物有什么特点呢？——冬眠。那就探究冬眠的动物？于是，我就暂取了个“藏冬”的名称。可是，心里总觉得别扭。

眼看着秋季课程即将结束，冬季课程迫在眉睫。这个临时的名称“藏冬”像根鱼刺卡在我心里。凡是碰到要好的朋友我都会向他们咨询意见，但一直没有让我满意的答案。

有一次，我们师范同学聚会。有一位是名校长，一位是画家，一位是设计师。如此高端的聚会，我怎么能放过求助的机会呢？于是，我便把自己云端漫步 12 个课程的主题说给各位听。几位同学听了都非常感兴趣，觉得我当语文老师真是风花雪月浪漫之极。

校长同学说：“探究冬天的动物，其实挺空洞的。这个课程是基于校园的，校园里哪些动物冬眠了，孩子们能亲眼看到吗？最多也就是上网搜索吧。所以，冬天探究动物，我劝你还是砍掉。”

设计师同学说：“冬天的风应该是很有特色的，要不就探究风？”

画家同学的夫人说：“风可以春天探究呀，春风拂面，暖暖的多舒服，北风呼呼冻死人呀！”

画家同学说：“我也不赞同研究风。还是研究冬日暖阳好。冬天开太阳时，孩子们跑到操场上沐浴阳光，多幸福的事呀！”

最后大家也赞同探究“冬阳”。可是，这个名字怎么取呢？

“沐浴冬日暖阳，要么取名‘沐阳’。”最后，我的画家同学帮我一锤定音。

沐阳，沐阳，沐浴冬日暖阳！真是好名字，于是就这样定了。冬天来啦，我们就开启“沐阳”之旅啦——

二、开启沐阳

◆ mù yáng ???

天气虽冷，阳光甚好。

下课了，我对孩子们说："云端漫步冬季课程里有一个主题是沐阳。"

我停顿了一下。

确实"沐阳"这个词从声音上听起来，第一感觉是"牧羊"。这也是我担心会出岔的地方。

有同学就问了："老师，你确定是牧羊吗？我们上哪牧羊去呢？这和冬天有关吗？"

望着孩子们疑惑的眼神，我微笑地望着他们，足足一分钟不说话。我希望这一分钟可以在孩子脑海里留下足够的问题和画面。

一分钟后，我说："此沐阳非彼牧羊，此乃沐浴阳光的沐阳。"

"啊？"

"哦！"

"哦？"

"啊！"

孩子们舒眉，展眉，张嘴，捂嘴，欢笑又拍手……

对啊！我就是想用"沐阳"这两个字搅动孩子们的思维和无穷的想象力。

我对孩子们说："刚才，听到'mù yáng'这两个字，你的脑海里经历了什么？现在请你在脑海里回放一下，把学习单上的第一题做好。

· 沐阳学习单 ·

云端漫步 · 沐阳课程

学习单（一）启动

如果世界是一间小屋，暖阳就是小屋中的一扇窗；如果世界是一艘船，那么暖阳就是茫茫大海中的一盏明灯。冬日里，阳光是给我们最好的礼物，为我们驱逐寒冷，让我们的脸庞挂上有弧度的微笑。让我们开启“沐阳”之旅吧！

一、沐阳名字（当老师宣布“沐阳”这个名字时，你的脑海里经历了一场怎么样的思维活动？请用文字记录下来。不拘形式，可以写诗，也可以三言两语。）

二、启动仪式

1. 设计一句沐阳课程口号：

2. 设计一个启动流程：

三、课程方案

学习小贴士：

第一题：每位同学先独立完成，用蓝笔修改；在小组里分享，选出一篇进行全班分享。

第二题：每位组员先独立学习，想出一句口号；然后小组交流，选出本组最好的一句口号；派代表上台进行全班交流。

第三题：小组合作学习，形成统一意见。

第一题完成之后，组员在小组里分享自己的作业。然后，每个小组选出一篇进行全班分享。其中有两个小队的文章获得了我的赞赏。

一篇是橙汁小队推选的代表——郑撼的作品。他将自己写的一首诗投在大屏幕上，并且朗诵给全班同学听。

牧羊？沐阳？

六（2）班　郑撼

今天老师出了一个新的
主题，
叫
牧羊。
牧羊？
沐阳？
牧羊还是沐阳？
我实在有点晕。

读完之后，郑撼发表感言："我们小组刚才一致推选我的诗上来分享。我问组长栾佳慧，你确定？结果全组的同学都点头。我太惊讶了。这首诗，是我用40秒钟的时间写出来的。一开始我在发呆，组长栾佳慧催我，老催我，我被催得不耐烦，就抓起笔，花了大约40秒钟，写下了这首诗。"

听了郑撼的一番话，大家都哄笑起来。我也不由自主地笑了。郑撼是个喜欢看书的孩子，但是不喜欢写作业，课堂作业本、学习单这类的作业常常能拖就拖。

我请郑撼的组员谈一谈为什么推荐郑撼的这首诗。

组长佳慧站起来说："虽然郑撼这首诗看起来很简单，但是，读起来很有童趣。语言非常自然，是从郑撼心底里流露出来的。陈老师以前说过，写诗就是要写心底里最真实的感受。刚才我催郑撼写诗，他真的只用了一分钟不到的时间就写出来了。真是令人佩服。我建议大家给郑撼掌声，也希望郑撼以后做学习单能积极一点，把字写好一点。"

大家都热烈地鼓起掌来。郑撼站在讲台上有些不好意思，笑着摸着自己的脑袋。

我趁热打铁，继续鼓励郑撼："我想告诉郑撼，很多诗人的成名之作，都是在灵感来时的瞬间写下的。你这首诗就是自己的灵感之作，千万不要怀疑自己的才能。但是，我还要强调的是，郑撼虽然写这首诗只用了40秒，但是他之前为这首诗所做的准备却不止40天。你看，郑撼是我们班看书最多的孩子，他家的图书一个房间都堆不下了。如果郑撼没有之前博览群书打下的基础，又怎么能在40秒中写下这首诗呢？所以，我建议大家再一次为郑撼鼓掌，学习郑撼博览群书的精神。”

这一次，我感觉到站在台上的郑撼，挺直了腰板，眼里有一种叫作自信的光芒闪现着。

郑撼的诗歌分享结束之后，还分享了黄菠萝小队龚昕宇同学写的一首诗，同样相当不错。

龚昕宇的诗被清晰地投在大屏幕上，她柔柔地朗诵：

牧羊·沐阳

六（2）班　龚昕宇

在草原上
小男孩
放着一只只
雪白的花
——绵羊
在校园中
小女孩
沐着一缕缕
温暖的金
——太阳

我请龚昕宇谈一谈这首诗创作背后的想法。昕宇说：“陈老师第一次说‘沐阳’的时候，我以为是‘牧羊’。于是，我脑海里就有了一个小男孩在草原上牧羊的画面。当陈老师说不是‘牧羊’，是沐浴阳光的‘沐阳’时，我脑海里的画风立即变成小女孩在晒太阳。”

掌声响起！

梅锦点评："我最喜欢诗里那两句'雪白的花——绵羊'和'温暖的金——太阳'，让人感觉到牧羊真美，沐阳真暖。"

玲琪点评："我认为龚昕宇在写这首诗的时候，也与郑撼一样，把自己心底的想法真实地写下来。她脑海里有了这画面，所以就把这画面写下来。"

梓洋点评："我们写诗写作文，要向龚昕宇和郑撼一样，写出自己的心语。但是怎样才会心里有'语'呢？那就是写之前要投入，要认真，就是陈老师说的，要打开五官。否则的话，不投入某个情境，心里就不会有想法。没有想法，老师布置我们写作文，那就很痛苦了。所以有的同学就只好瞎编了。瞎编出来的作文就没有灵气。"

梓洋一口气说完这一大段话，令我十分佩服。她把老师要讲的写作技巧全讲完了，连老师没想到的，她也讲了。

掌声！这掌声是献给古灵精怪的点评家的。

最后，我进行总结陈词：

"龚昕宇用她的创造力把'牧羊'和'沐阳'巧妙地融合在一起，这首诗无论是构思上、语言上，还是意境上都无可挑剔，堪称完美。我希望，龚昕宇继续写下去，假如某一天龚昕宇能成为一位诗人，到那时，你这首诗就名扬四海了。所以，我宣布，龚昕宇的这首诗被选用作为《沐阳读本》的序。"

掌声！这掌声是送给未来诗人龚昕宇的。

在热烈的掌声中，我们下课了。学习单上还有两道题作为家庭作业请孩子们带回家做。

第二天，我们用了晨读20分钟时间进行交流，确定了沐阳课程的口号：沐阳沐阳！沐浴冬阳！沐阳沐阳！散发光芒！

由黄菠萝小队主持本次沐阳课程的启动仪式，并确定了沐阳课程的课程方案，见前文"沐阳导图"。

三、沐浴冬日暖阳

◆课间沐阳

今天有两节语文课，第一节课我上教材上的内容。下课铃一响，我一声令下："今天阳光好，同学们到走廊沐阳去吧。"

孩子们呼啦一声，5 秒钟全跑到走廊上了。

孩子们兴奋地叽叽喳喳，一个个仰着头朝着太阳望，但阳光太刺眼，又都在捂眼睛。

我走过去，轻轻地说："嘘——别出声，阳光说话你会听不见的。"

孩子们立刻安静下来。

第二节上课了。我问孩子们："在座的所有人都晒过太阳，但是，像今天这样沐阳，还是第一次。有没有人沐出诗意来?"

王梅锦第一个举手，她站起来说："我站在走廊上，感觉太阳就像一双小手，抚摸着我的脸，好暖和，我仿佛要睡着一样。"

"梅锦，你刚刚说的话就可以作一首诗，听我念。"我即兴作诗，动情朗诵：

太阳的小手

王梅锦 陈红梅

我站在走廊上
冬日的阳光
像一双小手
抚摸着我的脸
温暖如春
我闭上眼
陶醉着
就要睡着了

我一念完，同学们就鼓起掌来。梅锦一脸的自豪。

我问："谁还想聊一聊自己在沐阳时的感受？只要你说出来，陈老师就可以把你的话变成一首诗。"

江丽琴第二个举手，她站起来说："我刚才下课时在补作业，补好作业出去沐阳，虽然时间只有三秒钟，但阳光给我的感觉却奇妙无比。我一抬头，无数道光线直直地、毫无保留地射在我脸上，似乎把我指引向未来。"

我即兴作第二首诗，动情朗诵：

三秒钟阳光

江丽琴　陈红梅

做完作业
我来到走廊沐阳
看你的时间只有三秒
你使出洪荒之力
把千万道光芒
洒下
我在你的指引之下
看见了未来

我一念完，孩子们又鼓起掌来。

"孩子们，写诗多简单呀！只要你做两件事，第一件事是去体验——体验沐阳的感受；第二件事是说心语——把心底里的语言说出来，变成文字。然后，把你的长句子砍成几个短句子，就是一首独特的诗啦！"

孩子们听得一脸羡慕和崇拜。

"要不要试一试？"

"要！"

嘿！幸福小二班的孩子们，就是这样被我引上爱写作的道路的。

我发给孩子们一份学习单。

·沐阳学习单·

云端漫步·沐阳课程

学习单（二）沐阳

醒来吧，冬日的早上，这是多么美好的阳光。打开吧，打开你心灵的窗，就像打开每天新的希望。让阳光洒在你的脸上、手上、鞋子上，它能赋予你神奇的力量。今天，我们要来一场奇特的“沐阳”之旅，准备好了吗？

课间沐阳

先深吸一口气，对自己说：“我要到走廊上去，我和太阳有个约会。”然后，轻轻地、轻轻地，移步到走廊。（记住，这个过程中不说一句话。）

三分钟之后，缓步回教室，用一首诗写下刚才沐阳的体验。（记住，这个过程中不说一句话。

写诗小贴士：

第一步，写诗要有思想：打开五官，用心体验；睁开诗眼，表达心语。

第二步，写诗要有技巧：诗的形式要句子短，分小节；诗的语言要简单、真实、富有童趣。

看了这份学习单上的提示之后，有的同学提议能不能再出去沐阳三分钟？我答应可以从后门悄悄地出去，悄悄地回来，不要打搅任何人。于是，冬日的走廊上，幸福小二班的孩了沐浴暖阳，书写出一段段美文。下班前，我批改完孩子们的沐阳学习单，立刻选择了 29 篇，修改好后在我的微信公众号中推出。

第二天上午，太阳始终蒙着她的脸，但我已充分感受到了别样的阳光。比如，晨间未到教室先闻其声的琅琅吟诵声；比如，课堂上帅生问好时，孩子脸上的灿烂笑容；再比如，收到了衢州市教育局的好消息——栾佳慧获市演讲比赛第一名，并被推荐参加省级比赛……

在之后的两节语文课上，我用了大半节课赏析学生写的美文。我把入选我公众号的29首诗都念了一遍，在每一首诗的题目后面，我都特别强调“小诗人”三个字，告诉大家，这些诗丝毫不比大诗人写得差。

孩子们写的沐阳诗歌，每一篇都洋溢着温暖，每一篇都闪现着灵光。

沐阳

小诗人　李凤玲

我趴在栏杆上
闭着眼享受阳光的温暖
阳光
照在我乌黑的发上
变成金黄
我
睁不开眼睛
躺在阳光的怀抱

陈老师点评：一定是你不愿睁开眼睛，想永远躺在阳光的怀抱，是吗？

热乎乎的小手

小诗人　余文晨

我在走廊上
风一吹
阳光就像
热乎乎的小手
抚摸着我的脸
抚摸——

陈老师点评：多么温暖的小手，多么温柔的抚摸！真是令人羡慕。

沐阳

小诗人　郑奕珍

在阳光里
我静静地睡着了
我的梦中
出现了
那种橘子的
黄
甜
酸

陈老师点评：在奕珍的梦里，太阳变成了橘子，它是一个黄色的、又酸又甜的橘子。多么奇妙的梦啊！

念完 29 首诗，我深情地说："同学们，你们写的这些诗里，每一寸阳光都是温暖的，每一个字眼都是向上的。每一首都是励志诗歌。任何一个对生活失去信心的人，读了你们的诗，都将重拾自信。因为，你们用阳光和爱给了他美好的指引。"

◆小队集体沐阳

继课间沐阳之后，小伙伴们又提议，到学校操场上去沐阳。我们可以创造一些花样沐阳法。

嘿，沐阳还可以沐出花样来呢！那好吧！反正，世界上免费的阳光有的是，只要你愿意，你就可以尽情拥有和享受。

来！带着学习单去操场！带着好心情去沐阳！

来看一下，小队开展了哪些有趣的沐阳活动？这是其中一个小队完成的学习单。

<table>
<tr><td colspan="3">青苹果小队沐阳活动</td></tr>
<tr><td>主题：沐阳</td><td>地点：白云操场</td><td>时间：</td></tr>
<tr><td colspan="3">活动项目：抓阳光</td></tr>
<tr><td colspan="3">小组分工：组长郑梓洋组织、喊口令；每位组员带一个透明的塑料袋。</td></tr>
<tr><td colspan="3">活动记录："抓阳光"活动分为"手抓"和"用袋子抓"两种。
1. 大家排成一排，张开手掌，朝着太阳的方向，猛地握紧拳头，把阳光抓在手心里。闭上眼，想象。然后，轮流把抓阳光的想法分享给组员听。
2. 每个人有一个透明的塑料袋。我们用两只手将袋子的口拉开，举起来，对着阳光奔跑，直到塑料袋里装满了阳光，再把袋口绑好。然后，请小组成员分享此刻的感受，也可以说说，被抓的阳光会怎么想？</td></tr>
<tr><td colspan="3">一首小诗：抓住阳光（作者蒋凤启）
我闭着眼睛
张开十指
手心朝上
阳光轻轻地、
柔柔地落在我心里
有点痒有点暖
我忍住一动不动
直到我的手心里落满了
阳光宝贝
我猛地握紧拳头
哈哈，终于抓住你了
阳光宝贝，
今天晚上，我要让你陪我度过黑暗。</td></tr>
</table>

◆还有谁在沐阳

我们在学校，上学时迎着朝阳，下课后沐浴暖阳，放学时目送夕阳。

我说："孩子们，在地球上，还有谁也在沐阳呢？从今天开始，让我们把视角转换一下吧！今天的家庭作业，大家写一写，还有谁也在沐阳？好吗？"

“好！”

第二天，我在批改孩子们的习作时，就有了很多新的发现。

郑梓洋的沐阳日

——阳来寒消

转眼间，2016年已步入冬天，北风呼呼地吹着。裹着棉袄，穿雪地靴的人随处可见。

植物有没有保暖的措施呢？

一大早，我便踏上幽静的丛林小道。大树底下，深绿色苔藓上——一只小小的蘑菇。深褐色的蘑菇帽仿佛是一顶防寒帽，让这个高度只有四厘米的小生物有了抵抗寒冷的勇气！

风吹来，一瞬间，仿佛下雨了一般，枯黄的树叶与晨间的露水，一同落了下来，用短暂的几秒演绎了一段舞蹈。

这时，太阳升起来了。金色的光束被树叶所遮挡，透过缝隙，照射到了依然新绿的草丛上，照射到风中摇曳的枯草上，照射到凋零的花瓣上……

太阳的温度，是生命的温度。

我与植物一起，沐浴在阳光里……

陈老师点评：寒与暖的对比，风与阳的对比，让我从你的笔下感受到了生命的温度，更感受到了你的文字的温度！谢谢你，一早用文字在冬天温暖我。在我的心里，你的文章就是太阳。

我望一眼窗外的阳光，把孩子写的“沐阳日记”全部留下。我欣慰地笑了。今天，你沐阳了吗？我在心里回答：今天，我沐阳了。孩子，你们就是我的阳光。

四、遇见一首诗

栾文浩在他的沐阳日记写了197个字，并不符合我的300字要求，但是通读全文后，我甚是喜爱，便开始不停敲击回车键，将 197 字短文变成了一首 26 行的诗歌。

原文：

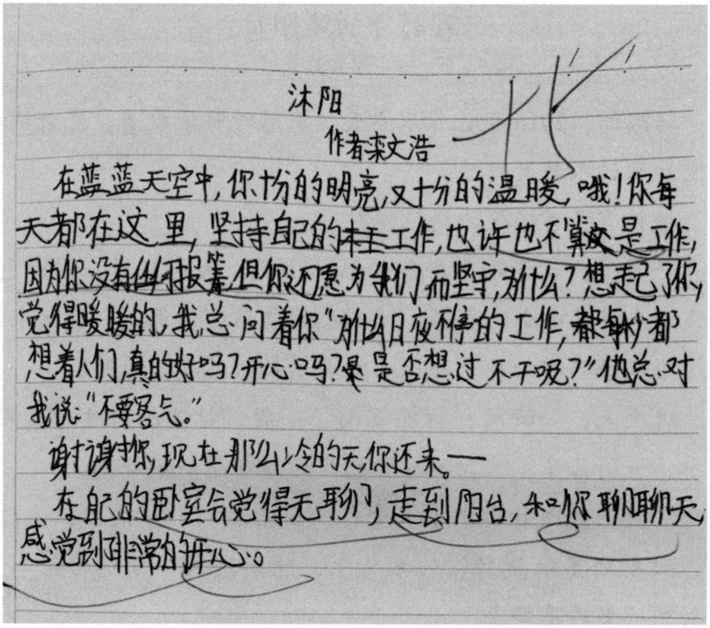

沐阳

作者栾文浩

在蓝蓝天空中，你十分的明亮，又十分的温暖，哦！你每天都在这里，坚持自己的工作，也许也不算是工作，因为你没有任何报酬，但你还愿为我们而坚守，为什么？想起了你，觉得暖暖的，我总问着你"为什么日夜不停的工作，都每天都想着人们，真的好吗？开心吗？是否想过不干呢？"他总对我说："不要客气。"

谢谢你，现在那么冷的天你还来——

在自己的卧室会觉得无聊，走到阳台，和你聊聊天，感觉到非常的开心。

（栾文浩的沐阳日记）

修改之后的诗歌（只是敲了回车键而已）：

孤独的孩子与你对话

六（2）班　栾文浩

在蓝蓝的天空中，
你十分明亮，
又十分温暖。
哦！你每天都在这里，
坚持自己的工作。
也许也不算是工作，
因为你没有任何报酬。
但你还愿为我们坚守。

为什么？
想起了你，
觉得暖暖的。
我总问你：
“为什么日夜不停，
每分每秒都想着人们，
真的好吗？”
“开心吗？”
“是否想过不干呢？”
你总对我说：
“不要客气。”
谢谢你，
现在那么冷的天，
你还来——
在自己的卧室会觉得无聊，
走到阳台，
和你聊聊天，
便开怀。

陈老师点评：好喜欢这首诗。一位孤独的孩子，他与太阳在对话。在男孩的眼里，太阳是一个有情感的普通人。每天都为人们坚守，会累吗？会烦吗？会不想干吗？冬天很冷，太阳可能也会冷吧。然而，太阳始终不怕烦，不怕累，也不怕冷，为人们奉献，陪孤独的孩子聊天。

栾文浩为什么能写出这样一首与众不同，充满感情的诗呢？就是因为，他把太阳当作一个有血有肉的人。古人为什么创造了那么多优秀的神话、传说，并流传至今？其中的奥秘与栾文浩的写作秘诀是相通的——把物看作有血有肉有思想的人，然后和它对话。那么，我们幸福小二班儿童诗创作的第八大秘诀诞生了，名称就叫“和它对话”，创始人——栾文浩。

感谢孤独，让栾文浩有了写作的灵感；感谢写作，让栾文浩拥有读者。他在冬日里遇见暖阳，一首好诗诞生了，然后，被我发现了。我在文字里遇见童心。我们在文字里相遇。

·沐阳学习单·

云端漫步·沐阳课程

学习单（三）写阳

“阳光的味道，如此美妙，像爸爸的笑容，像妈妈的怀抱；阳光的味道，如此美好，像快乐的花儿，幸福的微笑。”在你的眼里，阳光是什么味道？快拿出爱写作的笔，抒发对阳光的赞美吧！

一、范文欣赏（仔细阅读下面的文章，用波浪线画出优美词句，并做赏析批注。）

孤独的孩子与你对话　作者：栾文浩	
在蓝蓝的天空中， 你十分明亮， 又十分温暖。 哦！你每天都在这里， 坚持自己的工作。 也许也不算是工作， 因为你没有任何报酬。 但你还愿为我们坚守。 为什么？ 想起了你， 觉得暖暖的。 我总问你： “为什么日夜不停，	每分每秒都想着人们， 真的好吗？“ ”开心吗？“ ”是否想过不干呢？” 你总对我说： “不要客气。” 谢谢你， 现在那么冷的天， 你还来—— 在自己的卧室会觉得无聊， 走到阳台， 和你聊聊天， 便开怀。

二、创作诗歌（创作一首诗歌，为自己的写诗方法取个名字，并把这个写诗方法编成“写诗小贴士”，与同学分享。）

孩子们已经写了很多沐阳诗歌和沐阳日记了。那么，这份学习单是引导孩子有意识地关注自己的表达方式，写作手法。有人说，这样会不会限制孩子的想象力呢？不会的，你看，学习单上的“写诗小贴士”是让孩子自己发现秘密，自己概括命名，也就是说，只要孩子能自圆其说，那就是对的。因为，写作本身就是一种个性化的行为。

来看一下，孩子们自己命名的写作秘诀。

沐阳·呼唤

六（2）班　闻馨怡

清晨，
阳光微微
探出头。
我细细地
享受。
午后，
阳光懒懒
伸伸腰。
我尽情地，
拥抱。
傍晚，
阳光偷偷
躲起来。
我深情地，
呼唤。

写诗小贴士：

把时间进行分割，从不同的时间段描写几个事物的不同特点。我称这种写诗秘诀为“时间分割法”。创始人：闻馨怡。

孩子们通过交流分享、归类整合，一共有 10 种写诗秘诀诞生。

写诗秘诀	创始人	写诗秘诀	创始人
地点分割法	江丽琴	身份互换法	余文晨
一问一答法	舒馨萍	与你对话法	栾文浩
动作串联法	翁歆	时间分割法	闻馨怡
反问法	叶帅	三重比喻法	王梅锦
一字开花法	范焱圳	辩证法	郑梓洋

沐阳课程接下去进行了“创阳”“画阳”“宣阳”“唱阳”，最后通过“评阳”，又一批孩子光荣地站在领奖台上。我举起手机拍下了那动人的一刻。

此时正午，太阳出来了，广播里播放着陈琴的《木瓜》吟诵。我想对自己说：继续走下去，心安，不悔。希望，你，也能听见。

【时间安排】

时间	内容	地点	学科	指导者
12 月 6 日	启动沐阳课程 设计口号、策划方案	校内	综合	陈红梅 余双双
12 月 7 日	沐阳活动	校内	实践写作	陈红梅
12 月 8 日开始	读阳	校内外	综合	家长 陈红梅
12 月 12 日	沐阳写作课	校内	语文	陈红梅
12 月 13 日	画阳	校内	美术	冯一豪
12 月 14 日	唱阳	校内	音乐	方栋斌
12 月 15 日	宣阳	校内	综合	陈红梅 余双双
12 月 16 日	评阳： 综合奖：评比“阳主”个人奖、“阳主”小队奖 单项奖：评比诗仙奖、艺术奖等	校内	综合	陈红梅 余双双

踏雪——雪里已知春信至

【踏雪导图】

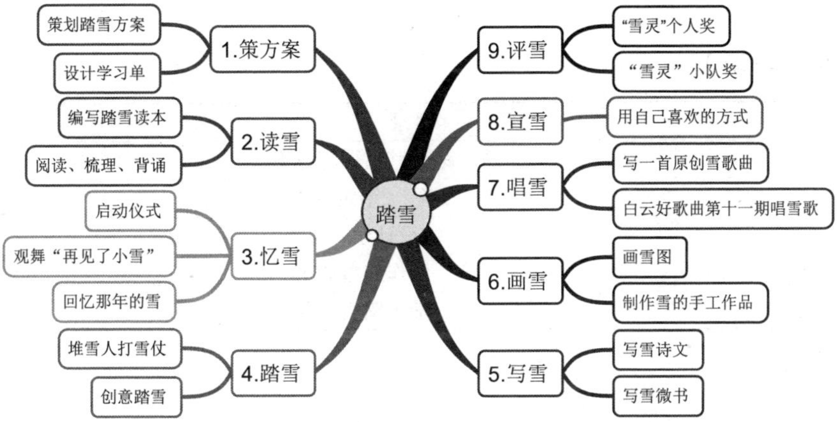

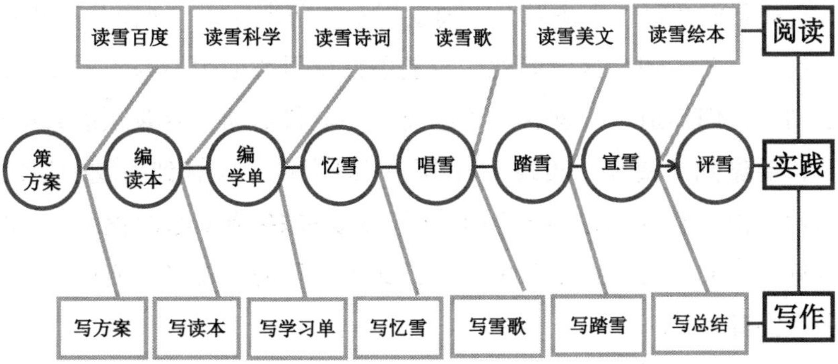

沐阳课程结束之后，便迎来“踏雪”和“寻梅”。这两个主题经历了三个时段：2016 年学期末（准备阶段）—2016 年寒假（实施阶段）—2017 年学期初（展示阶段）。在准备阶段，我们主要开展课程方案的策划、学习单的设计活动；在实施阶段，孩子们组建小队，采用自主、合作、探究相结合的学习方式，开展阅读、实践、写作相结合的学习活动；在展示阶段，我们进行了学生自评和互评，展示学习成果。

由于这两个主题是云端漫步课程12个主题中的最后两个，处于总结升华的阶段。因此，这两个主题课程，我尽量放手让学生自己策划、设计学习单，让学生选择自己喜欢的方法开展活动、宣传成果。

所以，在介绍这两个主题时，会与前面几个主题有所不同，舍去故事性的内容，增加了操作性的说明。

【踏雪导读】

目录	
一	策划踏雪课程方案
二	编写《踏雪读本》
三	设计学习单
四	制作踏雪微书
五	学生踏雪习作

一、策划踏雪课程方案

正如我们在每一个主题开始前就展示的两个导图，课程开展到冬天，只要说出一个主题，孩子们就已经能条件反射般地想出与主题相关的许多活动。他们知道，根据这一主题要开展全科活动，要兼顾语数英科音体美；要做到“阅读、实践、写作”三线交融；要做到主题的层次性、深入性。由于在前面已经开展了与之类似的10项主题课程了，学生在这将近一年的“云端漫步”中，已经成了课程的开发者、实施者、评价者和宣讲者。

策划踏雪课程方案采用下面这个过程：

第一，学们快速罗列出常规性的几个活动项目：读雪、踏雪、写雪、唱雪、画雪、宣雪、评雪。这个过程只需要一分钟时间。

第二，分小组讨论三个问题：（1）除此之外还可以开展哪些创意活动？(2)“踏雪”可以有哪些踏法？（3）“宣雪”采用什么形式？

第三，经过小组讨论，整合全班意见之后，形成以下结论：（1）《踏雪读本》由某个小组编写；（2）踏雪学习单由学生编制；（3）可以开展“忆雪”活动，以免雪来得太晚或不下雪，导致没事可做；（4）“踏雪”可以开展打雪仗、堆雪人活动，可以踏图案、踩字形，可以自制雪橇玩。（5）“宣雪”的形式自选，可以做PPT、美篇、微书、手账、海报、作品展等。

第四，用思维导图软件，制作出“踏雪课程方案导图”。

第五，继续在电脑上制作出“踏雪课程鱼骨图”。

二、编写《踏雪读本》

在策划课程方案时，同学们提出《踏雪读本》由小组来编写。我认为这个提议很好。在教育的过程中，我从来不要求学生做完美的事，我只鼓励学生敢于做事。只要跨出“行动”这一步，就意味着你会进步、会成长、会有新的体验。

因此，我提出《看云读本》的三位主编栾佳慧、江丽琴、郑梓洋不能参与本次编写，把机会让给其他人。但是，这三位曾经的主编可以做指导老师。

于是，这三位主编所在的二、五、六小队不能参与竞争。

一、三、四、七这四个小队要通过一次竞选，选拔出哪队能胜任主编工作。

调查表

编写一本读本需要具备搜集信息和处理信息的能力，需要一定的电脑技术，需要团队合作，需要创意的头脑和认真细致的态度。你们小队是最佳人选吗？来，做个小测试吧！

（一）问卷调查

1. 你们小队（ ）人有电脑或智能手机，（ ）人没有电脑或智能手机。

2. 你们小队（ ）人会上网查阅资料，（ ）人不会上网查阅资料。

3. 你们小队（ ）人会打字，（ ）人不会打字。（ ）人打字非常快。

4. 你们小队（ ）人会使用 word 编辑文档，（ ）人不会使用 word 编辑文档。

5. 你们小队谁还具备哪些信息技术能力？请列举。

（二）读本目录（请为你即将编写的《踏雪读本》设计一份目录）

（三）招兵买马

1. 介绍一下你们小组这个团队。

2. 你想聘用哪几位指导老师？为什么？

3. 只有一周的时间，你们如何规划工作进度？你们之间如何分工？

做好调查表之后，一、三、四、七这四个小队轮流上台竞选演讲。他们以调查表为依据，展示了各自小队的优势与想法，二、五、六小队担任评委工作，针对四个小队的表现和实力，进行投票。

最后的结果是第一小队胜出。一方面是因为从调查表来看，第一小队的信息技术能力比其他小队强；另一方面，从竞选演讲来看，第一小队大方自信，表现力和主动性更强，最重要的是在演讲过程中团队合作非常和谐。

确定了第一小队为《踏雪读本》主编之后，便要开始启动编写工作了。之前，栾佳慧、江丽琴、郑梓洋三位同学在我的指导下，如何一步一步开展，现在，第一小队也将这样一步一步开展。因为栾佳慧、江丽琴、郑梓洋是本次读本编写的指导老师。

首先，确定读本的目录和编写的分工和进度。

<table>
<tr><td colspan="5">《踏雪读本》目录
序
一、雪科普
二、雪成语
三、雪诗词
四、雪美文
五、雪典故
六、雪功用
七、雪歌曲
八、雪美图（二维码）
九、雪舞蹈（二维码）
后记</td></tr>
<tr><th>时间</th><th>过程</th><th>内容</th><th>负责人</th><th>地点</th></tr>
<tr><td rowspan="7">12 月 7 日—10 日</td><td rowspan="7">收集资料</td><td>雪科普 300 字
雪成语 30 个</td><td>王玲琪</td><td rowspan="7">1. 各自家中；
2. 网上互动。</td></tr>
<tr><td>雪的儿童诗 15 首</td><td>吴戈凡</td></tr>
<tr><td>雪的古诗词 20 篇</td><td>栾文浩</td></tr>
<tr><td>雪的美文 5 篇</td><td>李凤玲</td></tr>
<tr><td>雪的典故 4 个</td><td>张俊逸</td></tr>
<tr><td>雪的歌曲 4 首</td><td>杜伊怡</td></tr>
<tr><td>雪的美图 20 张
雪的舞蹈《再见了小雪》</td><td>吴雯欣</td></tr>
<tr><td>12 月 11 日—12 日</td><td>筛选资料</td><td>雪科普 150 字之内
雪成语 20 个
雪的儿童诗 10 首
雪的古诗词 15 篇
雪的美文 3 篇
雪的典故 2 个
雪的歌曲 2 首
雪的图片 10 张
雪的舞蹈《再见了小雪》</td><td>王玲琪
吴戈凡
杜伊怡
栾文浩
张俊逸
李凤玲
吴雯欣</td><td>1. 在校时间：
陈老师办公室；
2. 回家之后：
网上互动。</td></tr>
<tr><td rowspan="2">12 月 13 日</td><td rowspan="2">排版设计</td><td>封面设计</td><td>王玲琪
杜伊怡李凤玲</td><td rowspan="2">1. 在校时间：
陈老师办公室；
2. 回家之后：
网上互动。</td></tr>
<tr><td>文字排版</td><td>吴雯欣
张俊逸</td></tr>
<tr><td>12 月 14 日</td><td>审核校对打印装订</td><td>1. 全组每人通读一次，校正错别字、标点符号；
2. 指导老师审核通过；
3. 请二、五、六小组人员帮忙一起装订。</td><td>全组人员</td><td>1. 在校时间：
陈老师办公室；
2. 回家之后：
网上互动。</td></tr>
<tr><td colspan="5">指导老师：栾佳慧、江丽琴、郑梓洋</td></tr>
</table>

根据这份表格，第一小队开始编写读本。最后，在指定时间内如期完成了任务。这本稚嫩的读本散发着油墨香味，虽然还有很大提升空间，

但处处闪现着孩子们思想的灵性。

三、设计踏雪学习单

设计学习单和编写读本是同时进行的。第一小队红樱桃小队分到了编写读本的任务，那么，另几个小队就分到了设计学习单的任务。

踏雪课程学习单设计分工	
第二小队（橙汁小队）	学习单一：读雪　学习单二：忆雪
第三小队（黄菠萝小队）	学习单三：踏雪　学习单四：写雪
第四小队（紫葡萄小队）	学习单五：画雪　学习单六：唱雪
第七小队（绿蜻蜓小队）	学习单七：宣雪　学习单八：评雪

分工明确了，那么如何编一份能起到支架作用的学习单呢？我们上了一节“学习单编制”的技术课。

课堂流程：

（一）观察范本，发现样式

我让学生把沐阳课程的 9 份学习单整理出来，仔细观察和比较，发现 9 份学习单其实是有很多相同的地方的。因此，我们以“学习单（一）”为例，在学习单上用色笔做出了标注：

云端漫步·沐阳课程 大标题：课程名称

学习单（一）启动 学校、班级、小队、队员

副标题：学习单序号、名称

学校：　　　　　　　　班级：　　　　小队：　　　　队员：

如果世界是一间小屋，暖阳就是小屋中的一扇窗；如果世界是一艘船，那么暖阳就是茫茫大海中的一盏明灯。冬日里，阳光——是给我们最好的礼物，为我们驱走寒冷，让我们的脸庞挂上有弧度的微笑。让我们开启“沐阳”之旅吧！

总导语

题目要求

一、沐阳名字（当老师宣布“沐阳”这个名字时，你的脑海里经历了一场怎么样的思维活动？请用文字记录下来。不拘形式，可以写诗，也可以三言两语。）

题目

二、启动仪式（生活需要仪式感。）

1. 设计一句“沐阳”课程口号

2. 设计一个流程

三、课程方案（我的课程我做主。） 学习方法提示

学习小贴士：
第一题：每位同学独立完成。
第二题：每位组员先独立学习，想出一句口号；然后小组交流，选出本组最好的一句口号；派代表上台进行全班交流。
第三题：小组合作学习，形成统一意见。

四、自我评价（我的学习我评价。） 自我评价及评价标准

学习单评价标准：
★认真完成学习单所有题目。★★认真完成学习单所有题目，字迹工整、规范、美观。★★★认真完成学习单所有题目，字迹工整、规范、美观，美化学习单，使学习单更有设计感。

评价：我为这份学习单打（　）星，因为（　　　　　　　　　　　　）。

温馨提示

温馨提示：记住，一定要快乐哦！要保存好你的沐阳足迹哦！

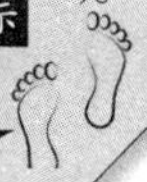

标志性图案：行动

（二）比较提炼，总结规则

发现了学习单的基本样式之后，我们进一步思考，在这些样式的背后有什么规则呢？经过讨论，总结如下：

1. 排版上的规则

（1）大标题中“云端漫步 · 沐阳课程”与副标题一般采用不同的字体，大标题字体大一号，并加粗；“学校和姓名”等信息可以小一个字号；正文内容一般用五号字，常规多采用宋体，小标题加粗；“温馨提示”等也可以用其他字体。

（2）行距自行调整。

（3）答题空间自行设定，可根据实际情况将学习单调整至两到三页。

2. 内容上的规则

（1）总导语：用诗意的、趣味的语言导入该学习单的活动主题。

（2）题目：设计的题目内容要与该份学习单的主题有关，题目数量适中，题目的名称尽量简洁明白，能做到对称就更好了。对该题目的一些说明性语言可以附在后面括号内。题目的答题形式可以丰富多样，利用表格、气泡、图文等。

（3）小贴士：可以提供一些“学习小贴士”“合作小贴士”“写作小贴士”“阅读小贴士”，语言简洁易懂，操作性强。

（4）评价：学习单上要有评价标准和自我评价。评价标准从“完成”“书写”“美学”三个维度设计。

（5）温馨提示：从提示的语言中引导学生认识到学习是快乐的，学习是读、写、做相结合的，学习的足迹是宝贵的。

通过这节课的学习，孩子们大致明白了编写一份学习单的基本要求。各小组按照分工，开始编写、修改、审核、定稿。

下面，向大家呈现踏雪课程 8 份学习单的定稿。

云端漫步·踏雪课程

学习单（一）读雪

学校：　　　　　　　　班级：　　　　　小队：　　　　　队员：

“站在冬的天空下，今夜，等你六角的美丽，涤荡我炽热的生命。”但愿我们，在冬天的尾巴上，能盼到你。然后，我穿着我的雪地靴，去踏雪……

一、读雪百科（查找雪的形状、形成、作用等知识。你可以把资料摘在便利贴上粘在图中。）

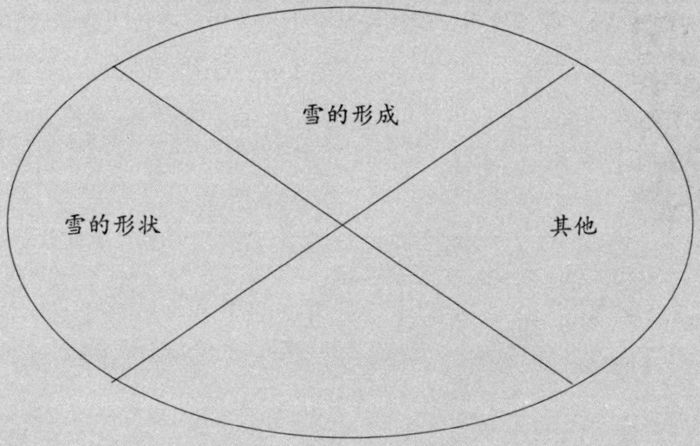

二、诵雪文字（查阅资料，收集描写雪的字理、成语、诗词、美文，背诵并积累。）

1.“雪”字理：

画“雪”字　　　　　　“雪”字理

云端漫步 · 踏雪课程

学习单（一）读雪2

2. 雪成语：

3. 雪古诗：

4. 雪美文：

5. 雪绘本：阅读绘本《松鼠先生和第一场雪》

	扫一扫二维码，阅读完整绘本，并用一首诗表达读后感。

三、自我评价（我给自己打　星。）

四、学习小贴士

1. 利用百度、读本等学习工具，认真独立完成学习单。
2. 认真阅读《踏雪读本》，做好批注。
3. 认真背诵《踏雪读本》中的古诗词，做好积累。
4. 将自己的学习成果拍成照片，传到班级群中，传播正能量。

温馨提示：记住，一定要快乐哦！要保存好你的踏雪足迹哦！

云端漫步 · 踏雪课程

学习单（二）忆雪

学校：　　　　　　　　班级：　　　　　小队：　　　　　队员：

那年冬天，下雪了，我曾用手轻轻接住雪花，那丝丝凉意至今还留在我心里，成为丝丝眷恋。

一、观（用手机扫一扫下面的二维码，你会看到一个舞蹈视频，名字叫《再见了，小雪》。这是我们白云学校舞蹈队的小演员们排练的舞蹈。看完之后，写一写你的感受。）

二、忆（回忆一场你人生中经历过的雪，用画和诗来表达你的回忆。画可以做在反面或卡纸上）

我的诗：

三、评（我给自己这份学习单打　　星。）

温馨提示：记住，一定要快乐哦！要保存好你的踏雪足迹哦！

·踏雪学习单·

云端漫步·踏雪课程

学习单（三）踏雪

学校： 班级： 小队： 队员：

当那一场盼望已久的雪花，如美丽的华章，层层叠叠，翩然而至的时候，我一定是最先冲出门的那一个。因为，我要——堆雪人！打雪仗！（假如雪一直没来，很遗憾，这份学习单你可能做不了。不过，充满创意和想象的你没有什么是做不了的。）

一、堆雪人

准备材料：

实践感言：

二、打雪仗（写一写你打雪仗的精彩片断。）

三、创意踏雪（你还会想出什么有创意的“踏雪”活动呢？）

四、自我评价

温馨提示：记住，一定要快乐哦！要保存好你的踏雪足迹哦！

云端漫步·踏雪课程

学习单（四）写雪1

学校：　　　　　　班级：　　　　小队：　　　　队员：

雪花，令文人骚客灵感大发，浮想联翩。难怪李白赞颂“瑶台雪花数千点，片片吹落春风香”。快拿起笔，用文字抒写对雪的喜爱吧！

一、写（写一篇雪美文，把自己所见、所闻、所做、所想表达出来。）

1. 范文欣赏。仔细阅读下面的文章，用波浪线画出优美词句，并做赏析批注。

一朵小雪花

作者：徐子飞

我是一朵小雪花
和爸爸妈妈一起去飞翔
因为喜欢一个地方
就不再想回家
那是一个开花的地方
有快乐有花香
我怕爸爸妈妈生气
不敢说出它
爸爸，还有妈妈
这么多年过去
我在这个喜欢的地方
从没有一次融化
我也知道爸爸和妈妈
不止一次来找我
可我是硬憋着
不敢喊爸爸，不敢叫妈妈
爸爸，还有妈妈
请原谅我
因为我舍不得
离开喜欢的这个地方
爸爸，还有妈妈
如果有一天
我因为特别的伤心
就自己融化
你们一定要带我回家
再生一次我
让我再叫你们
爸爸和妈妈

云端漫步·踏雪课程

学习单（四）写雪 2

2. 创作诗歌。

二、改

修改小贴士：
（一）自评（用蓝色笔对自己的作文进行修改）
（二）互评
1. 分享：把自己写的雪文在组里进行分享。
2. 点赞：对每位组员的雪文至少提出一句赞美的话，并说明理由。
3. 建议：对每位组员的雪文至少提出一个改进建议，并说明理由。
4. 修改：用红色笔对同伴的作文进行修改。

三、抄（将修改好的雪文誊抄到作文本上，注意书写工整、规范、美观。）

四、评

温馨提示：记住，一定要快乐哦！要保存好你的踏雪足迹哦！

云端漫步 · 踏雪课程

学习单（五）画雪

学校：　　　　　　　班级：　　　　小队：　　　　队员：

我们常说每一片雪花都是不同的，但实际上这用肉眼很难分辨，在科学家的帮助下，我们才能一睹雪花“魔幻水晶”般的美丽。雪花的基本形状是六角形的，在不同环境下却可以呈现不同的形态。

一、欣赏（显微镜下的雪花晶体）

二、绘画（同学们，你喜欢哪种形状的雪花呢？在反面或在卡纸上进行自由创作。）

三、评价

温馨提示：记住，一定要快乐哦！要保存好你的踏雪足迹哦！

云端漫步·踏雪课程

学习单（六）唱雪

学校：　　　　　　　班级：　　　　小队：　　　　队员：

冬雪的歌是那么美妙，动听。每一年冬天它都在反复地演唱着纯之歌，淡之音，严之律。我想，这首雪之歌不应该只是冬天特有的乐曲，它应该是每个人的人生之歌。让我们来创作一曲雪的歌谣，在白云好歌曲第十一期“唱雪”活动中，一展歌喉吧！

一、欣赏雪歌（找一首关于“雪花”的歌，体会情感；也可以听一听、学一学。）

二、创作雪歌（自己也试着写一首雪歌，大胆地唱出来。）

三、自我评价

温馨提示：记住，一定要快乐哦！要保存好你的踏雪足迹哦！

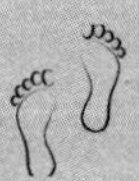

云端漫步 · 踏雪课程

学习单（七）宣雪

学校：　　　　　　　　　班级：　　　　　小队：　　　　　队员：

我们在“踏雪”旅程中经历了读雪、忆雪、画雪、写雪、唱雪等一系列活动。接下来让我们梳理一下学习成果，用自己喜欢的方式宣传我们的“踏雪”成果。

一、策划方案

我“宣雪”的方式：

“宣雪”内容：

二、成果分享

(一) 交流

1. 小队内分享交流。

2. 小队成员进行点评。(先说优点再提建议，注意礼貌和素养。)

(二) 评分

	大标题 10 分	内容 50 分	色调 10 分	风格 10 分	宣讲 20 分	总分 100 分	签名
自评							
互评							

三、自我评价

温馨提示：记住，一定要快乐哦！要保存好你的踏雪足迹哦！

·踏雪学习单·

云端漫步·踏雪课程

学习单（八）评雪1

学校：　　　　　　班级：　　　　小队：　　　　队员：

名词解释："雪灵"即对雪喜爱到痴迷状态，对雪的知识超级了解的人。我们的踏雪课程即将结束，让我们把自己的"踏雪足迹"做一番整理，看看自己是否达到"雪灵"级别。

"雪星"申请表（个人）

"雪灵"标准	分值	评分依据	自评分	考核组评分
1. 知雪 参与雪百科知识小测试。	10 分			
2. 读雪 《踏雪读本》批注积分。	20 分			
3. 诵雪 （1）背雪成语 10 个； （2）背雪诗词 10 首。	10 分			
4. 写雪 雪文的写作积分。	20 分			
5. 画雪 （1）画雪积分； （2）雪插画积分。	10 分			
6. 踏雪 踏雪实践积分。	10 分			
7. 宣雪	10 分			
8. 唱雪 （1）创作雪歌词； （2）参加白云好歌曲大赛。	10 分			
9. 学习单 认真完成学习单。	30 分			
总分				

特级"雪灵"：总分达到 100—115 分。

超级"雪灵"：总分达到 116—130 分。

温馨提示：记住，一定要快乐哦！要保存好你的踏雪足迹哦！

云端漫步·踏雪课程

学习单（八）评雪2

“雪灵”申请表（小队）

小队成员	得分	总分	班级排名
1			
2			
3			
4		平均分	
5			
6			
7			

小队总结：请队长对整个小队在本次课程中的学习情况做总结。建议从以下几个维度考察：1. 人人参与；2. 团结协作；3. 学习成果的质量；4. 队员个人的突出贡献。

特级“雪灵”小队：小队综合平均分排名第二。

超级“雪灵”小队：小队综合平均分排名第一。

温馨提示：记住，一定要快乐哦！要保存好你的踏雪足迹哦！

四、制作踏雪微书

回顾云端漫步课程之前的10个主题，我们运用过多种形式宣讲课程成果，有海报、PPT、报告、展览、汇演、美篇、微书等形式。

这里特别说一说微书。之前，我曾经教孩子制作简单的微书。

制作工具：A4纸一张、尺子一把、小刀一把、订书机一个、水彩笔、水笔。

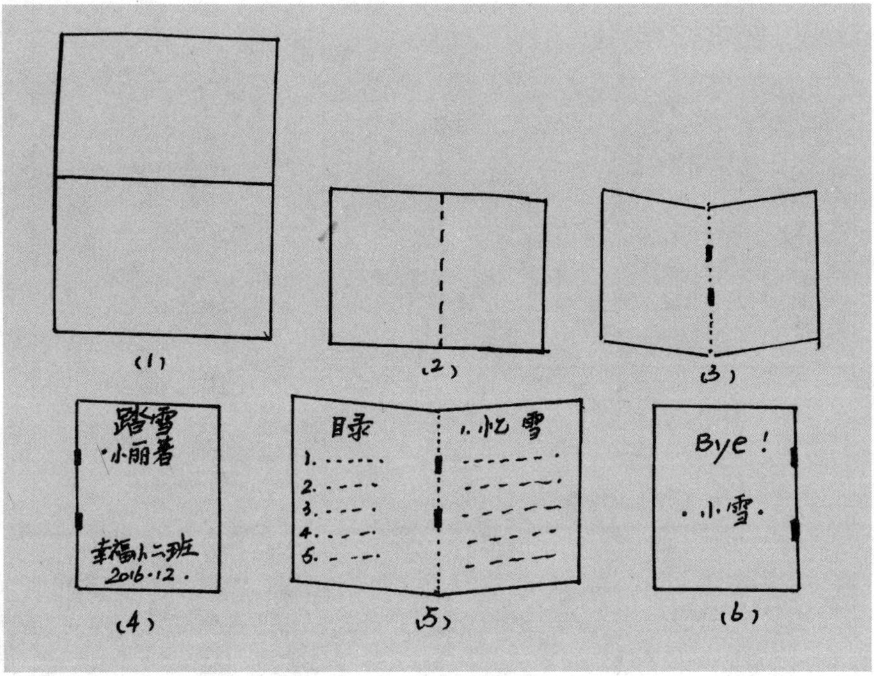

制作步骤：

（1）A4纸沿中间实线用小刀裁成两张。

（2）将裁好的两张纸重叠在一起，沿虚线对折。

（3）展开，在虚线处订两个订书钉。一本微书外壳就做好了。

（4）设计封面。在封面上写上书名、作者、班级和日期。

（5）翻开第一张，在第一页写“目录”，后面的按顺序添加书本内容。

（6）设计封底。在封底画上有趣的图文，表示一本书的内容结束。

在此基础上，我想带着孩子进一步创作微书。这本微书要大一些，页数多一些，内容丰富一些。重要的是，从封面到文字、插图，到封底，要更像一本真正的书。

于是，我和孩子一起探讨《微书制作指南》。我们从家里带来几本童书，请孩子们从封面、简介、目录、内容、插图、封底等几个方面进行观察、讨论、总结。

通过小组合作学习，班级意见整合，我们总结了幸福小二班的《微书制作指南》。

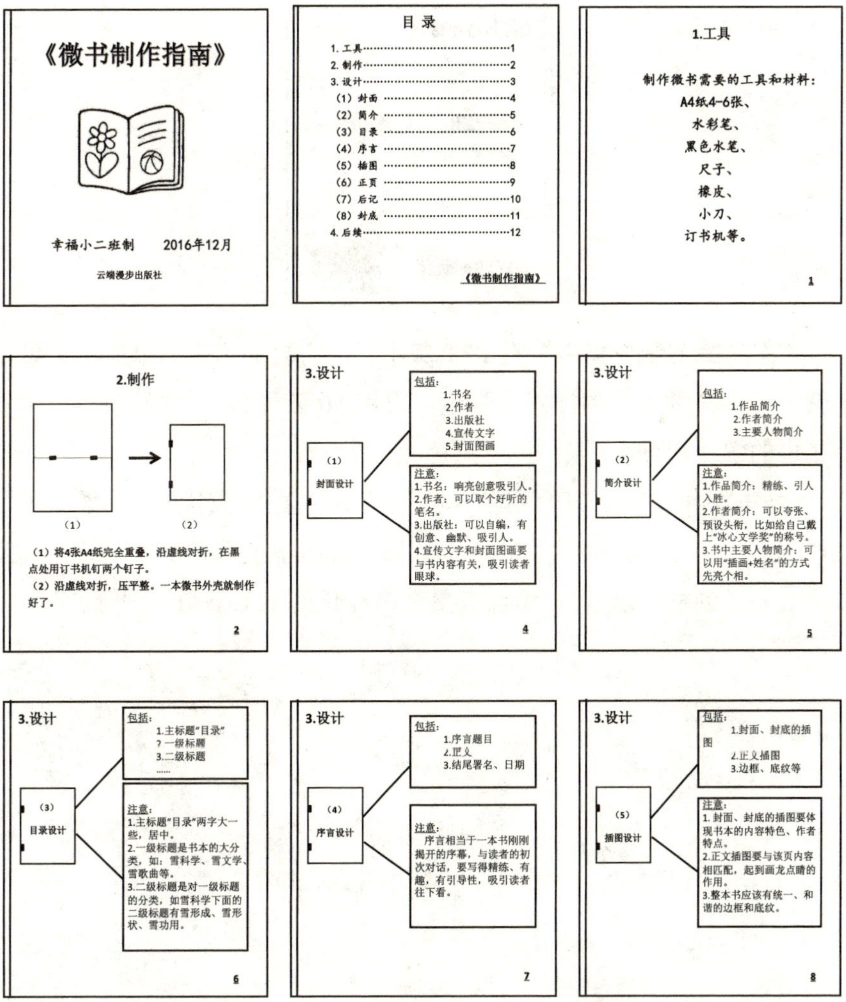

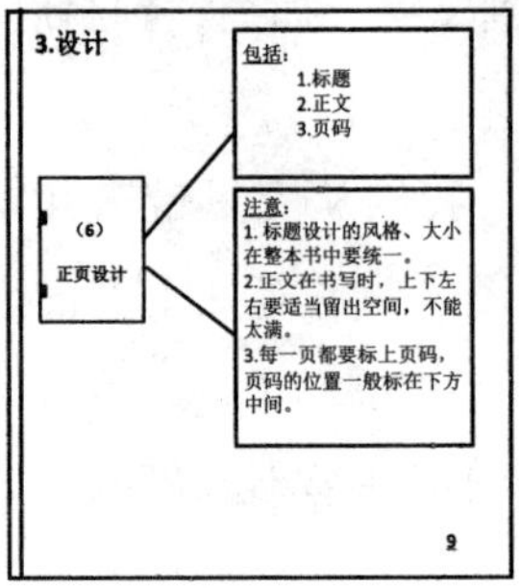

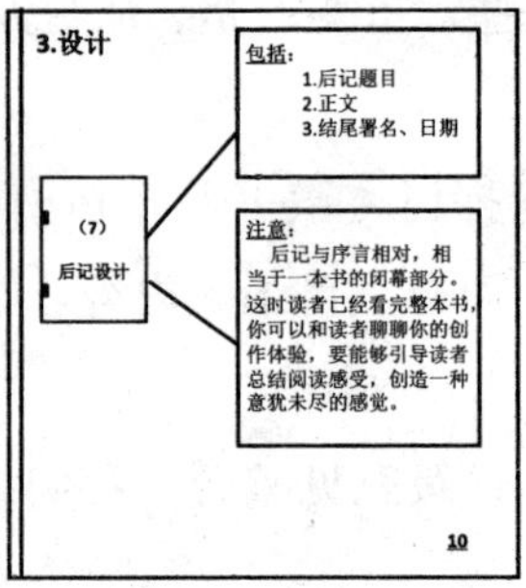

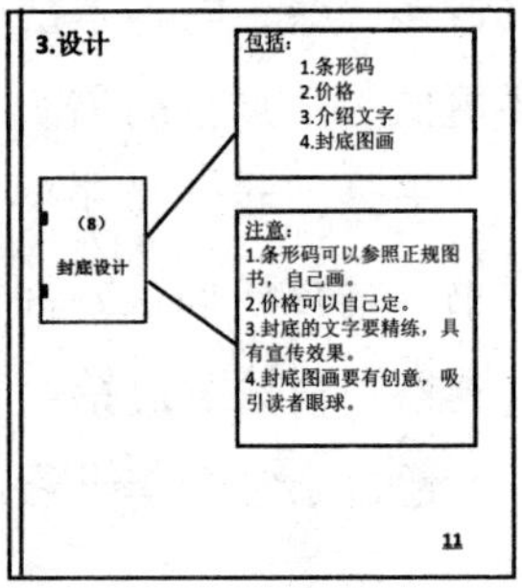

这本《微书制作指南》有PPT版本，也有打印出来的纸质本，纸质本就是一本“微书”的样式，学生可以用50云币购买。“云币”是幸福小二班的学习积分币。

《微书制作指南》只介绍了几种最基本的微书制作方法。学生可以发挥创造力，制作独一无二的手工微书。我向学生推荐了台湾绘本作家方素珍的《创意玩绘本》，里面有更加多样化的手工书制作创意。

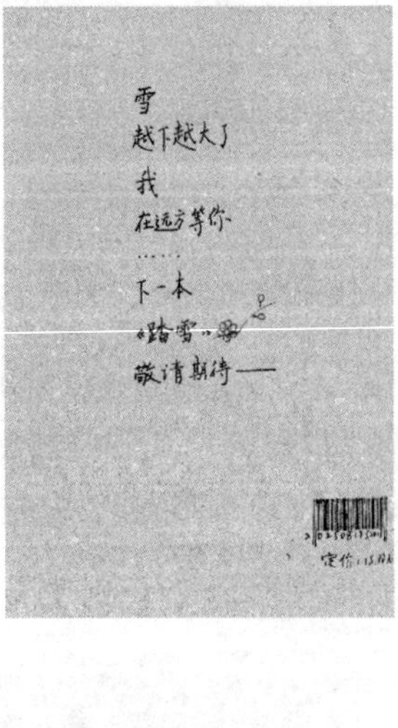

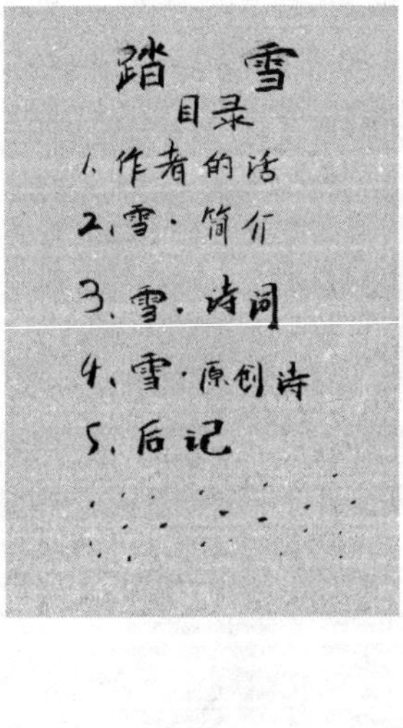

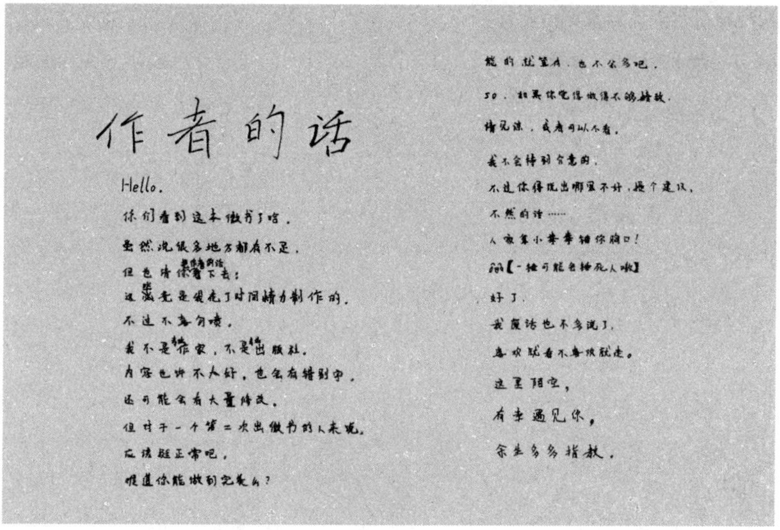
作者的话

Hello.
你们看到这本微书了哈，
虽然说很多地方都有不足，
但也请继续看下去；
这毕竟是我花了时间精力制作的，
不过不喜勿喷，
我不是作家，不是出版社，
内容也许不太好，也会有错别字，
还可能会有大量修改，
但对于一个第二次出微书的人来说，
应该挺正常吧，
难道你能做到完美么？
能的就算有，也不会多吧，
So，如果你觉得做得不够精致，
请见谅，或者可以不看，
我不会特别介意的，
不过你得说出哪里不好，提个建议，
不然的话……
人家拿小拳拳捶你胸口！
啊【一拳可能会捶死人哦】
好了，
我废话也不多说了，
喜欢就看不喜欢就走。
这里阳宝，
有幸遇见你，
余生多多指教。

（幸福小二班吴庭皓制作的微书《踏雪》，部分。）

五、学生踏雪习作

寒假里，孩子们带着8份学习单开始实施踏雪课程。

他们自由组建小组：（1）亲子小组：和爸爸妈妈、弟弟或妹妹、爷爷奶奶或外公外婆，组成亲子团队。（2）社区小组：和邻居朋友、社区伙伴，组成社区小队。（3）原装小组：指在学校里的原小队，如青苹果小队，就常常在网上约好原装小组开展课程活动。

他们即时交流成果：孩子们已经养成了拍照、拍视频的习惯，并且知道一个负责任的公民是一个善于宣传正能量、分享好产品的公民。因此在假期里，班级群依然每天有浓厚的学习氛围，幸福小二班的师生、家长都在交流互动，上传自己的踏雪照片、唱雪歌曲，学习他人的学习单、读本批注、思维导图……

学习突破了时间和空间的限制。真好！

开学之后，我们像往常一样，开展“课程成果宣传”活动，开展“课程成果评价”活动。在这儿，我就不作细说。

下面，附上学生的部分踏雪习作，供君欣赏。

48个初冬的愿望

六（2）班　李紫玉

这里有，
48个小精灵，
480颗糖果，
4800个初冬。
这里有，
48位圣诞老人，
480个大蛋糕，
4800个初冬。
繁华的城市，
48双袜子，
480个孩子，
4800份礼物
矮小的平房，
有一颗心，
装着48个初冬，
一个，最真挚的愿望。
（圣诞老人，我家没有烟囱，你推门进来就行）

冬先生，我等着你为世界换上银装

六（2）班　李永恒

冬先生
坐着马车
来了，
冬先生
捧着颜料盒
把嫩绿的银杏
染成了金黄色。

冬先生用
叶子
在地上铺陈了
毛绒绒的地毯，
冬先生吹着
冷气
让世界变成了寒冷
宝宝的天堂。
冬先生摇着
树们，
许多蝴蝶仙子
慢慢地飞落下来。
冬先生，
我等着你
将世界变成雪白，
天地将会
换上了白色银装。

小雪

六（2）班　吴庭皓

窗外，
下着那深冬的小雨，
落在我的手心，
带着丝丝寒意。
深冬的雨，
落在那枯黄的
即将离开枝头的叶子上，
为它进行
在枝头的

最后一次洗礼。
深冬的雪，
落在那微蔫的
含笑凋零的曼珠沙华上，
使它在这世界上的
最后一抹色彩，
更加艳丽。
深冬的雪，
落在那欢乐的
但又是即将流逝的时光里，
轻轻说，
冬天了，
一年，
快过完了……

我将双手全部献上

六（2）班 闻馨怡

冬，
即将来临。
我将双手
全部
献上。
堆雪人，
不，
还没到下
雪
天。
滑雪（冰），
不，

地上没有
大
雪。
为冬天准备，
Yes，Yes。
太棒了！
穿上大棉袄，
漂
亮。
冬，
即将来临。
我将双手
全部
献上。

【时间安排】

时间	内容	地点	学科	指导者
12 月 19 日	策划踏雪课程方案	校内	综合	陈红梅 余双双
12 月 20 日—25 日	编写《踏雪读本》 编写学习单	校内外	综合 写作	陈红梅
12 月 26 日	学习“制作微书”	校内	综合	陈红梅
寒假	读雪、忆雪、写雪、画雪、踏雪、唱雪、宣雪	校外	综合	家长、同学、老师
2 月 13 日	宣雪 微书展	校内	综合	陈红梅 余双双
2 月 15 日	评雪： 综合奖：评比“雪灵”个人奖、“雪灵”小队奖 单项奖：诗仙奖、艺术奖等	校内	综合	陈红梅 余双双

寻梅——红梅含笑迎春来

【雪梅导图】

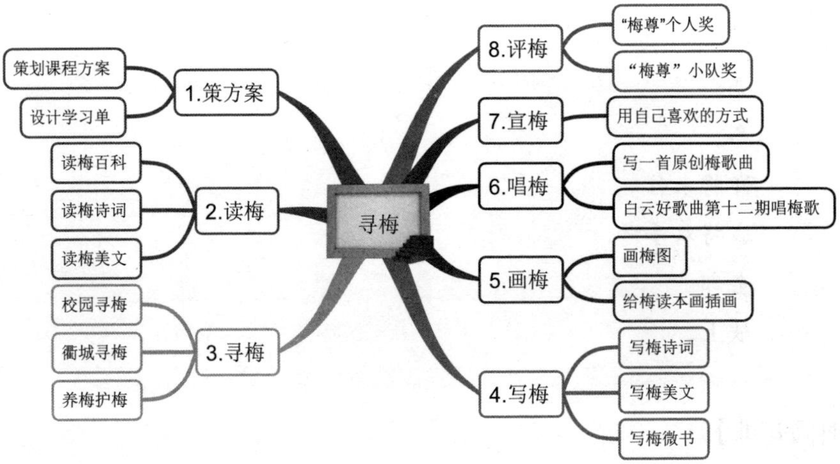

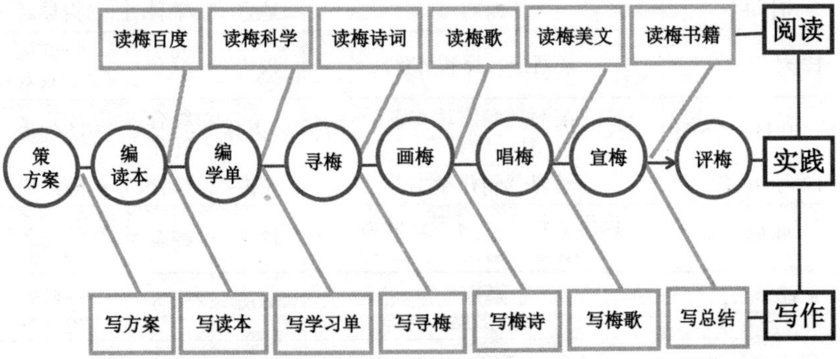

“寻梅”这一课程，在操作上与“踏雪”主题相似，同时，在经过“踏雪”主题的操作训练后，学生们在进行“寻梅”主题活动时更得心应手了。因此，我只向大家呈现两个内容，第一部分展示 7 份学生编制的学习单定稿；第二部分展示学生的部分寻梅习作。

【寻梅导读】

目录	
一	寻梅课程学习单
二	学生寻梅习作

一、寻梅课程学习单

·寻梅学习单·

云端漫步·寻梅课程

学习单（一）读梅 1

学校： 班级： 小队： 队员：

你是冰雪世界的精灵，盛开在凄冷的时节，凛冽的寒风将你凝成朵朵血红，点缀在隆冬。我要踏上“寻梅”的路，目睹你傲雪的芳容。

一、读梅百科（百度了解梅的特征、品种、作用等知识。你可以把资料摘在便利贴上粘在图中。）

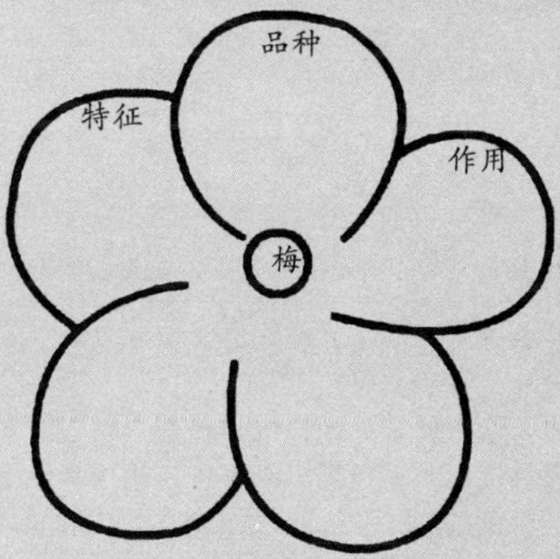

二、诵梅文学（查阅资料，收集描写梅的成语、诗词、美文，背诵并积累。）

1.“梅”字理：画“梅”字 “梅”字理

云端漫步 · 寻梅课程

学习单（一）读梅 2

2. 梅成语：

3. 梅古诗：

4. 梅美文：

5. 梅书籍：阅读书籍《红岩》，感受“红梅精神”。

	这本书淘宝上有卖哦。买来读一读，并写写读后感。（写在作文本上）

三、自我评价

四、学习小贴士

1. 利用百度、读本等学习工具，认真独立完成学习单。
2. 认真阅读《寻梅读本》，做好批注。
3. 认真背诵《寻梅读本》中的古诗词，做好积累。
4. 将自己的学习成果拍成照片，传到班级群中，传播正能量。

温馨提示：记住，一定要快乐哦！要保存好你的寻梅足迹哦！

云端漫步 · 寻梅课程

学习单（二）寻梅

学校：　　　　　　　班级：　　　小队：　　　队员：

“梅花万朵枝头笑，白雪斜落花边俏。”寒冬，衢城各处的梅开了，瞧！蜡梅犹挂，白梅盛开，红梅半绽。若再来一场春雪，梅花在冰雪中傲然挺立，更显风韵。

一、校园寻梅（小组实践活动）

（1）白云校园内共有（　　）棵梅树。

（2）找一棵自己最喜欢的梅树，仔细观察，为它取个名字，拍张照片，和它聊聊天，并做好记录。

我最喜欢的梅树
它生长的地点：
我为它取的名字：
它的样子：

二、衢城寻梅（亲子实践活动）

向你推荐“衢州赏梅三大地”

●青梅园品种：红梅、白梅、蜡梅

青梅园在开化根博园内，依山而建，，与亭台楼阁相呼应。青梅园中有各类盆景3000余盆，其中有老桩梅800多株，园中每个盆栽老桩梅的花盆都是量身定制的精品紫砂，并刻有梅花词人张道洽的诗词佳句，赏梅品诗，相得益彰。

自驾游路线：从衢州出发——走黄衢南高速——开化出口下高速——走205国道——浙江省开化县根宫佛国文化旅游区。

●七里乡大头村上村自然村梅花品种：红梅、白梅

七里乡地处衢州市区西北部，是一个纯山区乡，平均海拔650米。新年伊始，连日的风雪终究抵不住春的气息，那些含苞待放的梅花迎着春潮，悄然绽放。“踏雪寻梅”，雪后初晴，上村梅林满是长枪短炮。

“梅花香自苦寒来。”上村的梅花与众不同之处是，花朵大，颜色艳。沿着蜿蜒的山路，红梅似云霞，白梅白如美玉，慕名而来的游客和摄影爱好者络绎不绝，纷纷陶醉于花海之中。

自驾游路线：从衢州出发　走石七线　七里乡大头村——步行至上村自然村，或在斗潭乘坐502路公交车。

●张村村梅花品种：红梅、白梅、蜡梅

“一白雪相似，独清春不知”“有月色逾淡，无风香自生”“压尽园林千万蕊，只消篱落两三花”，这些脍炙人口的梅花诗句都出自梅花诗人张道洽之手。

张道洽是开化珠山（现中村乡张村村）人，南宋端平二年(1235年)进士，一生喜欢作诗，尤工咏梅，曾作咏梅诗300余首。在这里赏梅、品梅，当然不容错过。

自驾游路线：从衢州出发——走黄衢南高速——开化出口下高速——张村村。

云端漫步·寻梅课程

学习单（三）写梅

学校：　　　　　　　　班级：　　　　小队：　　　　队员：

中国人爱梅，是爱梅花傲雪斗霜的精神，爱梅花谦逊的精神；是爱“已是悬崖百丈冰，犹有花枝俏”“待到山花烂漫时，她在丛中笑”。你呢？拿起笔，写一写你对梅花的情怀吧！

一、写（写一篇关于梅的美文，把自己看到、听到、闻到、想到的，用独特的文字描述下来。）

1. 范文欣赏。仔细阅读下面的文章，用波浪线画出优美词句，并做赏析批注。

那花白里透红，花瓣润滑透明，像一颗颗价值不菲的水晶。梅花有的早开，有的晚开，在同一棵树上，可以看到千姿百态、各种形态的梅花。风吹叶落时，你不必担心梅花花瓣会随之落下而摔破，梅花不是娇贵的花，反而越是寒冷，越是开得精神、秀气。古人云“宝剑锋从磨砺出，梅花香自苦寒来”不正是梅花品质的写照吗？

2. 从上面的范文中，你学到了哪几点写作技巧？简单罗列出来。

3. 把你学到的写作技巧运用到写作中，写一篇梅文。

二、改

修改小贴士：
（一）自评（用蓝色笔对自己的作文进行修改）
（二）互评
1. 分享：把自己写的雪文在小组里进行分享。
2. 点赞：给每位组员的雪文至少提出一句赞美的话，并说明理由。
3. 建议：给每位组员的雪文至少提出一个改进建议，并说明理由。
4. 修改：用红色笔对同伴的作文进行修改。

三、抄（将修改好的雪文誊抄到作文本上，注意书写工整、规范、美观。）

四、评

云端漫步 · 寻梅课程

学习单（四）画梅

学校：　　　　　　　　　班级：　　　　　小队：　　　　　队员：

“墙角数枝梅，凌寒独自开”，瑞雪纷飞，众芳摇落，梅花却以它特有的色、香、韵独立人间。来，拿出画笔，把这一抹红画下来吧！

一、看我画

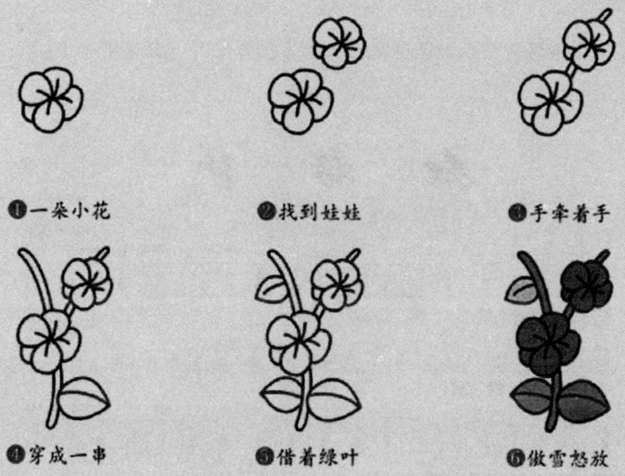

二、跟我学（同学们，你们学会了吗？来，在下面空白处画一画吧！也可以自由创作。）

三、自评

云端漫步 · 寻梅课程

学习单（五）唱梅1

学校：　　　　　　　班级：　　　　小队：　　　　队员：

“红岩上红梅开，千里冰霜脚下踩，三九严寒何所惧，一片丹心向阳开。”让我们一起欣赏振奋人心的《红梅赞》，一起创作属于自己的红梅歌，参加白云好歌曲第十二期“唱梅”活动，为“云端漫步好歌曲”栏目画上圆满的句号。

欣赏梅歌（读下面这首梅歌，体会情感；也可上百度听一听、学一学。）

红　梅　赞

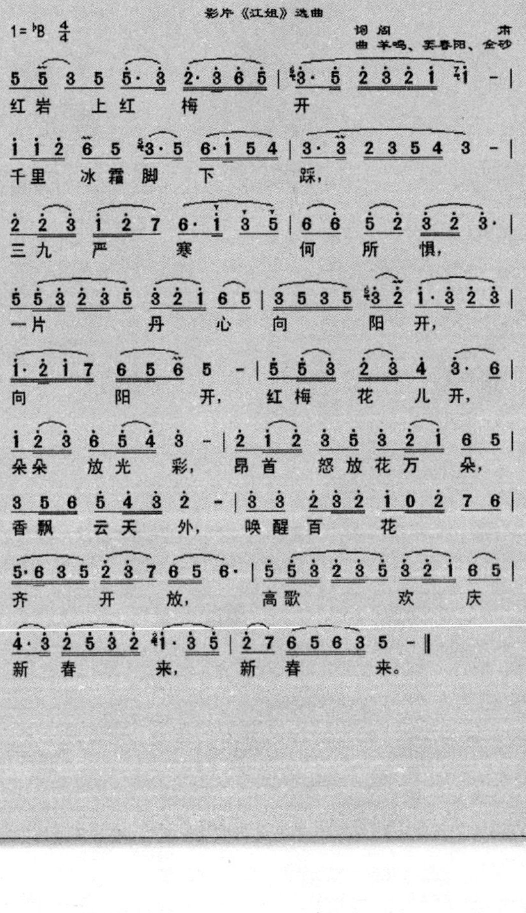

云端漫步·寻梅课程

学习单（五）唱梅2

一、创作梅歌（自己也试着写一首梅歌，大胆地唱出来。）

二、自我评价

评价标准：
★创作了一首完整的歌词。
★★创作的歌词优美。
★★★不但创作了一首优美的歌词，还将演唱的音频上传班级群分享。

云端漫步 · 寻梅课程

学习单（六）宣梅

学校：　　　　　　班级：　　　　小队：　　　　队员：

我们在“寻梅”旅程中经历了读梅、寻梅、画梅、写梅、唱梅等一系列活动。接下来让我们梳理一下学习成果，用自己喜欢的方式宣传我们的“寻梅”成果。

一、策划方案

“宣梅”的方式：

“宣梅”内容：

二、成果分享

（一）交流

1. 小队内分享交流。

2. 小队成员做点评（先说优点再提建议，注意礼貌和素养）。

（二）评分

	大标题 10 分	内容 50 分	色调 10 分	风格 10 分	宣讲 20 分	总分 100 分	签名
自评							
互评							

三、自我评价

云端漫步 · 寻梅课程

学习单（七）评梅1

学校：　　　　　　班级：　　　　小队：　　　　队员：

名词解释："梅尊"即对梅喜爱到痴迷状态，对梅的知识超级了解的人。我们的寻梅课程即将结束，让我们把自己的学习成果做一番整理，看看自己是否达到"梅尊"级别。

"梅尊"申请表（个人）

"梅尊"标准	分值	评分依据	自评分	考核组评分
1. 知梅 参与梅百科知识小测试。	10分			
2. 读梅 《寻梅读本》批注积分。	20分			
3. 诵梅 （1）背梅成语10个； （2）背梅诗词10首。	10分			
4. 写梅 梅文的写作积分。	20分			
5. 画梅 （1）画梅积分； （2）梅插画积分。	10分			
6. 寻梅 寻梅实践积分。	10分			
7. 宣梅	10分			
8. 唱梅 （1）创作梅歌词； （2）参加白云好歌曲大赛。	10分			
9. 学习单 认真完成学习单。	30分			
总分				

特级"梅尊"：总分达到100—115分。

超级"梅尊"：总分达到116—130分。

云端漫步·寻梅课程

学习单（七）评梅 2

"梅尊"申请表（小队）

<table>
<tr><th>小队成员</th><th>得分</th><th>总分</th><th>班级排名</th></tr>
<tr><td>1</td><td></td><td rowspan="3"></td><td rowspan="7"></td></tr>
<tr><td>2</td><td></td></tr>
<tr><td>3</td><td></td></tr>
<tr><td>4</td><td></td><td>平均分</td></tr>
<tr><td>5</td><td></td><td rowspan="3"></td></tr>
<tr><td>6</td><td></td></tr>
<tr><td>7</td><td></td></tr>
<tr><td colspan="4">小队总结：请队长对整个小队在本次课程中的学习情况做总结。建议从以下几个维度：1. 人人参与；2. 团结协作；3. 学习成果的质量；4. 队员个人的突出贡献。</td></tr>
</table>

特级"梅尊"小队：小队综合平均分排名第二。

超级"梅尊"小队：小队综合平均分排名第一。

二、学生寻梅习作

我站成一朵梅

六（2）班 栾佳慧

在一个没有雪的冬天，
我去寻梅。
听说，
鹿鸣公园有梅。
我欣然前往。
远远望见你，
站在枝头翘首盼望，
那粉粉的脸，
有了激动的红。
我跑过去，
从你的花心里感觉到，
原来，
你在等我，
整整等了一个冬天。
我闭上眼睛，
将你的香味深深吸入心里。
我闭上眼睛，
站在你身边，
久久地，
直到把自己站成一朵梅花。

与梅相约

六（2）班　王玲琪

冷风中，
我在等待，
等待与你相见。
还记得去年的春天，
你被暖风吹醒。
睁开眼，
看到了花红柳绿。
你竟然羞愧地，
低着头。
你说，
梅花香自苦寒来，
怎么能为了安逸，
开在春天？
我似乎读懂了你的心事。
我亲亲你的花瓣，
对你说：
“明年，我和你相约在冬天。”
你的花瓣一片片
毅然凋落，
你要把自己化作最卑微的一撮泥，
然后，在最冷的冬天，
以最艳的姿势绽放。
冬天来了，
我看到了，
你选择了最冷的一天，
傲然绽放。
那一抹红，

如滴血般耀眼。

问梅

六（2）班　吴庭皓

梅
你就立在那儿
静静地
望着河的那一岸
我好想知道
你
到底在想什么
梅
你这几日
为何把褐色衣衫
换成了绣着红花的旗袍
是想给灰暗的冬天
增一抹色彩吗
梅
看看你脚下的蒲公英
在你的保护下
长得多么可爱呐
你再看看自己
花儿都快凋零了
红旗袍也不再
只剩那褐色衣衫
梅
我问你啊
你一直这么努力地
帮助更多的人

你难道不累吗
我想
我已经听见你的回答了
累
但这种累
不是伤心
不是难过
而是快乐
一种——
帮助他人后
从心底产生的快乐
但是为什么
要在寒冷的冬天呢
你的声音变得空灵
也许
是因为冬天
要比其他季节
干净吧
……

云端漫步课程 12 个主题结束了。望着幸福小二班这一群孩子，我想起一句诗：红梅含笑迎春来。这朵朵红梅啊，经历了春的孕育、夏的热烈、秋的沉淀、冬的风霜，正一朵朵争奇斗艳地迎接下一个春天……

开一门诗意的课程，做一些诗意的事情。大自然如此美丽，教育如此浪漫。在 365 个充满希望的日子里，我将一如既往，带着学生诗意徜徉，徜徉在校园四季“云端漫步”……

【时间安排】

时间	内容	地点	学科	指导者
12 月 17 日	策划寻梅课程方案	校内	综合	陈红梅 余双双
12 月 18 日—25 日	编写《寻梅读本》 编写学习单	校内外	综合 写作	陈红梅
寒假	读梅、写梅、寻梅、 画梅、唱梅、宣梅	校外	综合	家长、同学、 老师
2 月 20 日	宣梅 微书展	校内	综合	陈红梅 余双双
2 月 23 日	评梅： 综合奖：评比“梅尊”个人奖、 “梅尊”小队奖； 单项奖：诗仙奖、艺术奖等	校内	综合	陈红梅 余双双

第六章

云端漫步课程教学评价

课程中的教学评价，其根本目的是促进学生学习，改善教师教学。新课标指出，课程评价应准确反映学生的学习水平和学习状况，全面落实课程目标。应充分发挥课程评价的多重功能，恰当运用多种评价方式，注重评价主体的多元与互动，突出课程评价的整体性和综合性。要根据不同年龄学生的学习特点，按照不同学段的课程目标，抓住关键，突出重点，采用合适方式，提高评价效率。课程评价应该改变过于重视甄别和选拔的状况，突出评价的诊断和发展功能。

基于这样的认识，在云端漫步课程的开展过程中，课题组努力将评价贯穿课程始终，努力体现三个“化”。我们以考查学生对知识的掌握程度、学习习惯的养成和学习品质的提升情况为基点，改变了单一自评的方式，让同学、教师、家长，甚至社会都参与进来，不仅评价主体多元化了，评价方式更多样化了。下图完整展示了云端漫步课程的教学评价体系。

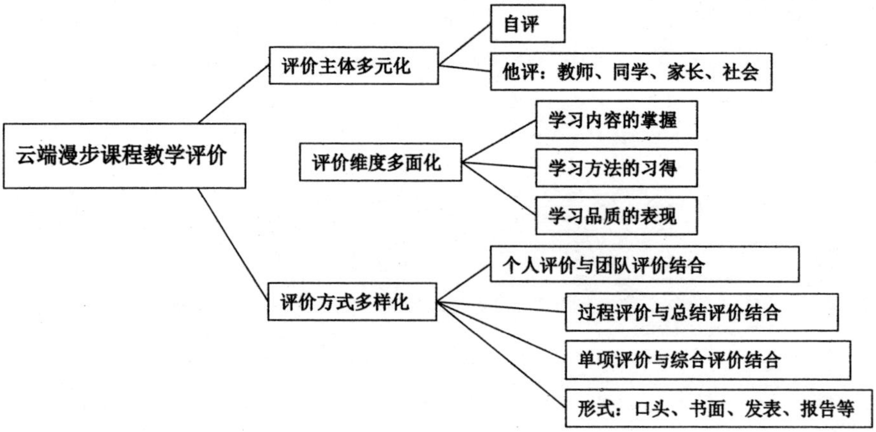

一、评价主体多元化

所谓评价主体，是指主导评价活动的对象。以前，在我们的教学中，教师是最大的评价主体，一切都教师说了算。慢慢地，我们的教学中加入了同学互评、亲子评价，甚至还纳入了社会评价。教师评价、同学互评、亲子评价、社会评价，都可以统一说成“他评”，即他人对学习主体的评价。既然有他评，那么一定有自评。自评非常重要，这是自主学习过程中必不可少的一个环节，是自主学习过程中，对自己学习状态和学习效果的一种反思和总结，是促使持续性自主学习的催化剂。

因此，在云端漫步课程中，我们非常重视评价主体的多元化。

1. 重视自评

云端漫步四季课程有 12 个主题课程，每个主题课程都设计了 7—8 份学习单，作为推动课程开展的载体和桥梁。孩子们首先要根据学习单的提示，完成自主学习。学习单上经常会有这样的自主评价表：

我的养花记录表

<table>
<tr><th>日期</th><th>我为花儿做的事</th><th>自我评价</th></tr>
<tr><td></td><td></td><td></td></tr>
<tr><td></td><td></td><td></td></tr>
<tr><td></td><td></td><td></td></tr>
<tr><td colspan="3">评价标准：
为花儿做了一件有意义的事，我和花儿都很开心，就可以为自己加一颗星。
温馨提示：
记住，一定要为花儿做令它舒服和快乐的事儿。有些花儿十天喝一次水，可是你却为它天天浇水，那么，这样的事儿不但令花儿不舒服，还会让花儿有生命危险哦。</td></tr>
</table>

上面这个表格，是学生对自己养花过程的一个自我评价。表格最后一行有评价标准：为花儿做一件有意义的事，我和花儿都很开心，就可以为自己加一颗星。那么，什么样的事算是有意义的事呢？在前面的教学中，孩子们已经做过为花儿浇适量的水，为花儿讲故事、唱歌、朗读等活动。这儿设计一张记录表，让孩子每天记录养花的事儿，并对自己做出评价。这样的自主评价，既是对自己当天养花表现的一个总结评价，更是对今后持续性学习的一个督促。通过连续不间断的自评，学生认识到自己的优势和不足，提高了学习的主动性和自信心，学生才会更有动力将养花这件有意义的事情持续下去。自我评价发挥着自我激励、自我反思、自我调控的作用。

2. 穿插互评

单一的自我评价，缺乏客观性。因此，在自主评价的过程中，应穿插各种各样的他评。如：教师评价、学生互评、亲子评价、社会评价。

(1) 教师评价。教师评价要发挥主导作用，力求准确、翔实、公平、公正。比如，在学习单的批改上，教师要精准批阅，公平打分。教师评价还要注意方法和策略，使评价成为师生情感沟通的桥梁。要善于设计适合不同孩子的评价标准，比如，当一个性格内向的孩子，敢于上台展示自己的学习成果时，教师应该给予他加分表扬。

(2) 同学互评。让学生学会欣赏同学，向同学学习，学会倾听别人的意见和建议，并对别人的意见进行分析，有选择地接受。同学互评是小组学习中常常使用的评价方式。比如，在问柳课程中，小组成员将自己写的文章朗读给组员听时，安排了一个互评环节。以下是学习单上设计的内容：

◆互评

分享：把自己写的柳文在小组里进行朗读分享。

点赞：给每位组员的柳文至少提出一句赞美的话，并说明理由。

建议：给每位组员的柳文至少提出一个改进建议，并说明理由。

修改：用红色笔修改同伴的作文。

互评记录表		
作者	点赞	建议

(3) 亲子评价。孩子的学习过程要实现亲子评价，家长应该作为孩子的学习伙伴，一起参与和见证孩子的学习和成长。所以，家长也要参与评价，实现在评价过程中主体间双向互动、沟通和协商。比如，在寻花课程中，有一项活动是“了解花语”，要求学生根据花语，为一位亲人选择一种花，画在卡片上，并将卡片送给这位亲人。在这项活动中，就设计了亲子评价的环节，要求亲人收到这份礼物之后，送一句话给孩子。这句话代表了亲人对孩子送花活动的一种回应、激励和评价。亲子

评价不但可以促进孩子学习，更能成为加深亲子关系的纽带。

(4) 社会评价。根据课程实施的需要，也可以让社区、专业人员等适当参与评价活动，争取社会对学生课程学习的更多关注和支持。

二、评价维度多面化

云端漫步课程是一门融多种学科的综合性课程，涉及语、数、科、艺术等多门学科及实践活动。因此，在评价的维度上，自然就更多面化了。

维度一：学习内容。

第一个评价维度，是从“学习内容”方面进行评价。如寻花课程开展了寻花、读花、写花、唱花等活动，那么，学生对于这些内容掌握了多少呢？因此，教师会从内容上分别进行评价。比如老师出一份“春天花朵的百科知识”试卷，来评价学生对花的科学知识掌握情况；学生写的每一篇关于花的作文，老师会有评分，把所有的写作分数加起来，就是寻花课程中对学生写作的一个评价。

再举个例子，在问柳课程中，有一个环节是制作 PPT 宣讲“问柳”活动。那么，针对 PPT 的制作效果，老师设计了一份评价表，这份评价表从 PPT 标题、PPT 内容、PPT 色调、PPT 风格、PPT 宣讲五个方面进行评价，最后算出总分。

“问柳”PPT 评价表

	PPT 大标题 10 分	PPT 内容 50 分	PPT 色调 10 分	PPT 风格 10 分	PPT 宣讲 20 分	总分 100 分	签名
自评							
互评							

维度二：学习方法。

第二个评价维度，是从“学习方法”方面进行评价。云端漫步课程非常注重学习方法的培养，比如，实践、探究、调查、访问、合作、批注等方法。

下面这份表格便是对学生的合作学习进行的评价：

合作学习评价表

小组成员	描述其在合作学习中的表现（承担任务、合作品质）	评价得分
评价标准 1. 合作品质 ★★★积极参与合作，善于倾听、敢于表达、理解包容、遵守秩序。 ★★参与合作，会倾听、表达，能理解包容，比较遵守秩序。 ★参与合作，但显得较为被动。 2. 承担任务 ★★★勇于承担任务，并表现良好。 ★★能接受组长分配的任务，但表现一般。 ★接受组长分配的任务，但表现较弱。		

这份合作学习评价表分为两项内容。一项是评价标准。评价标准的设计很重要。评价标准实际上就是“合作学习”的方法指向标，在评价标准里，学生知道了合作学习中不但要承担任务，还要注意人际关系。承担任务的最佳表现是，勇于承担，并且努力表现到最好；合作品质的最佳表现是，积极参与合作，善于倾听、敢于表达、理解包容、遵守秩序。有了评价标准，学生就能依标合作；有了评价标准，学生也能依标评价。只有通过这样的评价，学生才能在一次次“合作——评价——改进”螺旋上升的过程中，掌握合作学习的方法。

维度三：学习品质。

在应试教育中，对学生学习效果的评价主要凭学生对知识的掌握等认知领域，对学生的学习效果和教师教学水平的评价往往以学生的考试成绩为依据，而对学生的思想品德、个性、特长、人格等非认知领域的发展不够重视。

云端漫步课程非常注重对学生的学习品质进行评价。我时常对孩子们说，人的一生不断学习，学习什么？无非是学习为人处世。我们在学习知识的过程中，更重要的是学习做人。

仍旧以上面这份“合作学习评价表”为例。在这份表格中，我们可以非常清楚地看到，评价学生合作学习的重要指标是“学习品质”。合作的过程就是与人交往的过程，人际交往会促进很多品质，如文明、礼貌、尊重、理解、谦让、包容、服从等的培养。正是通过评价孩子情感、意志、性格等方面的非认知因素的发展，从而来提高学生的思想品质。

三、评价方式多样化

（一）三个结合

1. 个人评价和团队评价相结合

评价要做到个人评价和团队评价相结合。在课程开展过程中，我们的评价不但针对个人，也针对小组。当然，要进行团队评价，必须先建立小队。白云学校从 2014 年开始，探索以“学习单”为载体，以“小组合作”为主要学习方式的课堂转型。为了增强小组的团队精神，我们会进行小组文化建设。每一个小组都有组名、组号、组规，这是小组成员在磨合、认同的过程中共同建立的文化。基于这样的班组文化，我们课题组在开展云端漫步课程时，采用得更多的自然是小组合作。小组合作设计课程方案、小组合作交流学习成果、小组合作分享写作经验、小组合作宣传实践体会……有合作必须有评价，团队评价便是针对合作这一学习形式开展的。比如，在看云主题课程开展之前，各小组合作设计该主题的课程方案，老师会对每个小组的课程方案进行打分，这一项分数便会记录在该小组的团队分栏里；看云课程中老师一共布置了 10 次“看云”的写作训练，每一次写作都有打分，那么小组成员把写作分加起来，就是该小组的团队写作分。依此类推，整个主题课程结束之后，小组里所有的分数加起来，就是团队总分，根据团队总分的排名，会评选出优秀小队。比如，看云课程结束后，团队总分第一、第二的小组，就被评为特级“云主”小队和超级“云主”小队。

下表便是优秀团队的申请表：

“云主”申请表（小组）

小组成员	得分	总分	班级排名
1			
2			
3			
4		平均分	
5			
6			
7			

特级“云主”小队：小队综合平均分排名第二。

超级“云主”小队：小队综合平均分排名第一。

除了团队评价，个人评价也很重要。由于每个人个性不同，特长不一样，因此，教师在平时教学过程中，不能忽视个人评价。云端漫步课程是一门儿童体验式学习课程，孩子在体验生活、感受自然、探索发现的过程中会有许多富有灵性的思想和创作。因此，教师尤其要抓住这些闪光的灵感，放大评价。有时，用课前一分钟，把孩子写的养花日记读给全班同学听，并且把自己的感受告诉大家，老师被他的文字感动了；有时，老师也可以在晚上，在荔枝 FM 上，把孩子写的一首银杏诗歌录制下来，然后把音频发到家长群里，告诉家长们，幸福小二班有一位小诗人。个人评价在于发现和激励。一个主题课程结束之后，也会评出优秀个人奖。孩子们会领到一份老师设计的评价申请表，按照指标填写相关内容和数据，经统计后评出“优秀个人奖”。如看云主题结束之后，班级评出了特级“云主”10 名，超级“云主”10 名。

2. 单项评价和综合评价相结合

云端漫步课程融合了多门学科，涉及阅读、背诵、写作、演讲、绘画、手工、唱歌、信息技术等方面，但这些方面又不是割裂的，是综合为一个整体的。因此，在评价时，要将单项评价与综合评价相结合。

云端漫步课程中，根据课程开展的内容设计了这样一些单项奖：巧手奖、美歌奖、诗仙奖、作家奖、宣传奖、合作奖、用心奖、创新奖。在课程开展中手工制作或绘画出色的同学可以评“巧手奖”；在白云好歌曲节目中表现出色的可以评“美歌奖”；背诗背得多的同学可以评“诗仙奖”；写作特别棒的同学可以评“作家奖”；在宣传学习成果、宣传正能量方面做得出色的同学可以评“宣传奖”；合作过程中表现优秀的同学可以评“合作奖”；在学习的过程中特别勤奋、认真，进步显著的同学可以评“用心奖”；学习富有创意的同学评“创新奖”。

在每个主题课程结束时，都会进行综合评比。教师会设计一份综合评价表。

“云主”申请表（个人）

“云主”标准	分值	评分依据	自评分	考核组评分
1. 知云 参与云百科知识小测试。	10 分			
2. 读云 《看云读本》批注积分。	20 分			
3. 诵云 （1）背云成语 10 个； （2）背云诗词 10 首。	10 分			
4. 写云 写云文的写作积分。	20 分			
5. 吃云 做云美食，创意吃“云”。	10 分			
6. 画云 （1）画云积分； （2）云插画积分。	10 分			
7. 宣云 制作云微书。	10 分			
8. 唱云 （1）创作云歌词； （2）参加白云好歌曲大赛。	10 分			
9. 学习单 认真完成学习单 .	30 分			
总分				
特级“云主”：总分达到 100—115 分。 超级“云主”：总分达到 116—130 分。				

在这份综合评价表里，设计了 9 个项目。这 9 个项目就是课程开展的 9 个方面。每个方面，都有相应的评价标准，在开展的过程中，学生都会有分数积累，或评价数据。学生根据这份表格，只要把以往的学习过程性评价进行一个分类和结算，最后算出的总分就是一个综合评价的

量化分。根据量化得分，评出相应的综合称号。每个主题都为这项综合评价取了一个有意思的称号。寻花课程评比“花痴”，问柳课程评比“柳仙”。这些有意思的称号在第五章里都有介绍。当然，这些名称还可以由学生来取。

3. 过程性评价和结果性评价相结合

新课程标准指出，课程评价要体现课程目标的整体性和综合性，全面考查学生的素养。

对于课程评价要体现课程目标的综合性，这一点我在第 2 点“单项评价与综合评价相结合”中已经讲过，不再赘述。

课程评价要体现课程目标的整体性，实现这一点，需要将过程性评价与结果性评价相结合。结果评价时要有过程性评价作依据；结果评价要有过程评价作补充。只有将过程性评价做扎实，一步一步走好，才能让孩子更快更好地发展，也才能让结果评价有比较理想的值。

我仍旧以前面“‘云主’申请表（个人）”这张综合评价表为例。这份评价表既是一次结果性评价，但又隐含着过程性评价。可以说，这份评价表在一定程度上将过程性评价与结果性评价统一在了一起。那么，在制作这份综合评价表时应该注意些什么呢？以我的经验，我认为应该注意综合表的完整性和过程性。完整性是指在评价项目的设置上要根据开展的内容来定，课程开展了哪些内容，评价就设计哪些内容。过程性是指学生在填写这份综合评价表时，他应该经历了一系列的过程性评价，他必须查到翔实的过程性评价数据。比如，上表中的第 2 项，对“读云”的评价。那么，平时，老师就要给孩子的《看云读本》打批注分。我是这样操作的，我会每天布置孩子读 3—5 页，要求孩子做好批注，我也会每天给孩子在《看云读本》上打批注分。正是因为有每天的批注评价分打在孩子的书上，到了课程结束时，孩子才能计算出第 2 项“读云”得了多少分。

（二）多种方式

新课程标准强调评价方法多样化，教师要根据不同的评价对象和内容选择不同的评价方法。除传统的测验、考试外，更要使用观察法、问卷法、访谈法、即时评价、习作评价、档案袋评价、写真评价等非测试型评价法，使评价更真实、全面地反映学生的个性和发展。

下面，我介绍几种非纸笔测试的评价方式。

1. 口头评价

在课程实施过程中，教师即时的口头评价非常重要，它可以及时地对孩子的学习进行评价和激励，学生能最快收到反馈，从而调整自己的学习。当孩子的学习单交上来时，我会迅速地挑出一些字迹规范美观，画了美丽花边的学习单，拍成照片立即投到大屏幕上。我一边展示学习单，一边口头上做评价："瞧！这份是王梅锦的学习单，字迹工整美观，还为学习单画上了美丽的花边，使这份学习单看起来像一份艺术品。有人说，做作业是一种负担，更有人说，做作业是一种痛苦。但是，王梅锦用她的这份学习单向全世界宣告，做云端漫步课程的作业是一种享受，一种幸福。望着这份学习单，我仿佛看见了昨天晚上的梅锦同学，在明亮的台灯下，认真地书写，写完之后，又拿出水彩笔，为学习单添上一枝一叶，画上五颜六色。我看到她脸上的表情是甜甜的微笑。因为，做作业的过程对于她来说是追求美的过程，美是一种艺术，更是一种享受。"我这长长的一段话说完，安静的教室里响起了热烈的掌声。王梅锦幸福地微笑着，望着我。从此以后，她的每一份学习单都是这么美美的；从此以后，幸福小二班，这样美美的学习单越来越多。我想，这就是口头评价的魅力。

2. 书面评语

在批改孩子学习单或者习作时，我会时不时给孩子一些书面评语。这些书面评语，有时比口头语更具有激励作用。

比如，孩子写了一篇养花的日记。我就在日记后面写一句评语："哇！你真是一位有趣的孩子，竟然给花儿讲故事。明天，花儿可能会给你讲故事哦！仔细聆听，告诉我花儿讲了什么故事。"因为这一句评语，第二天，这位同学真的写了一篇题为《花儿给我讲故事》的作文，想象力之丰富令人拍案叫绝。

3. 供助网络

如今的世界是用互联网将人与人联系起来的，所以，生活在科技发达时期的人们绝对不能忽视网络的力量。我会借助网络做些什么评价呢？最常用的评价是在班级 QQ 群里发布孩子的作品、作业和作文。我鼓励学生尝试学做美篇，将自己的学习成果发布出来，分享给更多的人。我让学生到手机 App 里下载一个“荔枝 FM”，让孩子注册成为小主播，在自己的电台里朗读自己写的作文，并鼓励大家转发点赞。

4. 发表文章

把作文上传到博客或空间里叫网络文字发表；把学习成果做成美篇等叫作网络图文发表；把自己写的作文和诗歌在网络电台里播出叫语音发表……我会为孩子创设各种发表的机会，把孩子的习作推荐给报刊，让孩子的文字带着油墨香味发表，让孩子的习作传得更广更远，让孩子体验到小作家的成功感。

5. 成长足迹

在我设计的云端漫步每一份学习单上都有这样一句话：“温馨提示：记住，一定要快乐哦！要保存好你的 × × 足迹哦！”每一份学习单的右下角都有一个脚印标志。这些提示语和符号都是在提醒孩子要保存好自己的每一份学习成果。

一个主题结束之后，孩子会将所有的学习单、海报、照片、习作等汇集成一个成长袋。这个成长袋就是一个很好的质性评价，这些学习成果证明着孩子的成长经历。

6. 颁奖典礼

生活需要仪式感。有了仪式感，人们才能心存敬畏。为了培养学生的仪式感，每一个主题课程中，我们都会开展一些大大小小的颁奖典礼。比如，每一期白云好歌曲结束之后，会马上评出美歌奖，马上开展颁奖典礼。颁奖典礼是由学生策划的。小主持、颁奖嘉宾，颁奖嘉宾会让那些表达比较弱的孩子来当，让他们得到被重视的感觉，还有学生自己设计的奖状，家里带来的奖品。正是由于颁奖典礼的正式和隆重，孩子们对白云好歌曲的参与热情非常高。

其实，评价的方式多种多样，只要老师用心，就会信手拈来。

总之，在课程教学的评价过程中，注重评价主体的多元化，从多维度来评价，采用多样的评价方式，将定量评价与质性评价有机结合，重视综合评价，关注个体差异，使评价更具全面性、适宜性和有效性。